新时代城市小学教师职业幸福感的理论构建与实践探索

左 荣 罗兴琴 成 波 著

中国纺织出版社有限公司

内 容 提 要

本书基于积极心理学的视角，采用定量和定性研究方法，通过问卷调查和深度访谈等方式收集数据，验证和完善所构建的理论模型，进而深入理解城市小学教师职业幸福感的内在机制和关键要素，并提出一系列行动策略与具体方法。本书以期为城市小学教师职业幸福感的理论构建和实践提供有益的启示和指导，为教育决策者、教育管理者以及教育界的研究者和从业者提供有价值的参考，以不断提升城市小学教师的职业幸福感，构建和谐稳定的教育环境。

图书在版编目（CIP）数据

新时代城市小学教师职业幸福感的理论构建与实践探索 / 左荣，罗兴琴，成波著. — 北京：中国纺织出版社有限公司，2024.4

ISBN 978-7-5229-1570-8

Ⅰ.①新… Ⅱ.①左… ②罗… ③成… Ⅲ.①小学教师—幸福—研究 Ⅳ.① G625.1

中国国家版本馆 CIP 数据核字（2024）第 062781 号

责任编辑：史　岩　　责任校对：高　涵　　责任印制：储志伟

中国纺织出版社有限公司出版发行
地址：北京市朝阳区百子湾东里A407号楼　邮政编码：100124
销售电话：010—67004422　传真：010—87155801
http://www.c-textilep.com
中国纺织出版社天猫旗舰店
官方微博 http://weibo.com/2119887771
河北延风印务有限公司印刷　各地新华书店经销
2024年4月第1版第1次印刷
开本：710×1000　1/16　印张：15.75
字数：248千字　定价：99.90元

凡购本书，如有缺页、倒页、脱页，由本社图书营销中心调换

序 言

天台岗雅居乐小学是天台岗小学教育集团的一所分校，于2013年9月开办。学校传承"身披阳光，一路向上"的天台精神，秉承"为孩子的幸福人生奠基"为办学理念，践行"每天都上一个新台阶"的校训，以积极心理健康教育为办学底色，用激情和专业诠释着"用心成就未来"的学校发展理念。经过10年行而不辍的心育建设之路，学校已形成了"一元带多元"的全域心育理念，构建了"课程正心""环境润心""活动健心""辅导愈心""协同护心"五位一体的积极心育体系，培养积极乐观、健康向上的儿童，落实立德树人根本任务。本著作正是基于学校办学实践，运用教育学、心理学等最新研究理念与方法，探索教师职业幸福感获得的规律，提炼提升教师职业幸福感的方法与路径，本研究即是对教育实践的总结与反思，也是理论成果的固化与丰富。

本著作的完成，汇聚了多方智慧与力量。重庆市教育科学研究院、南岸区教师进修学院、重庆第二师范学院体育学院、成都体育学院体育教育学院等单位给予了专业指导；兄弟学校在问卷调研、案例采访、实证研究等方面给予了鼎力支持；课题组成员江洋、陈曦、王冰、何慧芳、王亚丽、苏哲、黄燕、张频、张巧玲、邓玲等领导、老师，团结协作、通力配合、无私奉献，竭尽全力地支持著作的完成。

以上所提之事、感谢之人挂一漏万，我们永怀感恩和热爱的心，在教育研究的路上坚定执著地追求和探索。愿每一位老师都能在职业道路上找到属于自己的成就感和幸福感！

本研究系重庆市教育科学"十三五"规划课题《新时代城市小学教师职业幸福感提升的实践研究》（课题编号：2019-09-068）成果。

左荣

2024年1月于重庆

前 言

教师职业幸福感是衡量教师的教育生活质量和生存心理状态的重要指标[1]。2018年，中共中央、国务院印发《关于全面深化新时代教师队伍建设改革的意见》(以下简称《意见》)中指出，要让"广大教师在岗位上有幸福感、事业上有成就感、社会上有荣誉感"，使"教师成为让人羡慕的职业"。因此，关注教师的职业生存状态，思考如何提升教师职业幸福感成为当前研究的重点。"教师幸福感研究的起始阶段主要源于对教师职业倦怠的研究，认为职业倦怠和幸福感是教师教学工作结果的两个侧面，二者是此消彼长的关系"。

近年来，随着社会的迅猛发展和教育改革的不断推进，城市小学教师的职业幸福感逐渐成为教育研究的热点领域。教师职业幸福感是衡量教师的教育生活质量和生存心理状态的重要指标[1]。2002年经济合作与发展组织（OECD）发布《吸引、发展和留住高质量的教师》报告后，教师幸福感研究数量出现明显增长[2]。OECD指出，低水平教师职业幸福感的内在影响结果表现在压力和倦怠、离职动机两个方面，外在影响结果表现在课堂过程、学生幸福感两个方面[3]。可见，教师职业幸福感对提高教师工作积极性、促进教学工作稳步开展、教师个体的成长和发展以及推动教育事业的健康发展具有重要意义。

为促进教育事业的发展，提高教师队伍的职业幸福感和满意度，党和政府出台了一系列政策和措施，旨在改善教师的工作环境、提升教师的待遇和福利，以及加强教师的职业发展和培训。然而，长期以来，教师队伍中普遍存在职业压力大、工作负担重、薪资待遇不高等问题，这对教师的职业满意度和幸福感产生了

---

[1] 周洪.幸福管理：中学教师职业幸福感路径选择[J].湖北经济学院学报(人文社会科学版)，2022,19(11):136-140.

[2] 裴淼,李肖艳.国外教师幸福感研究进展[J].教师教育研究，2015,27(6):93-98,106.

[3] 李刚,吕立杰.PISA2021教师职业幸福感测评：框架与特点[J].中国考试,2020(11):48-60.

负面影响。单纯依靠政策的制定和推行并不能完全解决教师的问题，有必要从理论和实践的角度深入研究城市小学教师的职业幸福感，为其提供有效的支持和帮助。

积极心理学作为一门关注人类优点、幸福和意义的心理学领域，关注个体的成长、发展和幸福体验，为我们理解和促进教师的职业幸福感提供了重要的视角和方法。本书从积极心理学的视角，系统地构建了城市小学教师职业幸福感的理论模型，并通过实践探索，为教师幸福感的提升提供有效的策略和方法。

首先，回顾相关的研究文献，梳理和总结已有的理论和研究成果。通过对幸福感、积极心理学、城市小学教师职业幸福感、行动研究等概念进行综合分析，基于幸福感理论、马斯洛需要层次理论、组织支持感理论等理论基础，构建一个综合的理论模型，以揭示城市小学教师职业幸福感的构成要素和影响因素。

其次，采用定量和定性研究方法，通过问卷调查和深度访谈等方式收集数据。邀请城市小学教师参与研究，通过正式访谈和结构化问卷的方式，深入了解教师对幸福的理解、职业发展的需求以及影响其职业幸福感的因素。通过收集和分析这些数据，进一步验证和完善所构建的理论模型，进而深入理解城市小学教师职业幸福感的内在机制和关键要素。

最后，基于研究的结果和理论构建的模型，提出一系列行动策略与具体方法，主要包括教育管理层面的政策调整、教师专业发展的支持措施、教学工作环境的改善和教师自我调适的培养等。同时，本研究还将继续探讨教育机构、教育管理者和教师个体在提升职业幸福感方面的共同责任与作用。

基于系统的理论研究和实践探索，本书期望为城市小学教师职业幸福感的理论构建和实践提供有益的启示和指导，以改善城市小学教师的工作体验和生活质量，提高教师的工作满意度和教育质量，进而促进学生的全面发展和教育事业的可持续发展。此外，本书开发的新时代城市小学教师的职业幸福感测量量表以及提出的城市小学教师职业幸福感的行动策略将为教育决策者、教育管理者以及教育界的研究者和从业者提供参考依据，以不断提升城市小学教师的职业幸福感，构建和谐稳定的教育环境，为新时代教育业事的发展做出积极贡献。

左荣
2023 年 11 月

目录

第一章 绪论

第一节 研究背景与意义　　　　　　　　　　　　　　1
　　一、研究背景　　　　　　　　　　　　　　　　　／1
　　二、研究意义　　　　　　　　　　　　　　　　　／7
第二节 研究内容与思路　　　　　　　　　　　　　　9
　　一、研究内容　　　　　　　　　　　　　　　　　／9
　　二、研究思路　　　　　　　　　　　　　　　　　／10
第三节 研究方法与创新　　　　　　　　　　　　　　11
　　一、研究方法　　　　　　　　　　　　　　　　　／11
　　二、创新之处　　　　　　　　　　　　　　　　　／14

第二章 核心概念与国内外相关研究

第一节 概念厘定　　　　　　　　　　　　　　　　　17
　　一、幸福感　　　　　　　　　　　　　　　　　　／17
　　二、职业幸福感　　　　　　　　　　　　　　　　／19
　　三、城市小学　　　　　　　　　　　　　　　　　／22
　　四、城市小学教师职业幸福感　　　　　　　　　　／23
第二节 城市小学教师职业幸福感的文献研究　　　　　25
　　一、教师职业幸福感研究的阶段特征分析　　　　　／26
　　二、教师职业幸福感研究的群体分布特征　　　　　／30
　　三、教师职业幸福感研究的主要内容分析　　　　　／38

第三章　城市小学教师职业幸福感的理论基础

第一节　幸福感理论　49

第二节　马斯洛需求理论　50

第三节　组织支持感理论　52

第四节　生命教育理论　54

第四章　城市小学教师职业幸福感现状调查与实证检验

第一节　现状调查的理论构思与研究设计　57
 一、城市小学教师职业幸福感问卷编制的前期基础　/ 58
 二、城市小学教师职业幸福感量表的初步建立　/ 67
 三、城市小学教师职业幸福感问卷的编制　/ 75
 四、小结　/ 83

第二节　城市小学教师职业幸福感的总体状况　84
 一、城市小学教师职业幸福感的调研区域及调研点　/ 84
 二、城市小学教师职业幸福感的调研对象及基本情况　/ 84
 三、城市小学教师职业幸福感水平的总体状况　/ 87
 四、城市小学教师职业幸福感及其相关问题在人口学变量的差异分析　/ 89

第三节　城市小学教师职业幸福感的相关分析　95
 一、总体幸福感与教师职业幸福感的相关分析　/ 95
 二、职业认同与职业幸福感的相关分析　/ 97
 三、组织支持感与职业幸福感的相关分析　/ 98

第四节　城市小学教师职业幸福感的回归分析　99
 一、总体幸福感对职业幸福感的回归分析　/ 99
 二、职业认同对职业幸福感的回归分析　/ 101
 三、组织支持感对职业幸福感的回归分析　/ 102

第五节　城市小学教师职业幸福感的情境分析　104
 一、城市小学教师职业幸福感的自身理解　/ 104
 二、城市小学教师职业幸福感面临的学校不利因素　/ 111

三、城市小学教师职业幸福感面临的社会不利因素　　　　　　　/ 113

第五章　城市小学教师职业幸福感主要来源和影响因素分析

第一节　城市小学教师职业幸福感的主要来源　　　115
　　一、对教育事业的热爱　　　　　　　　　　　　　　　/ 115
　　二、对职业收益的满意　　　　　　　　　　　　　　　/ 117
　　三、对现职业的成就感　　　　　　　　　　　　　　　/ 119
　　四、来自职业的认同感　　　　　　　　　　　　　　　/ 120
　　五、自我内心的满足感　　　　　　　　　　　　　　　/ 124

第二节　城市小学教师职业幸福感的影响因素　　　126
　　一、社会因素　　　　　　　　　　　　　　　　　　　/ 126
　　二、政府因素　　　　　　　　　　　　　　　　　　　/ 128
　　三、学校因素　　　　　　　　　　　　　　　　　　　/ 130
　　四、自身因素　　　　　　　　　　　　　　　　　　　/ 132

第三节　城市小学教师职业幸福感的责任构成　　　134
　　一、社会责任及其意义　　　　　　　　　　　　　　　/ 135
　　二、政府责任及其意义　　　　　　　　　　　　　　　/ 139
　　三、学校责任及其意义　　　　　　　　　　　　　　　/ 142
　　四、自身责任及其意义　　　　　　　　　　　　　　　/ 145

第六章　提升城市小学教师职业幸福感的行动策略

第一节　在优化管理中缓解教师压力　　　149
　　一、构建"网格化"管理顶层设计，实施幸福管理模式　　/ 150
　　二、建构现代化学校管理制度，实施幸福管理制度　　　/ 154
　　三、创建和谐幸福校园，增强幸福管理体验　　　　　　/ 158

第二节　在提升涵养中获取专业成长　　　162
　　一、涵养专业理念，在乐教中提升教师幸福感　　　　　/ 163
　　二、夯实专业知识，在能教中提升教师幸福感　　　　　/ 168

三、提升专业能力，在会教中提升教师幸福感　　/ 174
第三节　在美化环境中愉悦教师身心　　179
　　一、充分发挥民主决策，建设积极认可的制度环境，提升教师归属感 / 180
　　二、坚持正向引领，营造积极进取的心理环境，焕发教师的向上精神 / 183
　　三、美化校园环境，建设舒适清爽的办公环境，助力教师积极投入
　　　　工作　　/ 185
　　四、建立多元评价激励，创设积极融洽的人文环境，增强教师自尊感 / 187
第四节　在增进关系中升华情感体验　　189
　　一、以和谐的师生关系为核心提升教师幸福感　　/ 191
　　二、以良好的家师关系为支撑助力教师幸福感　　/ 195
　　三、以温暖的同事关系为补充提高教师幸福感　　/ 200

第七章　城市小学教师职业幸福感的行动研究具体案例

第一节　职业幸福感——语文教师篇　　205
　　一、语文教师职业幸福感的获得本源　　/ 205
　　二、语文教师职业幸福感获得的实践缘起　　/ 209
第二节　职业幸福感——体育教师篇　　211
　　一、体育教师职业幸福感的获得本源　　/ 211
　　二、体育教师职业幸福感获得的实践缘起　　/ 214
第三节　职业幸福感——英语教师篇　　215
　　一、英语教师职业幸福感的获得本源　　/ 215
　　二、英语教师职业幸福感获得的实践缘起　　/ 220

参考文献

附录

附录1　幸福感测量问卷　　229
附录2　专家访谈记录　　232
附录3　教师访谈记录　　237

第一章 绪论

第一节 研究背景与意义

一、研究背景

（一）学术层面：积极心理学在教育领域应用的回应

积极心理学作为和平年代新兴的心理学分支，旨在探索人类如何在生活中获得更多幸福感、满足感和成就感❶。作为一种新的理论，积极心理学为解决焦虑等负面情绪和心理问题提供了新的视角、新的理论和新的方法❷。随着科技和教育水平的不断进步与发展，人们逐渐重视积极心理学在各个领域，特别是教育方面的作用❸，根据席居哲等❹的研究，积极心理学自20世纪末在美国兴起后，不断在教育领域发挥重要作用。积极心理学关注个体的心理健康、成长和幸福感，通过发掘人类的潜能、力量和美德，促进个人和社会的发展，从而实现幸福的生活。积极心理学为教育实践乃至整个社会提供了一种全新的思维方式和认识视野，打开了教育为人类命运和社会发展服务的大门❺。

---

❶ 于文悦. 聋人学校心理健康教育问题及对策研究 [D]. 沈阳：沈阳师范大学，2023.
❷ 杜丹. 缓解大学生就业焦虑的对策研究 [D]. 成都：成都理工大学，2014.
❸ 江鸿，宋杰，钟雨晴. 积极心理学及其在高等教育实践中的运用 [J]. 教育教学论坛，2016（6）：148-149.
❹ 席居哲，叶杨，左志宏，等. 积极心理学在我国学校教育中的实践 [J]. 华东师范大学学报（教育科学版），2019,37（6）：149-159.
❺ 闫黎杰. 积极心理学对教育实践的启示 [J]. 教育探索，2008（7）：124-125.

具体而言，积极心理学在教育领域的应用包括以下三个方面：一是积极教育（陈振华，2009；董树梅，2013）。积极教育是在积极心理学的启发下，在反思教育现实和传统观念的基础上构想的一种教育理念和方式。积极教育主张以积极的态度重新解读教育，形成积极的教育理念，采取积极的教育行动，激发和引导学生积极求知并获得积极的情感体验，培养学生积极的人格品质与人生态度[1,2]。二是培养学生的幸福感（方慧，2017；贾瑜，2020）。积极心理学强调重视学生的主观幸福感，通过提供积极的学习体验、增加学生参与决策的机会和关注学生的情感需求等方式，培养学生的幸福感，提升他们对学校和学习的满意度和投入度[3,4]。三是培养教师的积极心态和职业幸福感（孙惠春，2011；李广，2022）。积极心理学不仅适用于学生，也适用于教师。现代教师必须具有积极的心态才能完成崇高的教育使命[5]，教师职业幸福感是影响教育组织发展与进步的重要因素[6]，是衡量教师的教育生活质量和生存心理状态的重要指标[7]，持续推进教师职业幸福感提升，既是党和政府教师教育政策的价值取向与关注重点，也是国家、社会和家庭在尊师重教传统文化规约下的殷切期望，更是面向2035年教育现代化远景目标追求中教育研究领域里的重点、热点[8]。积极心理学在教育领域的应用，特别是以教师职业幸福感为焦点，有助于创造更加积极、快乐和成功的教育环境，推动教育系统的健康发展。教育不仅是知识的传递，也是幸福的传递，而

---

[1] 陈振华.积极教育论纲[J].华东师范大学学报（教育科学版），2009,27（3）：27-39,68.

[2] 董树梅.以积极教育理念引领教师优化学生观[J].教育理论与实践，2013,33（26）：3-5.

[3] 方慧.团体心理辅导对高中生主观幸福感的干预研究[D].武汉：华中师范大学，2017.

[4] 贾瑜.学生幸福感：现状、影响因素及启示——基于PISA2018中国四省市数据的分析[J].教育发展研究，2020,40（6）：36-42.

[5] 孙惠春.试论教师的积极心态[J].赤峰学院学报（汉文哲学社会科学版），2011,32（4）：233-235.

[6] 李刚，吕立杰.PISA2021教师职业幸福感测评：框架与特点[J].中国考试，2020（11）：48-60.

[7] 柳海民，郑星媛.教师职业幸福感：基本构成、现实困境和提升策略[J].现代教育管理，2021（9）：74-80.

[8] 李广，盖阔.中小学教师职业幸福感调查[J].教育研究，2022,43（2）：13-28.

教师的幸福感是实现这一目标的关键所在。当教师感到快乐和满足时，他们更有可能激发学生的学习积极性，培养他们的自信和积极心态，从而帮助他们更好地追求幸福。由此可见，关注和研究教师职业幸福感的意义不言而喻。

（二）国家层面：实现教育强国和现代化的必然要求

关注和提升教师的职业幸福感对实现教育现代化和教育振兴目标至关重要。教育现代化和教育振兴的目标要求教师具备更强的教育教学能力和创新能力，承担更多的责任和任务。同时，教育现代化和教育振兴的实现也需要教师的积极参与和支持。教育的质量和效果直接关系到社会的发展和未来，而教师是教育系统中最重要因素之一，其教学质量和激情对学生的学习成果产生深远影响。

首先，教育的质量和效果直接关系到社会的发展和未来。教育是培养未来社会人才的重要环节，而教师是教育过程的中坚力量。教师的职业幸福感低下，他们的教学热情和教育质量也随之下降。不满意的教师往往难以激发学生的学习兴趣，导致教育质量下降，甚至引发学生辍学等问题。因此，关注和提升教师的职业幸福感对确保教育高质量和有效性至关重要。其次，教育现代化需要不断创新和改进。具有高职业幸福感的教师会积极参与教育创新，尝试新的教育方法和技术，以适应不断变化的教育需求。他们的积极投入可以推动教育体系的发展和改进。高素质的教育人才是教育现代化的基石。关注教师的职业幸福感可以增强教师职业吸引力，吸引更多人加入教育行业，提供更多教育资源和专业知识，促进教育的长期发展。再次，教育政策的成功实施需要教师的支持和合作。如果教师在工作中感到满足和幸福，他们会积极参与政策的实施，而不是阻碍或抵制。教育改革需要教师的积极配合，他们是政策的执行者，可以将政策转化为实际的教育行动。因此，提高教师的职业幸福感有助于政策的顺利实施，推动教育体系实现现代化和振兴。最后，教育的最终目标是学生的全面发展。教师的职业满意度和幸福感与他们对学生的关怀和投入密切相关。职业幸福感强的教师更愿意投入时间和精力来关心学生，提供额外的辅导和指导，从而提高学生的学习成绩，促进整体发展。可见，教师的职业幸福感直接影响他们对教育的热情和投入程度，进而影响学生的学习体验和成就。

综上，关注和提升教师的职业幸福感不仅有助于教育质量的提高，还可以促进教育现代化和教育振兴目标的实现。教育体系中的教师是重要的资源和力量，他们的幸福感和满意度对整个教育体系的健康和发展产生深远影响，只有关注和提升教师的职业幸福感，才能真正激发教师的教育热情和创造力，推动教育现代化和教育振兴进程的顺利进行。

（三）行业层面：全面深化教师队伍建设的职业需求

职业幸福感和获得感是教师教书育人的动力之源，是立德树人成效的坚实保障[1]。党的十八大以来，习近平总书记对教师教育和教师队伍建设的论述强调了教师的职业幸福感和获得感的重要性[2]，提出让广大教师在岗位上有幸福感、事业上有成就感、社会上有荣誉感，让教师成为让人羡慕的职业的目标，习近平总书记的一系列论述，不仅深刻揭示了教师工作的特殊性，也阐明了教师工作的重要性，将对教师地位和作用的认识提到了新的高度[3]。作为衡量教师的教育生活质量和生存心理状态的重要指标[4]，教师职业幸福感对于教师队伍建设具有重要意义。

首先，教师职业幸福感对于提升教师的工作积极性和投入度产生重要影响。当教师在教学过程中体验到快乐、满足和成就感时，他们将更加热情地投入到教育事业中。这种积极的情感状态将激发教师的创造力和创新能力，进一步提高教学质量和学生学习成效。其次，教师职业幸福感对于留住优秀教师和吸引新员工至关重要。教育界需要吸引并留住高素质教师，以推动教育事业的长远发展。当教师能够体验到职业满足感和幸福感时，他们更愿意长期从事教育工作，并为学术界贡献力量。同时，这种积极的教师群体也会吸引更多有志于从事教育的优秀人才，为教师队伍的更新换代提供源源不断的动力。最后，教师职业幸福感对于教师队伍的稳定性和可持续发展具有重要意义。一支稳定的教师队伍能够积累丰富的教学经验，并形成良好的师生关系与教学风格。当教师能够获得满足感和幸福感时，他们更愿意长期从事教育工作，减少人员流动，降低离职率，从而提高

---

[1] 韩宪洲, 宋志强. 习近平关于新时代教书育人论述探析[J]. 思想教育研究, 2021（11）：3-7.

[2] 中共中央国务院关于全面深化新时代教师队伍建设改革的意见[N]. 人民日报, 2018-02-01（001）.

[3] 宋凌云, 王嘉毅. 教育改革发展的新理念新思想新要求——学习习近平总书记关于教育工作的重要论述[J]. 教育研究, 2017,38（2）：4-11.

[4] 柳海民, 郑星媛. 教师职业幸福感：基本构成、现实困境和提升策略[J]. 现代教育管理, 2021（9）：74-80.

教师队伍的稳定性。这种稳定性为学校提供了可靠的基础,有利于学校持续发展和教育质量的提升。

综上所述,教师职业幸福感对于教师队伍建设具有重要意义。通过关注教师的情感状态和工作满意度,激发教师的工作动力和创造力,有助于培养一支充满热情和责任感的教师队伍,推动教育事业的可持续发展。因此,教育决策者和学校管理者应该高度重视教师职业幸福感的提升,为教师提供良好的工作环境、职业发展支持和心理健康关怀等支持,为教师队伍建设注入新的活力,实现教育的长足进步。

(四)群体层面:小学教师职业角色转变的现实需求

当下,小学教师的角色和要求正在发生深刻变革,这促使了对教师职业幸福感的研究以及对其理论构建与实践的重要性的探索。

小学教师是教育体系中至关重要的一环,他们对学生的成长和发展产生重要影响。他们不仅需要承担传授知识的责任,还需要在学生的成长过程中扮演引导者、启发者角色。小学阶段是学生人生的重要阶段,也是他们形成学习兴趣、价值观和基本能力的关键时期。因此,小学教师的角色不仅是传授知识,更要关注学生的全面发展和个体差异,培养学生的创造力、合作能力、批判性思维、社交技能和解决问题的能力。小学教师还需要应对不断变化的教育环境和社会需求。现代社会对小学教师提出了更高的要求,要求他们具备多样化的教学技能和跨学科的知识背景,适应信息技术的应用,灵活运用教育资源和创新教学方法,以提供更具吸引力和有效性的教育体验。此外,小学教师还需要与学生家长、社区紧密合作,共同促进学生的全面发展和学校的整体教育质量。审视当下,小学教师的心理健康和职业幸福感问题引发关注,小学教师因工作时间长、任务重等特点导致教师职业幸福感下降,职业倦怠问题蔓延,教师工作态度消极,教学质量降低,进而影响国家教育事业的整体发展[1]。可见,一位充满职业幸福感的小学教师对于小学生的成长和发展至关重要。了解小学教师职业幸福感的内涵并探索提

---

[1] 卫晓婧,勾唯颖.小学教师职业幸福感的影响因素及提升策略[J].大众标准化,2021(14):75-77.

升策略对于关注教育质量和学生健康发展具有学术意义❶。

综上，我们应该重视小学教师职业幸福感的研究与实践，通过不断提升小学教师的职业幸福感，关注小学教育活动的质量和小学生的健康发展，实现教育的预期效果。这需要教育管理者、研究者和教师共同努力，致力于构建良好的教育环境和支持小学教师幸福感的政策和实践措施。

（五）对象层面：城市小学教师专业发展的目标需求

城市化进程是中国现代化不可或缺的一部分，它代表着人口大规模向城市迁移的趋势，这一趋势在近年来持续不断推动中国发生了巨大的社会、经济和文化变革。城市化不仅是人口从农村到城市的物理迁移，还反映了社会结构、生活方式和价值观的深刻变化。在这一巨大转型中，城市小学教育起到重要作用，它不仅是教育体系的一部分，还是城市社会发展的重要组成部分。然而，城市小学教师在这一过程中面临一系列独特、复杂而严峻的挑战和压力，这些挑战直接影响他们的工作和生活，也会对他们的职业满意度和幸福感产生负面影响。具体挑战如下：

（1）学生多样性。城市小学通常拥有来自不同文化背景、家庭环境和社会层次的学生。这种多样性带来了差异化的学习需求和行为特点，对教师提出了更高的教育要求。教师需要不断适应不同学生群体，采用多样化的教育方法，以满足他们的需求。这使教师工作的复杂性增强，也使得研究如何提高他们的职业幸福感变得尤为紧迫。（2）家庭背景复杂性。城市学校的学生通常来自各种家庭背景，包括单亲家庭、低收入家庭、移民家庭等。教师需要面对不同学生的家庭压力和背景问题，如贫困、家庭不和、社会问题等。这些问题会影响学生的学习和行为，同时给教师带来额外的情感和心理压力。因此，关注教师的职业幸福感，学校帮助他们更好地处理这些复杂情况，对于促进教育公平至关重要。（3）学校管理和竞争。城市学校通常面临更大的管理和竞争压力。资源有限，学校管理需要更高效，同时城市学校之间的竞争日益激烈。教师需要在这种竞争环境中保持高效和创新，以提高学校声誉和吸引更多学生。这会对教师的工作产生额外压力，因此需要研究如何提高他们的职业幸福感，以更好地适应这种环境。（4）班级规模和教育资源不足。城市小学通常面临巨大的班级规模，教师必须应对众多

---

❶ 唐志强.提升小学教师职业幸福感的对策[J].现代教育科学，2010（4）:89-91.

学生，这会降低教育质量，减少个性化教学机会。此外，一些城市学校缺乏足够的教育资源，如教材、技术设备和教育支持人员。这使教师需要花费更多时间和努力来弥补这些不足，增加了他们的工作负担。（5）家长期望和压力。城市学生的家长通常更加关注孩子的学习成绩和发展，他们对教育质量有较高期望。教师会面临来自家长的压力，需要在工作、行为和社交方面满足家长的期望。这就导致与家长的冲突，加剧了教师的工作压力。（6）城市生活压力。教师作为城市居民，也面临着城市生活的各种压力，如高房价、交通拥堵、生活成本高等。这些生活压力会对教师的工作和生活产生负面影响，降低他们的职业满意度。因此，研究如何帮助教师应对城市生活压力，提高他们的幸福感，对于教育体系的稳定和发展至关重要。

综上所述，城市小学教师在城市化进程中面临着学生多样性、家庭背景复杂性、学校管理和竞争压力、班级规模和教育资源不足、家长期望和压力，以及城市生活压力等一系列严峻挑战。这些挑战不仅影响了他们的工作质量和工作满意度，也对教育体系的发展产生深远影响。因此，研究城市小学教师的职业幸福感，探讨如何应对这些挑战，提高城市小学教师的职业满意度和幸福感，有利于确保教师尽职尽责履行教育使命，更好地理解城市教育问题和提供切实可行的解决方案，助推城市化与教育的和谐发展。

二、研究意义

研究城市小学教师幸福感对推动教育领域的发展和提升教师幸福感具有重要的理论和实践意义。如表1-1所示。一方面，为教育管理者和教师提供新的视角和方法，促进教师的积极情感、工作动力和自我成长，进一步提高教育质量和教师的工作满意度；另一方面，有利于促进城市小学教师的发展，提高教育质量，指导教育政策制定，建立良好的教育生态，提升整体教育水平。

表1-1 研究意义

		理论层面
研究意义	1.深化积极心理学理论研究	研究城市小学教师职业幸福感可以为积极心理学领域提供新的案例和实证研究，进一步深化对幸福感构建和实践的理论认识，有助于完善积极心理学的概念框架和理论模型，推动该领域的发展

续表

		理论层面
研究意义	2. 提供教师幸福感多元视角	研究从城市小学教师的角度出发，关注其职业幸福感的构建和实践，通过探索教师工作中的各个方面，如工作内容、工作环境、工作支持等，可提供教师幸福感的多元视角，丰富对于教师幸福感的理解
	3. 推动跨学科领域研究和合作	研究从城市小学教师的角度出发，关注其职业幸福感的构建和实践，通过探索教师工作中的各个方面，如工作内容、工作环境、工作支持等，可提供教师幸福感的多元视角，丰富对于教师幸福感的理解
	4. 突出教师职业幸福感重要性	研究成果可凸显城市小学教师职业幸福感对教育质量和教育事业的重要影响，有助于提升社会对教师职业幸福感的关注和重视，推动教育管理者和政策制定者采取措施改善教师工作条件、提升工作满意度，从而促进教育的可持续发展
		实践层面
	1. 创造良好教育生态系统	教师是社会进步和可持续发展的重要推动者。研究城市小学教师职业幸福感可以帮助创造一个良好的教育生态系统，使教师充满激情和动力，为学生提供优质的教育，培养未来社会的有能力的公民。同时，研究成果可为教育机构和政策制定者提供指导，帮助他们创造良好的工作环境和支持机制，为改善教育资源配置、提升教育质量和促进教育公平提供参考和支持
	2. 推动教师队伍创新建设	城市小学教师职业幸福感直接关系到教育质量和教育事业的发展。通过深入研究城市小学教师的职业幸福感，可为教师队伍建设提供针对性的政策和实践建议，提高教师的工作积极性、教学质量和教育满意度。同时，关注城市小学教师的职业幸福感也有助于增强教师的教育责任感和使命感，从而促进教师队伍可持续发展
	3. 推动教育科研创新发展	通过深入了解教师的职业体验和需求，为教育研究者提供重要的研究方向和问题，推动教育领域的创新和进步，有助于提高教育质量和效果，为教育改革和发展提供科学依据
	4. 建立社会支持网络资源	通过了解教师的需求和挑战，可以鼓励社会各界提供更多支持和资源，例如提供教师培训、心理健康支持和工作环境改善等，为教师提供更好的工作条件和发展机会，提高他们的职业满意度和幸福感

第二节 研究内容与思路

一、研究内容

研究内容如表1-2所示。

表1-2 研究内容

研究内容	
1. 城市小学教师职业幸福感的选题依据与意义	从学术层面、国家层面、行业层面、群体层面对积极心理学在教育领域的应用、教育改革的重要任务、教师角色和要求的变化、城市小学教师的发展优势和价值定位等对研究背景进行梳理，从理论与实践两方面阐述研究的现实意义
2. 城市小学教师职业幸福感的概念与文献梳理	对幸福感、职业幸福感、城市小学等概念进行厘定，并回顾国内外关于城市小学教师职业幸福感的研究现状。通过分析教师职业幸福感研究的发展阶段、群体分布特征和主要内容，为后续研究提供理论基础
3. 城市小学教师职业幸福感的理论基础与依据	介绍幸福感理论、马斯洛需要层次理论、组织支持感理论和生命教育理论等与城市小学教师职业幸福感相关的理论，为研究提供理论支持
4. 城市小学教师职业幸福感的现状与实证研究	通过问卷调查和统计分析，探讨城市小学教师职业幸福感的现状、影响因素以及与其他变量的关系
5. 城市小学教师职业幸福感的影响因素与归因	从社会因素、政府因素、学校因素和自身因素等角度分析城市小学教师职业幸福感的主要来源和影响因素，并探讨相关的责任构成
6. 城市小学教师职业幸福感的实施路径与策略	从优化管理、提升涵养、美化环境等方面提出提升城市小学教师职业幸福感的具体行动策略和建议
7. 城市小学教师职业幸福感的具体案例与分析	通过确定研究目标、制订调研计划、确定参与访谈和调研的城市小学教师群体、实地调研、整理数据、提取重要案例、数据分析、总结呈现，形成城市小学教师职业幸福感行动研究的具体案例，为研究者和实践工作者提供实证依据和实践参考

二、研究思路

研究思路如图 1-1 所示。

环节	成果	方法
选题背景	学术层面：积极心理学在教育领域的应用 国家层面：全面深化教师队伍的建设 行业层面：教师面临新的角色与要求 群体层面：小学教师应对压力的积极心理策略 对象层面：城市小学教师发展优势与价值定位	文献资料法： 对现有政策、文件、学术论文进行整理、归纳、分析，得出相关数据总结出符合时代背景与为城市小学教师职业幸福感研究提供理论基础和指导
文献探讨	幸福感、职业幸福感、城市小学、城市小学教师职业幸福感的概念厘定 教师职业幸福感研究的发展阶段特征分析 教师职业幸福感研究的群体分布特征 教师职业幸福感研究的主要内容分析	文献资料法： 通过查阅各类数据库，对已有的相关研究文献进行综述和分析，为城市小学教师职业幸福感研究提供理论基础和指导
理论基础	幸福感理论 马斯洛需要层次理论 组织支持感理论 生命教育理论	文献资料法： 通过查阅各类数据库，对已有的相关研究文献进行综述和分析，为城市小学教师职业幸福感研究提供理论基础和指导
城市小学教师职业幸福感现状调查与实证检验	现状调查的理论构思与研究设计 城市小学教师职业幸福感的总体状况 城市小学教师职业幸福感的场域分析 城市小学教师职业幸福感与前因变量的相关分析 城市小学教师职业幸福感与前因变量的回归分析	问卷调查法： 通过设计量表并进行前后测，深入了解教师职业幸福感的具体情况、变化趋势和影响因素 访谈法： 对城市中小学教师进行深入访谈，以全面了解他们对幸福的理解以及职业发展的需求等方面的情况
城市小学教师职业幸福感主要来源和影响因素分析	城市小学教师职业幸福感的主要来源 城市小学教师职业幸福感的影响因素 城市小学教师职业幸福感的责任构成	行动研究法： 对城市小学教师的职业幸福感现状进行详细分析，并研究其影响因素
提升城市小学教师职业幸福感的行动策略	优化管理中缓解教师压力 提升涵养中获得专业成长 美化环境中愉悦教师身心 增进关系中升华情感体验	行动研究法： 通过实践研究来探索提高城市小学教师职业幸福感的有效路径
城市小学教师职业幸福感的行动研究具体案例	个案研究法： 选择具有代表性的个案，通过详细观察、访谈和记录，分析不同个案的差异和特点，典型的案例库，为其他教师、学校提供借鉴和参考，也助于深入理解职业幸福感的本质和影响因素	

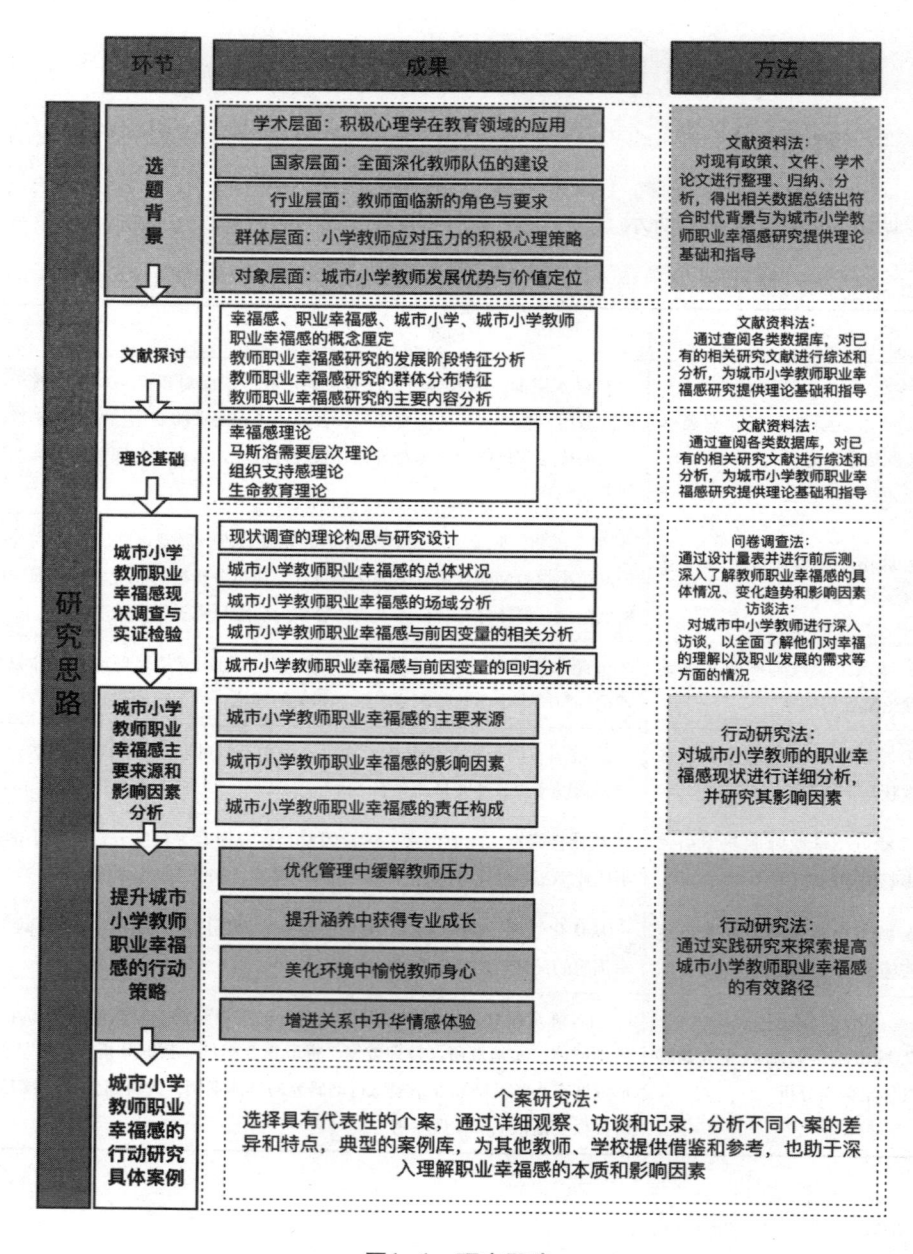

图1-1 研究思路

第三节 研究方法与创新

一、研究方法

针对城市小学教师职业幸福感的研究，本研究采用将文献资料法、问卷调查法、访谈法、行动研究法和个案研究法等相结合的方式。这些方法的综合应用可以提供全面的研究视角，深入理解和解决教师职业幸福感问题，为实践提供有力的支持和指导。

（一）文献资料法

文献资料法是一种重要的研究方法，通过对已有的相关研究文献进行综述和分析，为城市小学教师职业幸福感研究提供理论基础和指导。本研究利用文献资料法广泛搜集国内外的学术论文、研究报告、专著和期刊文章等资料，并对其进行系统整理和归纳。

首先，有助于本研究了解城市小学教师职业幸福感的相关理论。通过深入阅读和分析相关理论文献，研究者可以了解幸福感的概念、构成要素、影响因素以及测量方法等，从而建立对该领域理论框架的认识。其次，了解城市小学教师职业幸福感的研究现状。通过综合分析已有的研究成果，研究者了解目前对城市小学教师职业幸福感的研究重点、方法和发现，掌握研究领域的最新进展和热点问题。最后，总结城市小学教师职业幸福感研究中存在的知识空白和待解决的问题。通过对已有研究的评价和批判性思考，研究者归纳研究中存在的局限性和不足之处，从而为本研究提供切入点和突破口。

（二）问卷调查法

调查研究法是研究城市小学教师职业幸福感的常用方法之一，通过设计量表并进行前后测，对城市小学教师的职业幸福感进行调查研究。通过提供关于小学教师职业幸福感的具体数据和定量信息，研究者可以深入了解小学教师职业幸福感的具体情况、变化趋势和影响因素。

在调查研究中，首先，利用前期研究的经验和参考专业文献，构建教师职业幸福感量表，该量表包括多个维度和指标，如工作满意度、自我效能感、社会支持等，以全面衡量教师职业幸福感的不同方面。其次，在城市小学中进行调查，选择一定数量的教师作为研究样本。研究者向样本教师发放量表，并收集他们的回答，以获得关于教师职业幸福感的具体数据。为确保数据的有效性，需保证样本的代表性和参与者的积极配合，并严格控制调查过程中的误差和偏差。最后，使用统计软件以及描述性统计、相关性分析、差异分析等分析方法对收集的教师职业幸福感的水平、差异和相关因素等数据进行深入分析，从而得出科学准确的结论。

（三）访谈法

访谈作为一种质性研究方法，具有独特的优势。首先，访谈可以帮助研究者深入了解受访者的内心世界和个人经历。通过开放式的问题和逐步深入的追问，教师的深层次观念、信念和动机被充分挖掘，从而获得他们对幸福的独特理解和体验。其次，访谈可以捕捉到丰富的细节和情境背景。通过细致入微的描述和叙述，教师们可以更准确地表达自己的感受和经验，使本研究更加全面地了解他们的职业幸福感构成要素。此外，访谈还可以与受访者建立信任和互动，为深入交流和分享提供有利条件。

本研究采用正式访谈的方式，对城市中小学教师进行深入访谈，以全面了解他们对幸福的理解以及职业发展需求等方面的情况。通过与教师面对面的交流，研究者能够获取更加翔实和具体的信息，展示他们的真实感受和观点。为确保访谈的有效性和可靠性，本研究结合对相关文献的综述和理论分析，设计了合适的访谈指南和问题。通过对已有研究的总结和归纳，研究者系统地探讨教师职业幸福感的重要维度和影响因素。同时，运用相关的理论模型和概念框架，对访谈结果进行逻辑分析和解读，有助于厘清教师职业幸福感的内在机制和发展路径，为后续研究中的问卷设计和量化分析打下坚实的基础。

在访谈过程中，本研究采用适当的访谈技巧和方法，如开放性问题、追问、反馈等，以促使教师充分表达他们的观点和经验，并注意倾听和尊重受访者的意见，建立良好的沟通氛围，使他们感到舒适和放松，以便获得真实和可靠的数据。此外，本研究还选择适当的采访时间和地点，确保教师有足够的时间和空间来分享他们的想法和感受。

在访谈结果的分析中，研究者运用归纳和主题分析等方法，对访谈数据进行整理和归纳，提取出重要主题和因素，并通过综合文献综述和理论分析的结果，对访谈数据进行解读和理解，以获得更深入和全面的认识以及更系统地探索教师职业幸福感的实践情况。

最后，根据访谈结果设计量化调查问卷，更广泛地收集教师的观点和意见，通过量化研究方法的应用，进一步验证访谈中得出的结论，并获取更大规模的数据，以支持教师职业幸福感的提升和教育政策的制定。

（四）行动研究法

行动研究是兴起于20世纪70年代的一种教育研究方法❶，其影响力逐渐扩大，并引起了广泛关注。起初，行动研究主要在专业教育研究者中引起了轰动，随着时间的推移，越来越多的教育实践者，特别是一线教师对行动研究产生了兴趣。行动研究倡导的"教师即研究者"运动，改变了教育研究一直由专业研究者主导的局面。行动研究鼓励教师从实际出发，推动教育实践的创新与发展，促进教师的专业成长和个体或群体的变革。传统上，教育研究主要由学术界的专家学者进行，而行动研究将研究的主动权交还教师，使其成为研究的主体，通过参与行动研究，教师能够深入了解自己的实践，发现问题并寻求解决方案，不断改进自己的教学方法和策略，提高教育质量和学生的学习成果，从而解决了教育研究中教育理论与教育实践脱节的问题。同时，行动研究不仅为教师提供了提升专业能力的机会，还促使教育理论与教育实践更加紧密地联系在一起，为改善教育实践提供了有效途径。

基于积极心理学的视角，行动研究将关注点放在积极心理学相关概念的实践应用上。通过引入乐观主义、积极情感培养、心流体验等概念和方法，设计和实施针对教师的幸福感提升项目和活动。例如，通过组织积极情感训练、鼓励教师参与有意义的工作和专业发展活动，以及创造支持性的工作环境和团队氛围。总之，行动研究对于提升教师自身的幸福感和工作满意度起重要作用。

---

❶ 郑金洲.行动研究：一种日益受到关注的研究方法[J].上海高教研究，1997（1）:27-31.

在城市小学教师职业幸福感的研究和实践中，行动研究发挥着重要作用。通过行动研究方法，研究者可以深入了解城市小学教师的职业幸福感现状以及存在的问题，了解他们的需求和期望，从而制定针对性的干预措施和策略。行动研究还可以促进教师的参与和反思，激发他们的自主性和创造力，共同探索和实践提升职业幸福感的路径和方式。

在本研究中，首先，通过观察和交流与城市小学教师进行互动，了解他们在职业幸福感方面所面临的问题和困境。其次，对存在的问题进行梳理和分析，通过理性思考和参考研究文献，提出解决问题的假设。再次，将提出的假设付诸实践。在实践过程中，观察、记录和分析相关数据，包括教师的反馈、教学效果、学生的参与度等，以提供有关干预措施的有效性和影响的信息，如改进教学策略、增加教师支持与发展机会、建立友好的教师关系等。最后，通过观察、记录和分析数据，评估实践的效果，并对解决问题的假设进行修正和改进。以期不断地通过实践、观察、分析和反思这一循环过程来推动城市小学教师职业幸福感的提升。

（五）个案研究法

个案研究法是一种深入研究个别个案的方法，在提升城市小学教师职业幸福感方面具有重要意义。通过典型的、可推广的案例，总结有效策略和经验，可为其他教师、学校提供借鉴和参考，同时有助于深入理解职业幸福感的本质和影响因素。

本研究选取了具有代表性的城市小学教师作为个案，深入了解其个人背景、教学经验、工作环境以及对职业幸福感的感受和体验，并通过详细观察、访谈和记录来收集数据，对不同个案的差异和特点等相关数据进行分析后，得出共性的结论与经验，形成一个典型的案例库，有针对性地对小学教师职业幸福感的提升提供建议。

二、创新之处

本书基于积极心理学的应用，采用多层面的研究视角，运用了创新的研究方法；同时，对城市小学教师职业幸福感进行了理论基础的构建，并提出了针对性的行动策略。这些创新点使得研究能够为教育实践提供有力的支持和指导，促进城市小学教师职业幸福感的提升。(1)积极心理学的应用。基于积极心理学的视角,探讨城市小学教师职业幸福感的内涵和影响因素,有助于深化对教师幸福感的理论理解,并为教育心理学、教育管理学等学科领域提供新的研究视角和方法。此外,实践探索可以验证和拓展学术理论,为实际教育工作提供可行性指导方案和政策建议。(2)多层面的研究视角。本书将城市小学教师职业幸福感的研究视角延伸到了学术层面、国家层面、行业层面、群体层面和对象层面。这种多层面的考量有助于全面地理解城市小学教师职业幸福感的形成机制和影响因素。通过分析学术层面的研究成果、国家层面的政策支持、行业层面的职业特点、群体层面的团队互动和对象层面的教师—学生关系,研究者可以更全面地把握城市小学教师职业幸福感的多维度特征。(3)研究方法的创新。本书采用问卷调查的方式进行数据收集,并结合专家访谈和教师访谈的方法获取深入的信息。问卷调查能够收集大量的数据,通过量化分析揭示教师职业幸福感的普遍情况和差异情况。而专家访谈和教师访谈可以深入了解教师的主观感受、经验和观点,提供更加丰富和细致的信息。本书的多方法综合运用使研究结果更加全面准确,能够提供有力的证据支持。(4)理论基础的构建。本书对城市小学教师职业幸福感进行了理论基础的构建,包括幸福感理论、马斯洛需要层次理论、组织支持感理论和生命教育理论等。幸福感理论关注个体的主观幸福体验;马斯洛需要层次理论强调满足人的不同层次的需求;组织支持感理论关注组织对个体的支持和关怀;生命教育理论强调个体的成长和发展,综合运用上述理论,有助于深入理解城市小学教师职业幸福感的内在机制和影响因素。(5)行动策略的提出。本书在最后一章提出了一系列提升城市小学教师职业幸福感的行动策略,包括优化管理、提升涵养、美化环境和增进关系等,为实际教育实践提供了具体的指导和参考。

第二章 核心概念与国内外相关研究

第一节 概念厘定

一、幸福感

心理学层面的幸福是指人类个体认识到自己需要得到满足以及理想得到实现时产生的一种情绪状态,是由需要(包括动机、欲望、兴趣)、认知、情感等心理因素与外部诱因的交互作用形成的复杂的、多层次的心理状态[1]。幸福感是指个体主观感受到的主观幸福程度或满意度,是一个个体对自己生活的整体评价,涵盖了个体在多个领域(如工作、家庭、社交等)中的满意度、快乐感和生活意义的体验,包括对生活满意度、积极情绪的体验和对个人目标和价值的实现感等。幸福感的概念从其内涵来分析,主要包括三部分:第一,幸福感是个体获得的一种持续的、稳定的和愉悦的主观心理体验;第二,幸福感是个体的主观努力与客观环境相契合的产物;第三,幸福感是个体对总体自我状况的肯定评价,包含满足感和价值感[2]。

幸福感是一种积极的主观体验,在英文中,幸福感常常被 happiness、well-being、eudaimonism、hedonism 代替。其中 eudaimonism 和 hedonism 是哲学家对幸福感的代名词,eudaimonism 对应实现论,hedonism 对应快乐论。大多数学者将 well-being 视为幸福感,其释义为"健康、安乐、康乐"。在心理学中,基于

---

[1] 严标宾,郑雪,邱林.主观幸福感研究综述[J].自然辩证法通讯,2004(2):96-100,109-112.

[2] 朱美燕.积极心理学视野下高校教师职业幸福感提升路径[J].浙江万里学院学报,2019,32(1):80-85.

快乐论、实现论和社会学理论，幸福感分为主观幸福感、心理幸福感和社会幸福感。主观幸福感的基础为快乐论，依据个人设定的标准对生活质量作出的整体评价❶。主观幸福感包括认知成分的生活满意度，情感成分中积极情绪和消极情绪两部分。基于国外对主观幸福感的研究，将其概念定为客观因素和需求对人产生影响，促使个体产生对自身存在与发展状况的积极心理体验❷。心理幸福感的基础为实现论，认为幸福感是发挥个人潜能，积极实现个人价值以达到美好人生的体验❸。心理幸福感强调个人潜能的实现，包括成长、环境、关系、自主、目标以及接纳六方面❹。基于以往研究，本研究认为幸福感应从两方面界定：第一，幸福感是主观与客观相统一的。幸福感是客观作用于主观的一种心理体验，幸福感的主观性是个体对自身生活的评价，即个体幸福与否，主要依赖于个体自身的内在评判标准。幸福感不是个体在大脑中的凭空臆想，需要依托实实在在的对象来体验幸福，幸福感的产生存在客观的生理基础，个体幸福感与大脑生理组成有关联❺，故而，幸福感也具有客观性。幸福感的体验也依赖于个体的客观行为，依赖于客观世界。总之，个人需要借助客观条件和对生活的主观评价体验幸福。第二，幸福感的产生依赖此阶段个体需要的满足。人们的生活是不断发展和变化的，需要与目标也在发展和变化，幸福感体验程度也随之发生变化。ERG 理论指出人的需要包括生存、关系和成长需要。该理论认为人不仅要满足基本的生存需要，在个体生存需要得到适度满足的同时，个体追求关系需要和成长需要的满足。但这种需要的满足并不是贪婪的、无休止的，而是个体根据自身情况进行界定的，适度的、符合自身实际需要的满足才会使个体产生幸福感。幸福感作为一个复杂的心理概念，涉及个体的主观感受、情感体验、心理需求满足和价值认同等多个因素的综合作用。有学者将幸福感进一步细分为主观幸福感、心理幸福感和社会幸福

---

❶ Diener E. Subjective Well-Being[J]. *Psychol Bull*,1982,9（53）:542-575.

❷ 郑雪，等.幸福心理学 [M].广州：暨南大学出版社，2004:22-42.

❸ 陈浩彬，苗元江.主观幸福感、心理幸福感与社会幸福感的关系研究 [J].心理研究，2012,5（4）:46-52.

❹ 苗元江.心理学视野中的幸福 [D].南京：南京师范大学，2003.

❺ 陈红，肖子伦，李书慧，等.幸福感的神经机制：来自中枢神经系统的证据[J].西南大学学报（社会科学版），2017,43（2）:106-113,199.

感三个方面[1]。幸福感与个体的生活质量、心理健康、社会关系、自我认同等密切相关。幸福感的体验和评价因人而异，每个人对于幸福的理解和追求方式存在一定差异。在研究和实践中，幸福感常被用作衡量个体或群体福祉的重要指标之一。了解幸福感的形成机制和影响因素，可以为个人和社会提供促进幸福感的方法和政策，我们能够更好地理解人类心理，改善生活条件和提升整体幸福水平。

幸福感的研究涉及不同层面和因素。一方面，幸福感可以从整体上衡量个体的主观幸福感受和满意度。这包括对生活的整体评价、生活满意度和主观幸福感的程度。另一方面，幸福感还涉及个体的情感体验和积极情绪的表达。这包括喜悦、满足、快乐等积极情绪的体验和表达。同时，幸福感还与个体目标和价值实现相关。这包括对自身成就、目标达成和生活意义的认知和感受。幸福感的研究方法包括主观评价和客观指标的测量。主观评价通常通过问卷调查和个体的自我报告来获取。该评价方法可以利用一系列的幸福感量表和心理测量工具，通过个体的自述和评分来获取其幸福感的信息。客观指标的测量可以通过生理指标（如脑电图、皮肤电阻等）和行为观察（如微笑频率、社交互动等）来反映个体的幸福感水平。主观评价和客观指标的测量相结合可以更全面地了解幸福感的内涵和影响因素。

研究表明，幸福感受到多个因素的影响。个体的基本需求满足程度、社会支持网络、情感稳定性、个人特质和价值观念等都与幸福感密切相关。同时，环境因素（如经济状况、教育水平、文化背景等）也会对幸福感产生影响。例如，研究发现经济状况的改善与幸福感的提升有关。人们在经济稳定、收入适当的情况下更容易感到幸福满足。此外，社会支持网络也是提升幸福感的重要因素之一。个体在面对困难和挑战时，得到他人的支持、理解和关爱会增强其幸福感。情感稳定性也被认为是提升幸福感的重要因素，个体具有较好的情感稳定性更容易产生幸福感。

二、职业幸福感

英国学者霍姆斯定义职业为"实现个体、任务完成和维持生命的活动"[2]，表

---

[1] 于晓宇，孟晓彤，蔡莉，等.创业与幸福感：研究综述与未来展望[J].外国经济与管理，2018,40（8）:30-44.

[2] 霍姆斯.教师的幸福感——关注教师身心健康及职业发展[M].闫惠敏，译.北京：中国轻工业出版社有限公司，2006.

明职业是通过个人工作获得利益的一种形式，包括各种职业如警察、教师、医生等。在从事这些职业的过程中，人们会体验到幸福感。国外学者 Joan 认为职业幸福感是对工作各方面的积极评价[1]，而 Diener（1982）将幸福感视为对生活质量的总体评估，包括生活满意度、积极情绪和消极情绪等多个层面[2]。诸建红（2012）则将幸福感解释为个体需求得到满足、理想实现所形成的复杂心理状态[3]。李赛赛（2019）认为幸福感与个体的主观体验相关，是与生活质量紧密相连的情感和评价[4]。束从敏（2003）将职业幸福感定义为在职业活动中获得的幸福体验[5]。霍尔（2004）等学者认为它包括对自身职业认知、从业动机、身心健康等方面的主观体验[6]。另外，王海涛（2019）将职业幸福感视为个体在职业中对自身情感、需求和成就感等方面的主观体验，是持续快乐的感受[7]。综合这些定义，职业幸福感可以理解为个体在从事某一职业时，因满足自身需求、发挥个人潜力和实现理想而获得的持续快乐体验。它包括对工作各个方面的积极评价，是个体在工作中情感、动机、行为和认知的积极体验。因此，职业幸福感源自主观幸福感，但在工作场景中具体体现为个体对工作的积极情感和认知评价。国内学者从不同角度探讨了职业幸福感的内涵。吴伟炯等研究者认为，职业幸福感表现为较高的工作满意度、较低的辞职意愿、较多的正面情绪和较少的负面情绪[8]。葛喜平则认为，高校教师的职业幸福感体现在个体需求得到满足、自我潜

---

[1] Joan E,Toon W,Taris, W B,et al.The Structure of Occupational Well- being: A Study among Dutch Teachers [J].J *Occup Organ Psych*, 2003,6（77）:365-375.

[2] Diener E. Subjective well-being[J]. *Psychol Bull*,1982,95（3）:542-575.

[3] 诸建红.上饶市民办幼儿教师职业幸福感调查研究［D］.南昌：江西师范大学，2012.

[4] 李赛赛.不同出生年代幼儿教师职业幸福感发展轨迹类型和特征研究［D］.沈阳：沈阳师范大学，2019.

[5] 束从敏.幼儿教师职业幸福感研究［D］.南京：南京师范大学，2003.

[6] Horn J E, Taris T W, Sehaufeli W B. The structure of occupational well-being: A study among Dutch teachers[J]. *Journal of Occupational and Organizational Psychology*,2004（77）:365-375.

[7] 王海涛.教师职业认同、职业倦怠与职业幸福感的关系研究［D］.海口：海南师范大学，2019.

[8] 吴伟炯，刘毅，路红，等.本土心理资本与职业幸福感的关系［J］.心理学报，2012,44（10）:1349-1370.

能得以发挥、工作能力得到提升和自身价值得到认可时的愉悦感受[1]。

职业幸福感是个体在工作和职业生涯中感受到的主观幸福和满足感。它受多种因素的影响，这些因素包括内部因素和外部因素。其中影响职业幸福感的重要因素包括：（1）工作满意度。即个体对工作本身的满意度是职业幸福感的核心因素。这涵盖了对工作内容、工作环境、工作负荷和工作安排的满意度，当一个人对自己的工作感到满意时，他们通常更容易体验到职业幸福感。（2）工资和福利。薪水和福利待遇是影响职业幸福感的重要外部因素。适当的薪酬和福利可以提高个体的生活质量，从而增加幸福感，然而，工资水平过低或不公平的薪酬分配会降低个人职业幸福感。（3）职业发展和晋升机会。有机会发展职业、获得晋升和提升职业地位的个体通常职业幸福感强烈。这种机会使他们感到自己的工作受到了认可，有了更大的动力和目标感。（4）工作安全和稳定性。拥有稳定的职业和工作安全感可以减轻个体的焦虑和压力，从而提高职业幸福感。（5）工作与生活平衡。能够平衡工作和生活的个体通常感觉更幸福。工作与生活之间的冲突会降低职业幸福感。因此，具有弹性工作时间或灵活安排的工作更有吸引力。（6）工作内容和挑战。对于一些人来说，有足够的挑战性和刺激性的工作内容是重要的。这种挑战可以提高工作的满足度和职业幸福感。（7）工作环境和团队氛围。良好的工作环境、支持性的同事和上级，以及融洽的团队氛围都可以增强职业幸福感。相反，不良的工作环境和紧张的团队关系会降低职业幸福感。（8）自我实现和认同感。个体对于自己的工作所做的贡献以及在职业生涯中的自我认同感也与职业幸福感相关，能够在工作中实现自己的价值和目标可以提高幸福感。（9）社会支持和关系。良好的社会支持系统和融洽的人际关系可以提供情感支持，帮助个体应对工作中的压力和挑战，从而增强职业幸福感。（10）个人特质和心理健康。一些个人特质，如积极情感、自我效能感和情感稳定性，与职业幸福感密切相关。同时，心理健康问题，如抑郁和焦虑，会降低职业幸福感。职业幸福感受到工作本身、薪酬待遇、职业发展机会、工作与生活平衡、人际关系等多种因素的综合影响。不同人会受到不同因素的影响，因此职业幸福感大不相同。理解这些因素有助于个体更好地管理和提高自己的职业幸福感。

---

[1] 葛喜平．职业幸福感的属性、价值与提升［J］．学术交流，2010（2）：30-34．

综上所述，职业幸福感是个体在从事职业活动中获得的主观情感上的快乐体验，是对工作各个方面的积极评价的表现。它包括个体需求满足、潜力发挥和理想实现，是个体在工作中情感、动机、行为和认知的积极评价和情感体验。因此，职业幸福感对个体的生活质量和工作满意度产生重要影响。

三、城市小学

城市的定义在不同文献和学科中有不同的诠释。《辞海》中将城市描述为"人类社会空间结构的一种基本形式"，强调城市是人类社会的核心组成部分。《现代汉语词典》则首先将城市与人口密集和工商业的繁荣联系在一起，其次突出了城市中文化融合、经济交往和政治交流的集聚特征[1]。此外，根据不同学科的背景和关注点，学者们也赋予了城市各种不同的内涵。在经济学领域，城市被界定为地理区域，其特征包括相对较大的面积、经济活动和人口集中，从而在私人企业和公共部门实现规模经济。社会学领域则将城市视为一种特定的社会组织形式，具备特殊的地理边界和社会特征。而地理学领域则将城市界定为地理上交通便利、人口和房屋密度较高的区域，与农村在空间聚落上存在明显差异。不同领域对城市有不同的定义，但城市通常被视为人口、资源、财富以及人类社会经济活动高度集中的地理空间[2]。小学是基础教育的重要组成部分，属于我国九年义务教育的起始阶段。目前，我国九年义务教育学制中，主要存在"六三"学制和"五四"学制两种不同划分方式。对于小学学段的划分，依据教育部发布的《义务教育课程方案和课程标准（2022年版）》，小学被划分为三个学段：第一学段（1—2年级）为低段；第二学段（3—4年级）为中段；第三学段（5—6年级）为高段[3]。因此，我们关注的城市小学是指位于重庆市主城区内，也就是人口、资源、财富以及经济活动高度集中的地区内的小学。城市小学通常位于城市

---

[1] 中国社会科学院语言研究所词典编辑室.现代汉语词典[M].北京：商务印书馆，2005:176.

[2] 王谋，刘君言.生态文明背景下可持续城市概念和要素探讨[J].中国特色社会主义研究，2021（6）:63-73.

[3] 中华人民共和国教育部.教育部关于印发义务教育课程方案和课程标准（2022年版）的通知[EB/OL].（2022-04-08）[2022-06-20].

核心地带，拥有相对完善的设施和资源，学生密度较高。这些学校的发展与城市整体发展密切相关，通常需要根据城市发展的实际需求来调整学校的办学目标和课程设置等。城市小学依据划片就近入学的原则，以便适龄儿童能够选择就近就读。这些学校有公立小学和民办小学之分。公立小学资金主要来源于政府财政拨款，并由政府进行管理。而民办小学则由社会团体或依法设立的个人管理，使用非政府资金运营。尽管在教育资源分配和学费标准等方面存在差异，但这些学校都承担了为城市儿童提供教育服务的重要任务。

总之，城市小学是位于城市核心区域的小学，其发展与城市整体发展密不可分。这些学校需要根据城市的发展需求提供教育服务，并根据不同性质的学校类型进行资源分配。

四、城市小学教师职业幸福感

教师职业幸福感是指在教育教学过程中产生的积极情感体验[1]，通常伴随个人价值的实现而出现[2]。有的学者将其描述为教师在心理体验和职业伦理之间的一种融合，同时整合了主观幸福感和心理幸福感的含义[3]。还有学者认为，教师职业幸福感源于个体的基本需求得以满足，因此带来了幸福的心理体验[4]。教师职业幸福感是指在从事教育教学职业期间，教师在工作中体验到满足个人基本需求的感觉，感受到社会认同和自身价值，获得成就感[5]，享受人际关系的愉悦，以及在学校环境中产生安全感和归属感。同时，教师在教育工作中需要获得满足、自由实现自己的职业理想、发挥自己潜能并伴随力量增长所产生的持续快乐体验[6]。教师职业幸福感的构成应从认知心理和情绪情感两个层面理解[7]：认知心

---

[1] 费琳,刘巍,张鹏程.工作投入对教师职业幸福感的影响：价值感和获得感的作用[J].四川轻化工大学学报（社会科学版）,2022,37（2）:69-86.
[2] 崔胜杰.教师职业幸福感研究综述[J].辽宁行政学院学报,2012,14（7）:117-118,120.
[3] 张艳.教育改革背景下初中教师职业幸福感研究[D].苏州：苏州大学,2010:5.
[4] 徐璟怡.农村初中教师职业幸福感现状调查研究[D].南昌：江西师范大学,2019:8.
[5] 郭颖蕾.高校教师职业幸福感的实证研究[D].青岛：青岛大学,2016:12-13.
[6] 束从敏.幼儿教师职业幸福感研究[D].南京：南京师范大学,2003.
[7] 柳海民,郑星媛.教师职业幸福感：基本构成、现实困境和提升策略[J].现代教育管理,2021（9）:74-80.

理层面包括需求满足感、身心健康感、工作自主感、工作满意感、工作成就感、职业认同感以及自我实现感等；情绪情感层面包括情境舒适感、人际和谐感、工作愉悦感、道德心安感以及职业归属感等。

  城市小学教师职业幸福感的概念界定源于幸福学和教育学领域的研究，旨在理解教师在职业生涯中的幸福体验和心理状态。城市小学教师作为教育事业的重要参与者，他们的职业幸福感不仅对个体自身的幸福与满意度产生重要影响，还与学校的教育质量、学生的学习成绩和社会的发展密切相关。城市小学教师职业幸福感具体是指城市小学教师在从事教育工作过程中，对自身职业的满意程度、工作的乐趣和成就感的主观评价，是教师个体在职业环境中所体验到的情感、态度和情绪的综合反映。城市小学教师职业幸福感不仅包括对工作内容和工作条件的满意度，还包括对教育事业的使命感、对学生学习成果的认可以及与同事和家长之间的良好关系等。工作满意度：城市小学教师对自身工作内容和工作条件的满意程度，包括对教学资源的充足性、教学设施的质量、工作环境的舒适性以及工作时间的合理性等方面的评价。教育使命感：城市小学教师对自身在教育事业中的使命和价值的认同感。教育使命感体现了教师对于培养学生成长、传递知识和塑造未来的责任感和自豪感。学生学习成果的认可：城市小学教师对学生学习成果的认可和肯定程度。教师在看到学生取得进步和成就时，会产生满足感和成就感，进而增强职业幸福感。同事和家长关系的良好性：城市小学教师与同事之间的合作、支持和团队氛围，以及与家长之间的沟通和合作对于教师的幸福感产生重要影响。本研究可采用定量和定性相结合的研究方法，测量和评估城市小学教师职业幸福感，如问卷调查、面试和焦点小组讨论，以收集教师对工作满意度、使命感、学生学习成果的认可以及同事、家长关系的评价等方面的数据和意见。

  城市小学教师职业幸福感的形成与多个因素密切相关。包括教育政策支持：教育政策对于城市小学教师职业幸福感的提升起至关重要的作用。政府和教育部门的政策支持和投入，包括提供良好的教学资源、改善工作条件、提供职业培训和发展机会等，可以提高教师的工作满意度和职业幸福感。学校领导和管理：学校领导和管理对于提升教师职业幸福感起重要作用。良好的学校领导可以为教师提供支持和指导，创造融洽的工作氛围，激发教师的工作动力和创造力，从而增强教师的职业幸福感。工作自主性和支持：教师的工作自主性和得到的支持有利于提升职业幸福感。给予教师一定的自主权，让教师参与决策和规划教学活动，能够增加教师的满足感和工作乐趣。此外，教师需要得到来自学校和家长的支持，以应对工作中的挑战和困难。专业发展和成长机会：教师的职业幸福感也与其专业发展和成长机会密切相关。学校应提供持续的职业培训和发展机会，帮助教师不断提升专业能力和教育水平，能够增强教师的满意度和幸福感。教师之间的互动和合作：教师与同事之间的合作和支持，以及与家长之间的良好沟通和合作关系，能够大大提升职业幸福感。舒适的工作环境和紧密的团队合作可以促进教师之间的交流和学习，增强教师的职业幸福感。

总而言之，城市小学教师职业幸福感是教师在从事教育工作中对自身职业的满意度、工作的乐趣和成就感的主观评价，受到教育政策支持、学校领导和管理、工作自主性和支持、专业发展和成长机会、教师之间的互动和合作等多个因素的影响。城市小学教师职业幸福感的提升需要政策制定者、学校领导和教师的共同努力，为教师提供良好的工作条件和资源，关注教师的需求和福祉，促进教师的专业发展和团队合作，营造积极的教育教学环境。

第二节　城市小学教师职业幸福感的文献研究

教师职业幸福感是在从事教育工作中所体验到的主观满意度、乐趣和满足感。它是教师对自己职业选择的积极情感和态度的体现，反映了教师在工作中获得满足感和幸福感的程度。教师职业幸福感的重要性不容忽视。教师是社会中一个重要的职业群体，他们承担着培养未来一代的责任和使命。当教师拥有良好的职业幸福感时，他们更有动力、热情和创造力去教育和引导学生。职业幸福感使教师能够更好地应对工作中的各种挑战和压力，保持积极的心态和专业精神。同时，教师职业幸福感与教师的健康和福祉密切相关，它有助于减轻工作带来的压力和疲劳，提高教师的工作满意度和生活质量。教师职业幸福感的提升不仅对教师个体有益，也对整个教育系统和学生的学习成长产生深远影响。因此，重视和促进教师职业幸福感的发展，不仅是为了教师的福祉，也是为了推动教育事业的持续发展和提高学生的学习质量。本研究基于教师在工作中所体验到的幸福感及其相关因素，以揭示教师职业幸福感的形成过程、影响因素和作用机制为目标，以提升教师职业幸福感为宗旨。通过对教师职业幸福感的研究，为教育部门的政策制定和支持向度提供科学依据，进一步改善教师的工作环境和职业体验。同时，本研究还在探索如何提高教师职业幸福感的方法和策略，以帮助教师更好地应对工作中的各种挑战和压力，提高工作满意度和工作绩效。通过对教师职业幸福感的研究，全方位悉知教师的需求和期望，为教师的职业发展和个人成长提供有益的指导和支持。本研究以时间为主轴，探析教师职业幸福感的演变历程，通过划阶段对研究成果的发展阶段特征进行深入解析，进而对教师职业幸福感研究的作者和前沿热点进行可视化分析，旨在为新时代城市小学教师职业幸福感的提升路径提供理论基础。

一、教师职业幸福感研究的阶段特征分析

（一）教师职业幸福感研究时间分布特征

本研究通过CNKI（中国知网）电子数据库，选定"教师职业幸福感"为主题词进行高级检索，选定期刊、硕博论文、会议及报纸文献，检索出1869篇有效文献，进一步对检索结果进行可视化分析，最终绘制出教师职业幸福感科研成果年度发文量现状图，如图2-1所示。

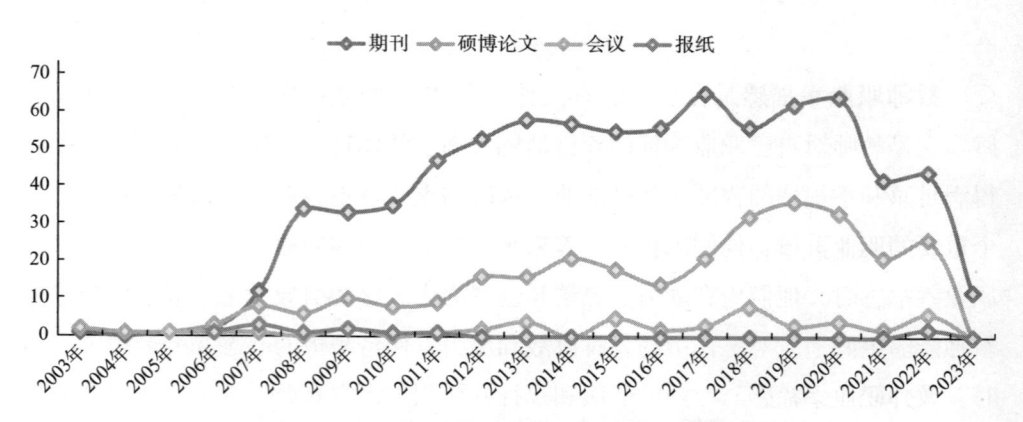

图2-1 教师职业幸福感科研成果年度发文量情况

由以上数据可知，关于教师职业幸福感的研究整体呈现出波浪式上升趋势，在中后研究阶段呈现出大量研究成果，该领域的关注度逐年上升，其中科研成果主要由期刊、硕博论文、会议和报纸四类构成。具体分析发现，教师职业幸福感经过长达5年的探索研究逐渐引发众多学者关注，但该阶段的研究视角较为宏观和浅显，文献主要以期刊和学位论文为主，但两类文献量较低。其中，期刊文献总计16篇，仅2007年就发表了12篇，是该期间发文量最多的年限；硕博论文总计15篇，也是2007年达到最多（8篇），其余年份的科研成果（期刊、硕博论文、会议和报纸文献）出载量均低于4篇，这说明各研究者对教师职业幸福感的认知不完善且探索方向未能精准把控。最先对教师职业幸福感进行相关探索的是南京师范大学束从敏学者，他首次以学位论文的形式对幼儿教师的职业幸福感展开研究，该学者还在《学前教育研究》中发表了《幼儿教师获得职业幸福感原因的调查与思考》一文，主要基于历史生态视域下，以幼儿教师职业幸福感现状、特征、影响因子等维度进行探析，进而提出教师幸福感提升方法与途径。另外，福建师范大学王志红学者于2003年8月完成了题为《论教师成长中的情感特征》的硕士论文，在前人研究的基础上，提出以教学效能感、职业承诺、主观幸福感、社会支持感等维度对教师成长各阶段情感特征进行分析，为教师成长环境等建设提出建议。2004—2006年，关于教师职业幸福感研究的年度发文量始终维持在1~3篇，总计11篇（期刊、硕博论文、会议及报纸文献），相关科研成果较少。直至2007年，关于教师职业幸福感的研究才"稍有起色"，文献总量达到24篇，该阶段属于研究探索期。进一步调查发现，2007年以后，教师职业幸福感研究的总体科研成果开始呈上升发展趋势，其中，期刊文献的发文总量最高，且增长幅度最大，始终维持在33~65篇，于2017年达到年度发文量的最高峰（65篇）；硕博论文科研成果量位居第二，从2008年的6篇增至2019年的36篇（最高发文量），年度刊发量始终维持在6~36篇，文献量发展较为平稳；此外，会议和报纸文献总量均处于较低状态，最高发文量仅为8篇（2018年，会议文献），且在2012—2021年，尚未出现关于教师职业幸福感的研究成果。因此，在2008—2019年，研究成果丰硕，发展状态较好，该阶段为演变创新时期。自2020年以来，该研究的总体文献量呈下降趋势，由101篇下降至78篇（2022年），2023年仅为12篇期刊文献，截至目前尚未出现硕博论文、会议及报纸文献。因此，该阶段为教师职业幸福感研究进程的进阶发展时期。

由表2-1可知，2003—2007年的科研成果，总计38篇，年均发文量为7.6篇，该阶段的发文总量占总体文献的2.03%，文献刊发量较少。2008—2019年，历时12年后教师职业幸福感的研究文献量共计1575篇，占总体文献的84.26%，年均发文量从上一阶段的7.6篇增至131.25篇，该阶段研究成果丰硕并取得了良好的研究效益，经历12年的发展，研究成果增幅较大，推动了教师职业幸福感的研究进程。此外，2020—2023年发文量总计256篇，占总体文献的13.69%，年均发文量为64篇，尚未达到总文献年均发文量（80.42篇），历经前两个阶段的探索与研究，该阶段关于教师职业幸福感的研究已经较为完善，广大学者对教师职业幸福感的内涵、外延及价值定位等理论认知愈加清晰，进而对该领域的研究方向与视角把控度更加精准，但研究创新点与切入点较少，因此，该阶段的研究成果虽总体维持在较高水平，但逐渐呈现下降态势。因此，本研究将教师职业幸福感的研究历程大致分为2003—2007年（研究探索期）、2008—2019年（演变创新期）、2020—2023年（进阶发展期）三个阶段进行梳理。

表2-1　教师职业幸福感研究的阶段化学术关注度汇总

项目	研究探索期	演变创新期	进阶发展期	总计/平均
发文量	38	1575	256	1869
百分比（%）	2.03	84.26	13.69	100
年均发文量（篇）	7.6	131.25	64	80.42

（二）教师职业幸福感研究阶段分布特征

由图2-2可知，2003—2007年作为教师职业幸福感研究的起始阶段，科研成果呈现出缓慢曲线式增长发展状态，但报纸和会议文献量有待提高，且该阶段总体研究成果较少，主要由期刊和硕博论文构成，最早出现于2003年，此后几年发展成果甚微，而报纸和会议分别最早出现于2006年、2005年，关于教师职业幸福感的文献一直处于较低水平。因此，关于教师职业幸福感的研究探索速度较慢，起始阶段成效较差，该阶段发展历程被称为研究探索期。

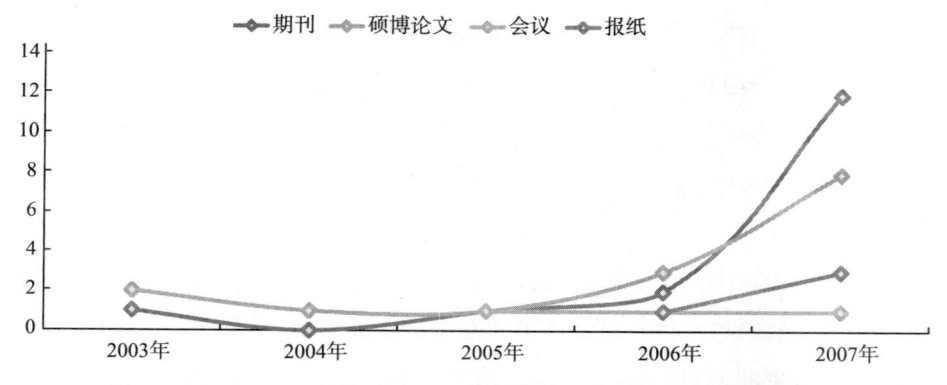

图2-2 2003—2007年期刊、硕博论文等年度累计发文量曲线统计情况

结合图 2-3 数据可知，2008—2019 年，教师职业幸福感相关研究成果总体呈稳步上升态势，主要由期刊、硕博论文、报纸及会议文献构成。其中，期刊文献发文量均高于硕博论文、报纸和会议总文献量，2017 年的发文量达到了 65 篇，是该阶段期刊文献发文量最高的一年，其最低发文量出现于 2009 年，年度发文量为 33 篇，远高于该阶段其他三类文献的最高发文量。其中，硕博论文科研成果相对较好，除 2008 年、2010 年和 2011 年年度发文量低于 10 篇以外，其余 9 年的发文量均维持在 10～36 篇，研究成果较为显著。但该阶段关于教师职业幸福感研究的会议和报纸文献成果较为欠缺，发文量总体维持在 0～4 篇，仅 2018 年发表 8 篇会议文章，报纸文献在 2012 年后尚未发表 1 篇成果，综合分析发现，该阶段总体科研成果显著，主要以期刊和硕博论文为主，研究主题较为丰富，该阶段被界定为演变创新期。

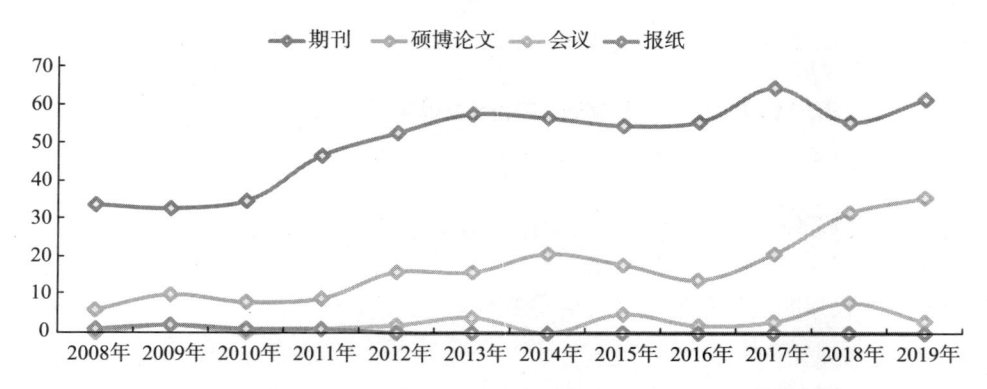

图2-3 2008—2019年期刊、硕博论文等年度累计发文量增长曲线

结合图 2-4 数据可知，关于教师职业幸福感领域研究的期刊文献在 2020—2023 年出现下降趋势，期刊文献从 2020 年的 64 篇，下降为 2022 年的 44 篇，但整体发文量维持在较高水平。该阶段的硕博论文、报纸和会议文献总体也呈下降趋势，硕博论文由 33 篇降至 26 篇，下降幅度较小；会议文献总量少，年度发文量由 4 篇起伏至 6 篇；报纸仅在 2022 年发表 2 篇，其余 3 年均未发表相关文献。以上四类文献构成该阶段我国教师职业幸福感研究总文献量，整体呈波浪式起伏较大的发展趋势，该阶段符合进阶发展特征。

综上，依据时间脉络研究发现，2003—2007 年关于教师职业幸福感研究的文献总体发文量较少，发展起伏较小，研究进展缓慢，演变进程处于研究探索期；2008—2019 年科研成果较多，增幅较大且发展平稳快速，将该阶段评定为演变创新期；2020—2023 年教师职业幸福感整体研究呈下降趋势，但维持在较高水平，因此将该阶段评定为教师职业幸福感研究的进阶发展期，侧面反映出我国关于教师职业幸福感的研究成果将继续呈现增长趋势，且研究角度与层面随后期探索会愈加详细深入。

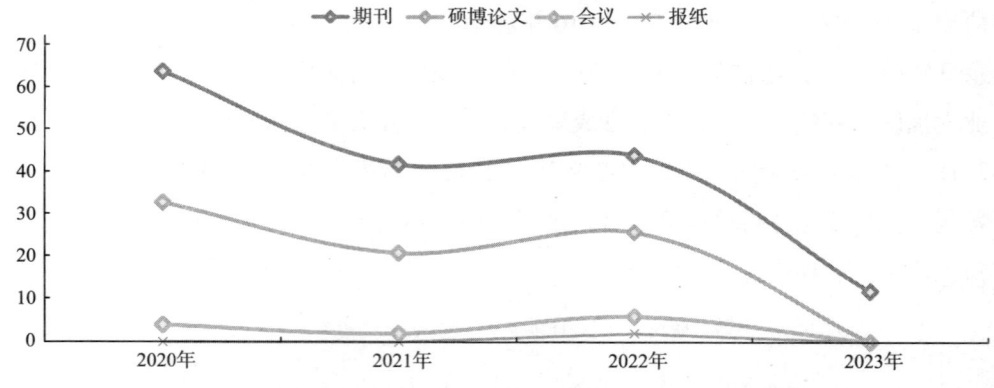

图2-4　2020—2023年期刊、硕博论文等年度累计发文量增长曲线

二、教师职业幸福感研究的群体分布特征

（一）教师职业幸福感研究作者分布特征

登录中国知网及设置相关条件后，检索出关于教师职业幸福感的期刊、会议、硕博论文及报纸有效文献总计 1869 篇，利用 SATI3.2 软件进行作者统计，

共得出531名作者，但部分研究作者缺乏代表性与权威性，因此，为有效把握教师职业幸福感研究领域的权威性作者及成果，本研究通过普赖斯定律中的核心作者计算公式$M=0.749*(N_{max})1/2$推算出该领域的中介中心性作者。公式中，M表示教师职业幸福感领域相关研究中核心作者必须具备的最低发文数量，N_{max}表示教师职业幸福感领域相关研究中作者最高文献量，结合表2-2数据可知，N_{max}值为22，推算得出M约为3.51，因此，关于教师职业幸福感的研究中核心作者需为个体发文量在4篇及以上的作者，共计23人，此外，核心作者发文总量为169篇，占总发文量的9.04%，未能达到普赖斯定律，这说明教师职业幸福感相关研究作者间尚未形成稳定性的核心作者群，进而缺乏强强联合创作和高产作者间的交流与学习。鉴于篇幅限制，本研究仅统计归纳出发文量排名前十的核心作者，通过具体分析发现，前10名高产作者中，俞水的发文量高达22篇，在教师职业幸福感研究作者中发文量最多，排名第二的是吕建斌（17篇），排名第三的是周波（14篇），另外还有3名作者发文量在10篇以上，具体有王姣艳（11篇）、尹海涛（11篇）、张彩萍（10篇），其余核心作者发文量为4～9篇，具体有刘炳艳（8篇）、汤传稷（7篇）、高晶晶等人（均为6篇）、刘咏宝等人（均为5篇）及孙卫红等人（均为4篇），以上作者均是教师职业幸福感领域的研究引领者与权威者。综合整理发现，发文量在4篇及以上的核心作者占比约为4.3%，发文量在1～3篇的低产作者占比约为95.7%，总计508人。有鉴于此，教师职业幸福感相关研究主体较多，高产核心作者间缺乏合作意识，形成了研究成果较为分散的局面。

表2-2 教师职业幸福感研究核心期刊、硕博论文等论文核心作者情况

名次	核心作者	发文量（篇）	名次	核心作者	发文量（篇）
1	俞水	22	6	张彩萍	10
2	吕建斌	17	7	刘炳艳	8
3	周波	14	8	汤传稷	7
4	王姣艳	11	9	高晶晶	6
5	尹海涛	11	10	王川	6

注：本表仅对发文数为4篇以上的前10名作者进行统计。

（二）教师职业幸福感研究作者合作关系静态分析

基于中国知网数据库中导出的 1869 篇期刊、硕博论文、报纸和会议文献，将其进行数据转换后导入 Cite Space 5.7.R1 软件中，将条件设置为作者（Author）、2003—2023 年、Years Per Slice 为 1 年等相关限制后，点击"go"按钮生成教师职业幸福感研究作者合作关系网络图谱，最终将作者最低发文量限定阈值（Thresholds）设置为 $N \geq 2$，设置好 Font Size、Node Size 的相关阈值后，通过调整生成清晰的作者合作关系网络图谱，进一步对教师职业幸福感研究作者展开深入剖析，如图 2-5 所示。

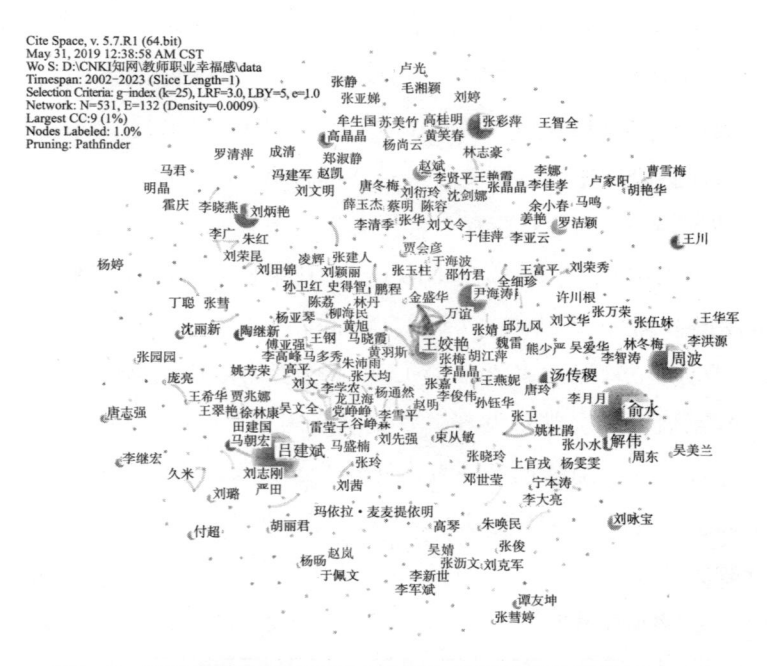

图2-5 教师职业幸福感研究主体的合作关系网络图谱（$N \geq 2$）

结合图 2-5 数据，分析关于教师职业幸福感研究主体的发文量情况及相互间的合作关系，并依据具体文献对教师职业幸福感展开详细探究。由于文章篇幅和软件参数限制，教师职业幸福感研究成果仅为 1 篇的作者名字尚未在图谱中显示出来，因作者个体发文量存在差异性，且数量差距较大，所以图谱中节点大小差距较大，为直观准确地获取高产作者名字及个体间相互合作状态，图谱分别有序排列出独立作者或合作研究学者。关于教师职业幸福感研究的 1869 篇文献在软件中共统计出 531 个节点，每个节点代表一位作者，另外共有 132 条线，网络密度（Density）为 0.0009，各作者间合作密度较低。统筹发现，关于教师职业幸福感的研究作者关系表现为独立研究为主，合作研究为辅，其中高产作者间合作关系较少，均为高产作者与低产作者间的强弱联合或低产作者间的合作，分别构成了众多不同规模的合作群体，但发文量在 4 篇及以上核心作者中的独立作者有 11 位，占核心作者总数的 47.82%，独立作者比例较高。在教师职业幸福感的研究中，以高产作者为中心而形成的合作群体较少，仅有 8 个合作团队，其中合作成果最显著的三个团队是：

首先，以吕建斌为中心的 2 人合作团队、以王姣艳为中心的 2 人合作团队，均是由发文量排名前五的核心高产作者构成的研究合作群体，其余核心作者也纷纷构建了研究团队，如以党峥峥为中心的 4 人合作群体，但研究多以强弱联合为主，强强联合较少，缺乏稳定的合作研究群体。此外，在关于教师职业幸福感研究的前五名核心作者中，发文量最高的俞水、周波（第三位）和尹海涛（第五位）均为独立作者，同时其余独立作者研究成果也较为显著。

研究发现，发文量最多的俞水（22 篇）为独立研究作者，该作者在教师职业幸福感研究中科研成果最显著，研究力量较为雄厚，其科研成果具有一定代表性。该学者主要探究高中教师职业幸福感提升。教师是教学过程的主导者与推进者，其主观幸福感直接影响课程教学效果，进而在一定程度上决定学生的学习质量，因此，提高教师职业幸福感是当代教育事业面临的难题，也是推动教学高质量发展的关键，提升教师职业幸福感迫在眉睫。在以考试机制为主的教育大环境下，高中教师需要承受社会、学校及家庭等多方压力，立足学生全面发展的教育目标，在教学过程中为学生减负的同时，保证学生的学习效果，导致教师工作强度增大、工作时间延长及工作压力加大，进而引发教师的职业幸福感问题探讨。俞水学者认为，教师职业幸福感指数可以通过学校和社会层面进行有效干预。学校应为促进教师的专业成长，组织多样化活动和营造正面、积极的校园文化，创造优质培训和考察机会，通过学校社交平台推广教师教育成果等，提升教师的荣誉感与成就感。同时，学校亦应以提升教师福利为主要手段，消除一线教师基础生活顾虑，激发教师工作的内驱力，进而提升教师职业幸福感。提升教师整体职业幸福感是一项漫长且艰巨的任务，不仅要求学校对满足教师职业幸福感提供保障和改进方法，也需要社会对教师工作提供支持。首先，社会要对教师职业的功能、价值、定位等具备清晰且正确的认知，充分认可教师对职业幸福感的追求，将教师幸福感指数和工作努力（提升教师职业幸福感）程度作为评优晋升的考核指标之一。其次，社会要为学校提升教师职业幸福感工作提供资金和政策保障，并依据区域和教师个体差异性，采用"因地制宜"的工作方式，科学有效地为提升教师职业幸福感工作提供社会支持❶。

其次，以个体发文量排名第二的吕建斌（17篇）为中心形成的2人合作研究团队，主要与马朝宏（4篇）建立较为稳定的合作关系，两位学者均为高产核心作者，该团队属于强强联合模式，存在较高的中介中心性作者。通过分析发现，该团队关于教师职业幸福感的研究视角主要立足于：教师幸福感的重要意义、现实状况及提升路径等。研究表明：教师职业的幸福感指数是教育高质量、高效率发展的关键性因子之一，提高教师幸福感是教育事业发展历程亟须解决的重点。教师幸福感缺失会导致教师身心疲惫、职业倦怠、情绪消极等，继而在教学过程中了无兴趣，学生的幸福感也会随之消失，教师职业幸福感源于学生、存于学校、现于社会，同时也深受其影响与限制。想要成为一名幸福的教师，首先需要改变自身心态，幸福需要自己在实践中主观体验。如若拥有坚定的信念与追求，并坚持不懈地去努力，那么便是幸福，幸福不在于得到多少，而在于不计较得失，不嫉妒、不攀比、不计较，做真实的自己，幸福就会常伴左右。同时，教师的幸福也来自学生的成长与信任，当基础相对较差的学生在教师的指导下，成绩逐步上升时；当犯错的学生在教师的教导下逐渐改正错误时；当学生愿意跟教师说出心里秘密时，教师将产生成就感，有效提高教师的职业幸福感❷。

另外，以个体发文量排名第三的周波（14篇）也是独立研究作者，通过分析发现，该学者关于教师职业幸福感的研究角度主要着眼于：以分阶段、分梯队的形式，提高中小学教师职业幸福感。中小学义务阶段的学生正处于具体运算和形式运算阶段，其思维能力和水平具有一定的局限性，主要表现为活泼、好奇、注意力不集中、思维概念欠缺等特点。这个阶段的学生在课堂上无法及时准确地

---

❶ 俞水. 高中教师职业幸福感亟待提升[N]. 中国教育报，2008-10-23（002）.

❷ 马朝宏，吕建斌. 破解教师职业幸福的密码[N]. 中国教师报，2011-06-08（14）.

接收教师教学"信号",且行为控制能力较差,极易导致教学组织和教学环节难度增大,直接影响教师教学体验,成为影响教师职业幸福感的关键。因此,周波学者基于此类现实问题,提出通过组织"教师论道"活动,以"精英品道""新锐问道""名家传道"三个维度为抓手进行实践,进一步提升教师耐性、对学生无私的爱、精湛的教学技艺、丰富的专业核心素养,充分提升教师职业幸福感,继而成为集思想理念现代化、价值内涵丰富于一体的高品质教师[1]。

最后,以个体发文量排名第四的王姣艳(11篇)为中心形成的2人合作研究团队,主要与万谊(2篇)学者构成合作关系,该团队属于强弱联合创作模式。通过分析发现,该团队关于教师职业幸福感的研究主要聚焦于特殊教育教师职业幸福感的研究,包括组织支持与教师职业幸福感的关系、教师职业认同对职业幸福感的影响、教师幸福感指数与职业认同和社会支持的关系等。该团队认为,教师职业幸福感与组织支持、心理资本呈正相关;与情绪衰竭呈负相关。教师职业环境隶属于特定的学校,言谈举止、工作要求等受到学校组织的制度、行为规范、工作条例及人文关怀等因素影响,教师对组织支持的感知差异性直接关系到工作中处理问题、团结协作和完成任务的积极性,同时削弱教师的满足感。通过提供同事协作、教师培训、资源支持、合理要求、问题帮助和积极反馈等支持,学校管理者可以有效提高教师的满意度。此外,心理资本也是一个重要因素,它是个体内部的积极资源,可以提供能量,起激励作用,对职业幸福感产生保护性影响,有助于提升教师的职业幸福感。教师的心理资本可以通过减轻情绪衰竭,间接影响职业幸福感。如果教师拥有足够的心理资源,他们可以更好地应对情绪衰竭,从而提升职业幸福感[2]。同时,特殊教育教师的职业认同也对职业幸福感具有显著正向预测作用。职业认同水平较高的教师往往对自己的职业评价较为积极,更愿意解决问题,而不是回避问题,也更容易体验到从事该职业的幸福感[3]。最后,学校类型在组织支持感对职业幸福感路径中的调节作用也是非常

---

[1] 周波.分梯队"论道"全面提升教师素质[N].成都日报,2009-02-07(A09).

[2] 王姣艳,郝晓川,李扬.组织支持与特殊教育教师职业幸福感的关系:链式中介效应分析[J].中国临床心理学杂志,2020,28(6):1281-1284.

[3] 郁松华,陈洁,王姣艳.教师幸福感指数与职业认同、社会支持的关系研究[J].科教文汇(下旬刊),2009,117(33):8.

重要的。研究表明，不同类型的学校对该路径的调节效应不同，培智学校的调节效应大于聋校。这意味着提升特殊教育教师的职业幸福感需要因学校类型而异，学校类型在职业认同、组织支持感和职业幸福感的中介路径中具有调节作用[1]。因此，从这些研究结果可以看出，教师的职业幸福感受到学校管理者的支持、教师的心理资本、职业认同和学校类型等多个因素的影响。学校管理者应该关注和重视这些因素，通过提供支持和资源，建立融洽的工作氛围，帮助教师提升职业幸福感。这对于教师的个人发展、工作满意度和教育质量的提升都具有重要意义。

此外，以个体发文量排名第五的尹海涛（11篇）亦是独立高产作者，通过分析发现，该团队关于教师职业幸福感的研究层面主要立足于：教师职业幸福感的困境与提升路径探究。幸福是人生追寻的主题之一，教师作为职业人员也追求职业幸福。然而，目前很多教师面临着工作压力过大、身体亚健康和单调狭小的生活圈子等问题，形成了所谓的"三重"困境。根据调查结果显示，54%的教师存在心理问题，其中35%的教师为轻度心理障碍，17%的教师为中度心理障碍，2%的教师已经诊断为心理疾病。此外，近70%的教师感到心累和精神疲惫，48%的教师有焦虑和失眠等症状，36%的教师有时难以控制情绪，31%的教师因心理压力不愿意延长在校时间[2]。针对工作压力、超负荷工作量和情绪压抑等现实情况，教师可以从三个方面解决职业幸福问题：（1）全身心投入工作并获得认可与尊重。教师应全身心地投入工作，努力取得一定成绩，并得到学校领导、学生及其家长的认可与尊重，这是教师幸福感的根本来源。（2）多与学生沟通，建立良好关系。教师应积极与学生沟通，赢得学生的信任和尊重，与学生之间建立良好关系对保持心情愉悦至关重要。（3）保持平常心态，珍惜辛苦和收获。教师应保持平常心态，接受工作的辛苦和收获，专业发展是幸福感的重要来源，但也需要珍惜和体验其他多元的幸福感[3]。综上所述，解决教师职业幸福问题需要多方共同努力。除了全身心地投入工作、与学生沟通建立良好关系和保持

---

[1] 王姣艳，万谊，王颖.特殊教育教师职业认同对职业幸福感的影响：一个有调节的中介作用机制[J].中国特殊教育，2020,237（3）:35-41.
[2] 尹海涛.教师，格式化的生存状态[N].河南日报，2007-09-04（13）.
[3] 尹海涛.三位普通教师的幸福体验[N].河南日报，2007-09-06（13）.

平常心态外，学校还需要关注教师的心理健康和身体健康，为教师提供健康舒适的工作环境。此外，学校和社会应给予教师更多的支持和关怀，提供心理辅导、健康管理和职业发展等帮助，共同营造良好的教育生态，促进教师的职业幸福感和工作满意度的提升。

以党峥峥（5篇）为中心构成了最大规模的4人合作团队，该团队成员由李学农（4篇）、刘文（4篇）及朱沛雨（2篇）作者组成，其中高产核心作者占比75%，属于强强联合的合作团队。该团队的研究视角主要着眼于：乡村教师职业幸福感的建构。《乡村教师支持计划》自2015年6月1日发布以来对乡村教育的整体发展起到了促进作用，提高了乡村教师的生活质量，对其职业幸福感产生了重要影响。该计划通过确保编制、提升待遇来提高乡村教师的自我认同感；提升素质、稳定师德来激发乡村教师的工作自信感；利用流动机制、师资补充来丰富乡村教师的教育成效感；评职称、树榜样来培养乡村教师的社会价值感[1]等形式提升教师职业幸福感。然而，乡村教师的职业幸福感仍然处于较低水平，主要归因有：角色价值模糊，职业认同程度不高；对乡土文化的体验较浅，缺乏情感联结；职业酬薪一般，社会地位得不到认可；对问题意识的认识不足，缺乏职业发展动力[2]。同时，教师面临着任务繁重、事务繁杂和受罚严重的压力，其中，任务重表现为乡村小学教师流失率较高，留下的教师成为全科教师，除师范类专业外，其他专业基本上是边学边教；事务繁杂表现为乡村小学教师除了备课、上课外，还要在学校值班、批改作业、照顾午休、看管夜修；如果遇到上级检查，还要组织各种活动、补写各种材料；受罚严重表现为没有编制的乡村小学教师属于代课教师，教书成为一种谋生手段，他们对未来感到很不安，为了能够继续在小学教书，他们需要尽力去争取，主动承担许多任务。在面对多重压力和期望的同时，教授学生知识，但学生的特殊性导致教师无法产生满足感，与家长沟通和学

---

[1] 党峥峥，李学农，刘文，等.《乡村教师支持计划》对乡村教师职业幸福感的影响[J].兰州职业技术学院学报，2021,37（4）:121-123,126.

[2] 党峥峥，李学农，马君诚，等.《乡村教师支持计划》支持下乡村教师职业幸福感建构[J].西北成人教育学院学报，2021,154（4）:92-95.

生成长方面遇到困难，导致缺乏职业幸福感❶。在新时代背景下，我们可以从以下三个方面来提升乡村教师的职业幸福感：平衡健康与成就、学历与价值、现实与目标。首先，平衡健康与成就时，乡村教师应寻求身体健康和追求职业成就之间的平衡，在确保自己身心健康的基础上完成工作任务，实现职业规划，以保持职业幸福感。其次，乡村小学教师需要平衡提升学历和追求职业意义，在提升学历的同时深入乡村教育事业，走进乡村学生的内心世界，寻求更大的职业意义。最后，活在当下和追求职业目标之间取得平衡，通过内外部的努力为每个年龄段的乡村小学教师提供阶段性的职业目标，并鼓励他们通过具体活动来实现这些目标。此外，还可以考虑金钱和非金钱激励，如平等分配学校资源、给予辛勤工作的教师额外补偿等，以实现持续不断的职业幸福感❷。

最后，还存在众多合作研究群体，其中发文量较高的有：以张彩萍（10篇）为中心的2人合作团队；以赵斌（5篇）为中心的3人合作团队；以李广（4篇）为中心的3人合作团队等，均属于强弱联合模式，与前文研究结论保持一致性。另外，在独立的研究作者中，发文量较高的有：刘炳艳（8篇）、汤传稷（7篇）、高晶晶（6篇）、王川（6篇）、刘咏宝（5篇）、罗洁颖（5篇）等，均对教师职业幸福感领域的研究发展做出贡献。

综上所述，通过结合具体文献对教师职业幸福感研究作者进行详细剖析发现，近一半的核心作者以合作研究模式为主，一半高产作者进行独立研究，其中，教师职业幸福感的合作团队规模均较小，多以两三位作者组成，总体研究以强弱联合为主，且合作群体作者间固定性较差，缺乏稳定性的权威合作团队。

三、教师职业幸福感研究的主要内容分析

基于中国知网数据库中导出的1869篇期刊、硕博论文、报纸和会议文献，将其进行数据转换后导入Cite Space 5.7.R1软件中，将条件设置为关键词（Keywords）、2003—2023年、Years Per Slice为1年等相关限制后，点击"go"

---

❶ 党峥峥,李学农,刘文,等.乡村小学教师职业幸福感的心理重构[J].兰州职业技术学院学报，2021,37（3）:117-119.

❷ 党峥峥,李学农,刘文,等.新时代背景下乡村小学教师职业幸福感的探讨[J].教师教育论坛，2021,34（5）:40-45.

按钮生成教师职业幸福感研究作者合作关系网络图谱,最终将作者最低发文量限定阈值(Thresholds)设置为 $N \geq 4$,设置好 Font Size、Node Size 的相关阈值后,通过调整生成清晰的高频关键词网络图谱,如图 2-6 所示,为进一步对教师职业幸福感研究热点展开深入剖析,清晰地统计出频次排名前 20 的关键词,如图 2-7 所示。

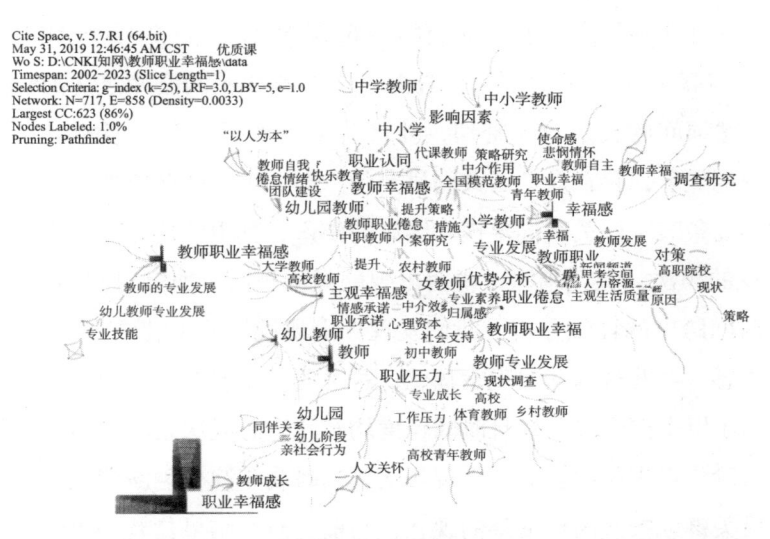

图2-6　教师职业幸福感期刊文献等高频关键词共现图谱($N \geq 4$)

序号	关键词	频次	2003—2023年
1	职业幸福感	1065	
2	幸福感	230	
3	教师	229	
4	教师职业幸福感	227	
5	幼儿教师	115	
6	职业倦怠	108	
7	中小学教师	89	
8	主观幸福感	88	
9	小学教师	83	
10	影响因素	81	
11	提升策略	56	
12	职业认同	49	
13	高校教师	45	
14	职业幸福	44	
15	对策	40	
16	职业压力	37	
17	中学教师	35	
18	青年教师	35	
19	心理资本	35	
20	教师幸福感	34	

图2-7　教师职业幸福感研究的高频关键词时间突现图(词频前20位)

结合上图数据，分析关于教师职业幸福感研究热点及方向，并依据具体文献对教师职业幸福感展开详细探究。由于文章篇幅和软件参数限制，关于教师职业幸福感研究中出现频次仅为1～3的关键词名称尚未在图谱中显示出来，因每个关键词频次存在差异性，且数量差距较大，所以图谱中节点大小差距较大，为直观准确地获取高频关键词名称及相互间关系，图谱分别将频次较高的关键词有序地呈现出来。关于教师职业幸福感研究的1869篇文献在软件中共统计出717个节点，每个节点代表一个关键词，另外共有858条线，网络密度（density）为0.0033，各关键词间的关系较为密切，并且关于教师职业幸福感的研究主题较广，高频关键词显著，存在众学者共同研究的方向。由图2-7数据可知，每个关键词对应的进度条表示该关键词出现和结束的年份，其中颜色深浅代表该年度中此关键词出现的频次，颜色越深，说明出现的频次越高。通过对前20个高频关键词频次与时间跨度的详细分析，我们发现，出现最早的关键词为职业幸福感、教师职业幸福感、幼儿教师和主观幸福感，这说明各学者对教师职业幸福感研究的主题热点始于以上四个方面，且时间跨度均较长，总频次较高。但从颜色深度发现研究探索阶段出现频次较低，出现频次最高时属于演变创新期，经过一段时间发展到最后关键词频次出现下降的现状，与前文研究结果具有一致性。进一步分析发现，部分关键词出现时间较晚（心理资本、对策、提升策略等）、消失时间较早（职业幸福、职业倦怠、高校教师等）或存在中间某段时间消失（教师幸福感、影响因素、心理资本等）的情况，这说明各学者在进行教师职业幸福感研究时不断地探索新视角、新元素和新方法，经历了一个从宏观到微观、从单一到多元的演变历程。各学者对教师职业幸福感的研究方向主要包括以下几个层面：

教师职业幸福感主体对象方面，具体涵盖了"学前阶段""义务教育阶段""高中阶段"及"大学阶段"四个聚类热点。该方面突出的高频关键词有：教师（229次）、幼儿教师（115次）、中小学教师（89次）、小学教师（83次）、高校教师（45次）、中学教师（35次）、青年教师（35次）、中职教师（30次）、体育教师（29次）、高校青年教师（15次）、高职教师（13次）、乡村教师（13次）、初中教师（13次）、特殊教育教师（9次）、农村幼儿教师（9次）及农村初中教师（8次）等。教师职业幸福感是教师专业发展的重要维度，也是教师职业生活的基本权利，教师的自我效能感和职业价值感直接预测教师的幸福感，并通过自尊间接影响教师的幸福感[1]。教师的幸福感可以从两种基本价值取向进行衡量，即主观幸福感和心理幸福感[2]。主观幸福感是衡量个体心理状态与生活质量的重要因素。它包括生活满意程度、积极情绪体验和消极情绪体验等因素，具有主观性、整体性和稳定性的特点。主观幸福感是个体对自身生活评价的具体化[3]，对教师而言，主观幸福感一般指教师在教育教学过程中获得的精神满足，是从追求理想到实现理想过程中的一种情感体验。影响教师主观幸福感的主要因素包括外部因素如经济收入、社会支持、生活事件，以及内部因素如人格与自尊、自我效能感与应对方式、心理健康水平等[4]。心理幸福感是教师因工作目标的达成或自我价值的实现而获得的充实感、满足感和成就感[5]。心理幸福感注重个人潜能的实现，以实现论为基础，从工资收入满意度、工作满意度和社会地位满意度等方面进行衡量[6]。因此，教师职业幸福感受到内、外部因素的影响，教师了解这些影响因素，并采取相应的策略和措施，可以提升职业幸福感，促进专业发展和职业满意度。不同教育阶段的教师在职业幸福感的现状和影响因素上存在一定差异。例如，在大学阶段，大部分高校青年教师的职业幸福感并不强烈。他们的幸福感总体呈现出"中间大两头小"的分布，只有少数高校青年教师感到非常幸福，而大多数教师群体的幸福感一般[7]。青年教师的职业幸福感与工作量、职业

---

[1] 赵玉芳.职业价值与自我效能：教师幸福感的双重促进路径[J].教师教育学报，2022,9（4）:27-36.

[2] 李广，盖阔.中小学教师职业幸福感调查[J].教育研究，2022,43（2）:13-28.

[3] 王永保，王业坤.高职教师主观幸福感与职业压力关系的实证研究[J].浙江交通职业技术学院学报，2020,21（4）:81-85.

[4] 邓坚阳，程雯.教师主观幸福感的影响因素及其增进策略[J].教育科学研究，2009,169（4）:70-72.

[5] 李娟，张小永.心理弹性理论下幼儿教师职业幸福感的提升路径[J].教育参考，2020,283（1）:106-112.

[6] 兰小云，叶长发.初中教师职业幸福感调查研究[J].中小学心理健康教育，2023,529（2）:73-77.

[7] 陈有.高校青年教师职业幸福感的现状分析及应对策略[J].延安职业技术学院学报，2022,36（6）:9-11,17.

发展空间、工作成就感和生活压力等因素相关❶。在义务教育阶段，随着社会对教师职业的期望不断提高，教师的工作压力也不断增加。越来越多的教师出现职业倦怠和职业幸福感下降的情况❷。大多数教师对于当前的收入福利并不满意。经济利益无法得到保障，加之工作任务繁杂和工作压力大，教师无法产生职业认同感，从而提前进入职业倦怠期，表现出消极的工作态度或产生离职换岗的想法❸。对于中小学教师而言，他们的职业幸福感主要受到学校人文环境、领导评价、教学任务、工资福利、家长支持和教师自我效能感等因素的影响❹。总的来说，不同教育阶段的教师职业幸福感受到的影响因素和现实情况既有共性，也存在差异。因此，提升教师职业幸福感的策略应具有针对性，根据具体情况采取相应的措施。

教师职业幸福感影响因子方面，具体包含"社会""学校""本体"三个聚类热点，这方面突出的高频关键词有：幸福感（230次）、主观幸福感（88次）、影响因素（81次）、职业认同（49次）、职业压力（37次）、幼儿园（29次）、高职院校（28次）、农村教师（24次）、教师专业发展（24次）、中小学（15次）、工作投入（14次）、高校（12次）、教师专业成长（11次）、心理健康（11次）、幸福指数（9次）、人文关怀（9次）、教师的专业发展（9次）、中职学校（8次）、工作压力（8次）、职业认同感（8次）及职业价值观（8次）等。教师职业幸福感的获取本源具有全方位、多主体性，其影响因素也具有多重结构。其中，专业发展是教师职业幸福的重要影响因素之一。教师的专业发展包括伦理道德水平、科研能力、心理素质和职业信念等，这些因素是教师获得职业幸福的源泉和动力。教师职业信念是在对自己所从事的职业有一定认识的基础上，对教师劳动价值等坚定不移的态度。它能够激发教师从事教育教学工作的内在动力，是影响

---

❶ 管玮.高职院校青年教师职业幸福感提升探析[J].江苏工程职业技术学院学报，2022，22（4）:67-70.

❷ 戴洁萍.小学教师职业幸福感的影响因素及提升策略[J].教书育人，2021,755（25）:46-47.

❸ 卫晓婧，勾唯颖.小学教师职业幸福感的影响因素及提升策略[J].大众标准化，2021，349（14）:75-77.

❹ 刘婷婷.中小学教师职业幸福感影响因素及提升策略研究[J].西北成人教育学院学报，2017,127（1）:58-62.

教师职业幸福感的内部关键因素。另外，教师专业发展空间也对教师职业幸福感具有显著的预测作用。专业发展空间是指在教师专业发展过程中得到的支持，能够满足教师在职称晋升、荣誉获得、学历提高、专业素质提升等方面的需求。这种支持有助于教师职业信念的形成，激发教师从事教育教学工作的内在动力，通过克服外在困难，教师能够将教育工作融入自己的理想和追求中，在积极充实的专业生活中产生强烈的幸福感。研究发现，当专业发展空间较小时，女教师的职业信念高于男教师，随着专业发展空间的扩大，男教师的职业信念逐渐超过女教师，男教师对专业发展空间有更高的追求；当专业发展空间较大时，男教师会表现出更强的职业信念和职业满意度，而女教师的职业信念和职业满意度的增长趋势会变得平缓❶。同时，教师从新手阶段到熟手阶段再到专家阶段，教师的工作满意度水平也会降低，而职业倦怠水平则会提高❷。原因是专家型教师任教年限较长、职称较高且职务较多，对教学成就的期望减弱，从而容易产生职业倦怠，随着收入的增加，专家型教师的职业倦怠程度逐渐降低。已有研究指出，专家型教师对教师职业有较高的认同，能够从工作中实现职业自我价值。因此，当收入达到较合理水平时，专家型教师的职业认同度和奉献度足以使他们认真对待自己的事业，从而与收入所带来的不满意达到平衡。此外，研究还发现，在中等收入组中，熟手型教师的离职意向显著最高；而在高收入组中，新手型教师的离职意向显著最高。这表明教师的发展阶段与收入之间存在一个平衡点。当教师的能力与收入相匹配时，他们的幸福感最高；而当二者失衡时，就会导致教师的离职意向增加❸。

教师职业幸福感现实状态方面，具体涵盖"职业本质""教师队伍"及"学生群体"三个聚类热点，这方面凸显的高频关键词有：职业幸福感（1065次）、职业倦怠（108次）、职业幸福（44次）、心理资本（35次）、教师职业（32次）、教师

---

❶ 邓涛，李燕. 专业发展空间对教师职业幸福感的影响：基于有调节的中介模型[J]. 现代教育管理，2021,378（9）:81-89.

❷ 祖明月. 高校教师职业幸福感的影响因素研究[J]. 就业与保障，2021,287（21）:158-160.

❸ 胡莹莹，王文静. 中小学教师职业幸福感现状、影响因素及对策研究[J]. 中国成人教育，2022,536（7）:25-30.

职业幸福（26次）、调查研究（19次）、幸福（18次）、职业（18次）、现状（16次）、教师幸福（12次）、缺失（10次）、现状调查（9次）、学校管理（9次）、教师发展（8次）、教师自身（8次）、心理弹性（8次）、情绪劳动（8次）及总体幸福感（8次）等。教师职业幸福感的现实状态因地区、教育体制、文化背景等因素而存在差异，但整体上存在一些普遍的趋势和问题，具体表现为：（1）教师职业劳动异化。教师面临社会对他们的高要求，但工作回报与付出不匹配，增加了工作压力和负担❶，容易导致教师感到疏离和异化。（2）高道德要求，低社会地位。教师面临社会对他们的高道德要求，但缺乏对教师职业的认可和理解，容易降低教师的职业认同感和归属感。（3）高职业要求，低专业认同。教师面临行业对他们业务水平的高要求，容易导致教师在教学中产生压力和不安全感，尤其是对教育问题缺乏经验时。同时，社会对教师专业性的质疑以及学生对学科的轻视也容易使教师怀疑自己的专业能力。（4）收支比失衡。尽管乡村教师和城镇教师在同一县区享有相同的工资标准，但城镇教师由于师资丰富、编制完善，承担的工作量相对固定。相比之下，农村教师的师资相对短缺，他们需要承担多门课程的教学任务，工作量较大。并且，教师收入与工作支出（精力、工作量等）比例不均衡❷。（5）教育功利化，理想高于现实。教育工业化导致教学个性的丧失，教育评价以分数为唯一标准，会使教师失去教学的自我实现感和道德感。（6）教学压力大，工作评价严格。教师工作不仅强度大，工作时间长，而且面临严格的考核和评价，这会削弱教师的工作愉悦感和满意感。（7）教学管理苛刻，教学自主权弱。学校管理理念和机制缺乏人性关怀，过度关注目标达成和程序规范，使教师缺乏自主权和工作的自由度。（8）情绪逐渐衰竭，亚健康严重。教师工作重复单调，环境相对封闭，长期超负荷工作和生活质量的下降容易导致教师情绪和身体出现恶性循环。（9）人际关系紧张，阻碍工作开展。教师面临师生之间缺乏尊重和家校之间缺乏信任的问题，同时同事之间的合作关系也可能转

---

❶ 党峥峥，李学农，刘文，等.乡村小学教师职业幸福感的心理重构[J].兰州职业技术学院学报，2021,37（3）:117-119.

❷ 宋雅静.乡村振兴战略背景下农村教师职业幸福感提升策略[J].吉林医药学院学报，2022,43（5）:397-398.

变为竞争关系，打击了教师的工作积极性，破坏了人际和谐等❶。综上，教师职业幸福感面临多重困境，包括工作回报不匹配、高道德要求但低社会地位、高职业要求但低专业认同、收支失衡以谋生为职业、教育功利化、教学压力大、教学管理苛刻、情绪逐渐衰竭和人际关系紧张等。这导致教师产生疏离感、失去工作热情、怀疑自己的专业能力，对教师的职业认同感、幸福感和身心健康产生负面影响。

教师职业幸福感提升路向方面，具体包含"社会支持""教师心理""职业压力"三个聚类热点，这方面的凸显关键词有：教师职业幸福感（227次）、提升策略（56次）、对策（40次）、教师幸福感（34次）、提升（32次）、专业发展（30次）、策略（29次）、专业成长（28次）、积极心理学（14次）、社会支持（13次）、提升路径（11次）、教师培训（10次）、策略研究（10次）、提升途径（9次）、归属感（9次）、工作生活质量（8次）、成就感（8次）、工作绩效（8次）及人性化管理（7次）等。教师职业幸福感的重要性无法被低估，作为教育工作者，教师对学生的发展和成长起着至关重要的作用，他们不仅是知识的传授者，更是学生道德、价值观和社会技能的引导者。因此，教师的职业幸福感直接关系到他们的教学质量和学生的学习成果。结合时代背景与现实状况，各学者认为通过以下措施能够为教师职业幸福感的发展提供新方向。（1）自我反思和调控认知。心理学认为，认知是人们心理发展的核心要素，对教师的职业观念和规划起重要作用，可以促进教师认知结构的优化和重建，引导教师心理健康成长。教师在具备自我检查和发现不良认知的能力的基础上，还可以进一步提高自己的认知调控能力。这包括学习情绪管理技巧，如情绪识别、情绪调节和应对压力的技巧。教师可以通过培养积极乐观的心态来应对困难和挫折，以及通过自我关怀、放松和自我激励来提升自己的情绪和心理健康❷。此外，教师还应掌握良好的沟通技巧，以便与同事、家长和学生建立融洽的关系，增进合作和理解。（2）社会支持。教师在提升职业幸福感方面需要社会的合理期待和支持。社会应

---

❶ 柳海民,郑星媛.教师职业幸福感:基本构成、现实困境和提升策略[J].现代教育理论,2021,378（9）:74-80.

❷ 孙立梅.高校教师职业幸福感探究[J].白城师范学院学报,2021,35（4）:107-111.

该理解教师的角色和责任,并给予他们必要的尊重和赞赏[1]。同时,学校、家庭和社会应该共同肩负起培养学生的责任。这种共同努力可以为教师提供更好的工作环境和支持系统,使他们更有动力和满足感地从事教育工作[2]。(3)尊重和满足教师的合理需求[3]。教师的物质和精神需求是提高职业动机和幸福感的重要因素,满足物质需求包括提供公平合理的薪酬和福利待遇,确保教师能够有足够的经济支持来维持生活和家庭的稳定[4]。同时,满足精神需求意味着教师应该得到尊重、认可和赞赏。建立公正的评价机制和提供专业发展机会可以帮助教师进一步提升自己的能力,并获得职业成长和满足感[5]。(4)工作重塑。教师可以通过工作重塑来提高职业幸福感,这包括了解自己的优势、兴趣和价值观,并使其与教学任务相匹配[6]。教师可以探索不同的教学方法和策略,创造积极、有趣和有意义的学习环境,以激发学生的学习兴趣,提升自我成就感。此外,教师还可以积极参与学校事务和专业发展活动,与同事合作,分享经验和资源,以提升整个学校的教育质量,从而获得幸福感[7]。(5)保持教育初心。教师需要时刻保持对教育事业的热爱和信念。面对工作中的挑战、压力和困难,教师应坚定自己的初心,明确自己所追求的教育价值和目标。教师应当不断更新自己的教育理念,适应教育的变革和挑战,并积极寻求学习和成长的机会。通过与学生建立融洽的关系,管理学生行为,拥有工作的自主性,并与同事共同成长,这样,教师能够真

---

[1] 龚诗情,林武.独立学院教师职业幸福感的影响因素及提高对策[J].江西中医药大学学报,2022,34(1):104-106.

[2] 李爱媚.高职教师职业幸福感现状和提升策略[J].人才资源开发,2022,469(10):60-61.

[3] 卢照华.幼儿教师职业幸福感现状研究——以洛阳市涧西区为例[J].教育观察,2022,11(3):32-35.

[4] 周洪.幸福管理:中学教师职业幸福感路径选择[J].湖北经济学院学报(人文社会科学版),2022,19(11):136-140.

[5] 张金.小学教师职业幸福感的影响因素及其提升策略[J].当代教育科学,2019(7):52-54,60.

[6] 崔玉琴.构建专业成长空间,提升教师职业幸福感[J].东方娃娃·保育与教育,2021,730(6):49-50.

[7] 韦雪艳,周琰,杨洁.工作重塑对小学教师职业幸福感的影响[J].当代教育科学,2018(5):67-71.

正体验到教育事业带来的满足感和成就感❶。通过以上措施，教师可以提高自己的职业幸福感，更好地应对挑战和压力，享受教育工作带来的乐趣和成就。

综上所述，众学者关于教师职业幸福感的研究热点前沿，主要基于教师职业幸福感参与主体、影响因素、实践现状及创新发展路向四个视角，清晰地认识到教师职业幸福感的核心构成、现实问题等，依据上述状况提出对应的发展策略，继而提升教师职业幸福感指数。

---

❶ 曹新美.提升教师职业幸福感的要素分析与行动策略 [J].中小学管理,2018,330（5）：47-50.

第三章 城市小学教师职业幸福感的理论基础

第一节 幸福感理论

幸福感可以被视为一个复合的概念,包括主观幸福感、积极情绪和生活满意度等。幸福感理论主要包括:(1)主观幸福感。主观幸福感是指个体对自己生活整体的评价和主观感受,涉及个体对自己幸福与否的主观判断。它包括个体的快乐感、满足感和对生活的整体评价等。(2)积极情绪。积极情绪是幸福感的重要组成部分,包括喜悦、兴奋、满足、喜爱等积极情绪体验。积极情绪对个体的幸福感产生积极影响,能够增加生活的乐趣和满足感。(3)生活满意度。生活满意度是指个体对自己生活中各个领域的满意程度,包括工作、家庭、社交关系、健康等,当个体对这些感到满意时,整体幸福感也会提高。幸福感理论强调了幸福感作为人类的基本需求和重要目标。它认为追求幸福感是人类的内在动力,而实现幸福感则是一个综合性目标,需要个体在多个层面寻求满足。通过深入研究和理解幸福感的构成与影响因素,积极心理学可以为个体提供实现幸福和提高生活质量的指导与支持。需要注意的是,幸福感是一个个体化的概念,不同人对幸福感的定义和追求方式存在差异。因此,幸福感理论也强调了个体的主观感受和多样性,鼓励个体根据自己的价值观与目标来追求和实现幸福感,是积极心理学的核心概念之一,旨在理解和解释人类幸福感的构成和影响因素。

本书将幸福感理论与新时代城市小学教师职业幸福感相结合,从以下几个方面进行分析和应用:(1)满足基本需求。根据幸福感理论,满足个体的基本生理和心理需求是获得幸福感的前提,对于城市小学教师来说,工资待遇、工作条件、社会保障等方面有所改善,能够满足他们的基本需求,提供物质和安全的保障,从而增强他们的职业满意度和幸福感。(2)提供成长与发展机会。幸福感理论中的成长需求是指个体对于个人成长和发展的渴望。新时代城市小学教师职业幸福感的提升可以通过提供持续的专业培训、学习机会和职业发展通道来实现。学校和教育机构可以建立完善的教师发展体系,包括制订教师培训计划、举办专业交流和研讨会等,以满足教师对于知识更新和个人成长的需求,激发他们的工作动力和职业满足感。(3)创建积极的工作环境。幸福感理论中的社交需求是指个体对于社交联系和关系的需求。在新时代城市小学教师的工作中,建立积极的工作环境和良好的人际关系对于提升他们的职业幸福感至关重要。学校可以通过加强团队合作、提倡相互支持和帮助的文化,增进教师之间的互动和合作,创造一个积极、友好的工作氛围,从而提高教师的满意度和幸福感。(4)重视工作意义与社会影响。幸福感理论中的自我实现需求是指个体对于发挥自己的潜力、追求个人价值和对社会做出贡献的需求。在新时代城市小学教师的职业中,提高他们的职业幸福感可以通过强调教师的工作意义和社会影响来实现。教育机构可以加强对教师工作的认可和肯定,鼓励教师积极探索教育创新和改革,激发他们对于教育事业的热情和动力,从而提高职业满意度和幸福感。

综上所述,将幸福感理论与新时代城市小学教师职业幸福感相结合,在满足基本需求、提供成长与发展机会、创建积极的工作环境以及重视工作意义与社会影响等方面不懈努力,提高教师的职业满意度和幸福感。这将有助于激发教师的工作热情和创造力,提高教育质量,推动教育事业的发展。

第二节 马斯洛需求理论

马斯洛需求理论,也称为马斯洛的需求层次理论,是美国心理学家亚伯拉罕·马斯洛在20世纪50年代提出的一种心理学理论,用于解释人类的需求层次和动机驱动。该理论认为,人类的需求可以按照层次结构排列,只有满足低层次需求后才会追求更高层次的需求(在人的高级需求产生以前,低级需求只要部分满足即可)。马斯洛将人类需求划分为五个层次,自下而上依次是:生理需求：这是人类最基本的需求，包括食物、水、睡眠、性欲等，如果这些需求没有得到满足，人们将感到饥饿、口渴、疲倦等不适。安全需求：一旦生理需求得到满足，人们会关注自身的安全和保护，这包括对身体的安全、住所的安全、稳定的工作和收入等方面的需求，如果这些需求无法得到满足，人们会感到焦虑和恐惧。社交需求：在满足了基本的生理和安全需求后，人们开始追求与他人的社交关系和归属感，这包括与家人、朋友、伴侣之间的亲密关系、社区和社会集体的认同，如果这些需求得不到满足，人们会感到孤独和社交隔离。尊重需求：当满足了前面层次的需求后，人们开始追求自尊和他人的尊重，这包括对自己的自尊心和自信心的需求，以及希望得到他人的认可和尊重。如果这些需求得不到满足，人们会感到自卑和失去自信。自我实现需求：这是马斯洛认为的最高层次需求，指的是人们追求个人潜能的发展和实现自身价值的需求，在满足了前面层次的需求后，人们会追求自我成长、追求个人目标和梦想、寻找个人成就和自我实现的机会。这个层次的需求是人们追求自我价值和满足感的最高层次。每个层次的需求都有不同的重要性和优先级，人们只有满足了较低层次的需求后才会追求更高层次的需求。需要注意的是，这些需求并不是完全独立和相互排斥的，而是构成一个层次结构，高层次的需求往往在低层次需求得到满足后才会出现和追求。同时，不同的个体在满足需求的优先级和程度上也存在差异。马斯洛的需求理论对理解人类动机和行为具有重要意义。它强调了人类需求的层次性和优先级，为人力资源管理、教育、心理咨询等领域提供了一种理论基础，可以帮助人们更好地满足个体需求，促进个人成长和幸福感的提升。

马斯洛的需求理论可以为我们理解新时代城市小学教师职业幸福感的形成和满足提供一定的参考。本研究将城市小学教师职业幸福感与马斯洛需求理论的五个层次有效结合，其一，生活需求方面。城市小学教师在获得基本生活需求的满足方面较为稳定，如食物、住所、薪酬等，然而，确保教师有良好的工作条件和薪资待遇，使其能够满足自己和家人的基本生理需求，是提高教师职业幸福感的重要基础。其二，安全需求方面。城市小学教师需要在工作环境中感到安全和稳定，这包括提供良好的办公条件、工作保障、职业发展机会以及保障教师的身体和心理健康。当教师感到自身的安全需求得到满足时，他们更有动力和精力去关注学生的学习和成长。其三，社交需求方面。城市小学教师与学生、家长、同事和社会各界都有频繁的社交互动，建立积极的合作关系、良好的人际关系和支持网络对教师来说非常重要。培养积极的师生关系和家校合作机制，增加教师与同事和学生之间的互动和沟通，有助于满足教师的社交需求，提升他们的职业幸福感。其四，尊重需求方面。城市小学教师需要得到他人的尊重和认可，这包括学生、家长、同事和社会对教师职业的重视和尊重。社会对教师的认可和尊重可以通过媒体宣传、社会奖励和表彰等方式实现，当教师感受到来自周围环境的尊重和认可时，他们的职业满意度和幸福感将得到提升。其五，自我实现需求方面。城市小学教师在满足了前面层次的需求后，会追求个人潜能的发展和实现自身的价值。教育机构可以提供专业培训、教育研究和创新实践的机会，鼓励教师参与学术交流和专业发展。同时，给予教师更多的自主权和更大的发展空间，让他们在教育实践中充分发挥自己的才能和创造力，有助于满足教师的自我实现需求。综上所述，将马斯洛需求理论与新时代城市小学教师职业幸福感相结合，可以从满足生理需求、安全需求、社交需求、尊重需求和自我实现需求五个方面考虑，为教师提供一个良好的工作环境和发展机会，以提升他们的职业满意度和幸福感。

第三节　组织支持感理论

组织支持感理论是关于组织对员工的支持和关注对其工作表现和满意度的影响的理论框架，它是指员工感受到组织对其关心、支持和重视的程度，是一种员工与组织之间的情感联系和互动。该理论基于员工对组织提供的资源、信息、支持以及员工的信任和认同程度等方面的主观感受。组织支持感理论将组织视为一个由人组成的社会系统，并强调组织对员工的支持和关注对其工作表现和满意度产生重要影响。该理论经过进一步研究和发展，探讨了组织支持感与员工工作动机、工作满意度、组织承诺、离职意愿等之间的关系，并与其他相关理论进行了融合和演进。组织支持感理论的主要结构包括：（1）支持类型。组织支持感可以体现在多个方面，包括情感支持、工作支持、职业支持和社会支持等。情感支持包括组织成员之间的关怀、理解和尊重；工作支持包括组织提供的培训、资源和信息等；职业支持包括组织提供的职业发展机会和晋升机会；社会支持包括同事间的支持和合作氛围。（2）支持源。组织支持感的来源可以是上级领导、同事、组织政策和制度等。员工对这些支持源的感知和评价将影响他们对组织支持感的形成。（3）影响因素。影响组织支持感的因素包括组织支持的实质性提供、支持的感知、支持的公平性以及组织文化和氛围等。组织支持感不仅取决于实际的支持行为，还与员工对支持的感知和评价有关。（4）员工影响。组织支持感对员工产生积极影响。当员工感受到组织的支持和关注时，他们会表现出更高的工作满意度、工作投入度和工作绩效。此外，组织支持感还可以降低员工的离职意愿，增强他们对组织的承诺和归属感。

综上所述，组织支持感理论强调了组织对员工的支持和关注对员工工作表现和满意度将产生重大影响。它提供了一个理论框架，帮助我们理解组织支持感的形成、影响因素和员工的反应。通过加强对员工的支持和关注，组织可以提高员工的工作表现、满意度和幸福感，促进组织的整体效能和员工的发展。

本研究将组织支持感理论与新时代城市小学教师职业幸福感提升相结合，可以从以下几个方面进行：（1）提供支持与关怀。学校和教育机构可以通过各种途径提供支持和关怀，包括教师培训、专业发展计划、工作资源和支持服务等。这有助于教师提升教学能力、应对挑战，增加他们在工作中的自信心和满意度，进而提高他们的职业幸福感。（2）建立合作和支持的文化。营造一个积极向上的工作环境，强调合作、互助和支持的文化氛围，有助于提升教师的组织支持感。学校可以鼓励师生之间、同事之间的合作与交流，组织教研活动、教学团队，以及提供定期反馈和认可等方式，增强教师之间的互动和支持，进而提高他们的职业满意度和幸福感。（3）管理者的支持与激励。领导者在组织中扮演重要角色，他们的支持与激励对教师的职业幸福感产生深远影响。领导者可以采取积极的管理措施，关注教师的需求和问题，为教师提供必要的资源和支持。同时，领导者还可以通过认可和奖励教师的努力与成就，增强教师的自尊心和满足感，提升他们的职业幸福感。（4）建立有效的反馈机制。学校为教师提供及时、有效的反馈是组织支持感的重要组成部分。学校可以建立定期的教学评估和反馈机制，帮助教师了解自己的教学表现，发现问题并及时改进。同时，学校还可以通过鼓励教师参与学术研究和教学创新，为教师提供专业发展的机会，进一步增强教师的组织支持感和职业幸福感。

综上所述，将组织支持感理论与新时代城市小学教师职业幸福感提升相结合，学校和教育机构可以通过提供支持与关怀、建立合作和支持的文化、管理者的支持与激励，以及建立有效的反馈机制等方式，增强教师的组织支持感，提升他们的职业满意度和幸福感。这将有助于促进教师工作效果、教育质量的提升，并为学生提供更好的教育服务。

第四节 生命教育理论

生命教育理论认为，教育的目的是关注人的生命，通过理性认识生命，以促进生命质量的提升和生命价值的创造。冯建军教授在其著作《生命与教育》中总结了生命教育的四个显著特征：对生命心怀敬畏之情、以提供儿童自由发展为目标、将教育与生活融为一体并蕴含浓郁的人文关怀。因此，生命教育强调将自由、快乐和幸福等生命体验作为核心概念。然而，在当代教育中，过度追求功利主义常常导致人们变得麻木，甚至忽视生命及其价值，从而引发教育难题。教师难以从工作中享受幸福，感觉自己被束缚，身心受到折磨。因此，生命教育理论明确提出："教育就是培养能够创造幸福、享受幸福的人。"为了让小学生在身心发展中获得更多幸福感，教师在教学工作中也应该体验到幸福感。这就要求学生"幸福地学"，同时也需要教师"幸福地教"。生命教育理论认为，如果没有追求幸福的目标，教育将黯然失色。因此，实现教育互动中师生双方获得主观幸福感体验成为生命教育理论的重要探究领域。生命教育理论追求德行和智慧，将其视为人生幸福不可或缺的重要元素。柏拉图认为，德行和智慧是人生真正的幸福。因此，幸福感并非仅仅依赖物质因素，而更多地取决于伦理和道德。实施尊重生命的教育必然强调人类品德和智慧。教师在这一过程中扮演重要角色，因为他们在培养人类优秀品性方面具有重要作用。教师的幸福程度与学生的快乐程度密切相关。因此，要研究小学教师的职业幸福感，学校需要注重提高教师素质和培养其专业能力。生命教育理论强调教育应该关心生命，通过激发教师的生命意识，提升其生命活力，唤醒其对生命尊严的感知，让小学教师在充满人文情怀的教学实践中感受到生命的尊严。教育的目标之一是提升人的生命精神，教育必须渗透到人类精神世界中，感受人生的精神，提升小学教师的生命精神。生命教育理论追求人的生命幸福，为小学教师的职业幸福感研究提供了重要指导。教育旨在实现个体对于自由的追求，追寻自由成为生命教育的重要目标。因此，教育需要创造轻松的教育氛围，培养生命自由的精神。

本研究将生命教育理论与新时代城市小学教师职业幸福感提升相结合，可以从以下几个方面进行：（1）教师自我认知与心理健康培养。生命教育理论强调对生命的尊重和关怀，这一理念可以应用于教师自身。教师需要培养自我认知，了解自己的需求和愿望，以及对职业的热情。通过生命教育的原则，教师可以更好地管理自己的情感，提高心理健康，从而提升幸福感。（2）教育内容的生命化。教育内容可以融入生命教育的理念，强调对生命的尊重和关怀。教师可以教授学生有关人类价值观、生态伦理、社会责任等主题，以帮助学生更好地理解和尊重生命。这种教育方式也能使教师更深入地理解教育的使命和价值，增强职业满足感。（3）积极心理素养的培养。生命教育强调积极的情感体验和心态，这对于教师的职业幸福感至关重要。教师可以通过培养积极心理素养，如乐观、感恩和自我满足，来更好地应对教育工作中的挑战和压力，从而提高幸福感。（4）教育环境的改进。城市小学可以创建促进教师发展和提高幸福感的教育环境。这包括提供专业发展机会、改善工作条件、建立良好的师生关系和鼓励合作。生命教育理论中的人际关系和社会环境的重要性也可以在教育机构中得到充分体现。（5）教育管理的变革。教育管理可以采用更加灵活的方式，以满足教师的需求。这包括减轻教师的行政负担，鼓励教师创新，以及更好地与教师沟通和合作。这些改革可以提高教师的职业满意度和幸福感。（6）社会认可和支持。社会对教师的认可和支持有利于提升教师的职业幸福感。政府、家长和社会应该重视教育工作者的贡献，并为其提供必要的资源和支持，以确保他们能够充分发挥自己的潜力并感到满足和幸福。

综合来看，将生命教育理论与城市小学教师职业幸福感提升相结合，可以建立一个充满关爱、支持和正能量的教育体系，有助于提高教师的工作满意度和生活幸福感，同时培养更加积极、有责任感和关爱生命的学生。

第四章 城市小学教师职业幸福感现状调查与实证检验

第一节 现状调查的理论构思与研究设计

量表项目的搜集与研制主要采取三种途径：一是文献回顾，检索国内外相关文献，根据由理论所推导的职业幸福感的维度，有系统、有目的地按照各个因素所测特质编制题目。二是收集国内外相关研究中有关职业幸福感的问卷，主要参考问卷有《PISA2021 教师问卷》（OECD，2020）[1]、《综合幸福问卷》（苗元江，2009）[2]、《主观幸福量表》（刑占军，2005）[3]、《牛津幸福问卷》（Hills P，2002）[4]等。主要参考文献有《中小学教师职业幸福感》（汪文娟，2019）[5]、《PISA 教师职业幸福感测评：框架与特点》（李广，2022）[6]、《高中教师职业幸福感问卷的编制及职业幸福感与资源的交叉滞后分析》（刘颖丽，2009）[7]。三是基于教育部颁布的《中

---

[1] OECD. Teacher' well-being: A framework for data collection and analysis[EB/OL]. (2010-01-30)[2020-02-01].

[2] 苗元江. 心理学视野中的幸福——幸福感理论与测评研究[M]. 天津：天津人民出版社，2009:112-118.

[3] 刑占军. 测量幸福感——主观幸福感测量研究[M]. 北京：人民出版社，2005:39.

[4] Hills P, Argyle M. The Oxford Happiness Questionnaire: a compact scale for the measurement of psychological well-being[J]. *Personality and individual differences*, 2002, 33（7）:1073-1082.

[5] 汪文娟. 中小学教师职业幸福感：结构及影响因素[D]. 金华：浙江师范大学，2019.

[6] 李广，盖阔. 中小学教师职业幸福感调查[J]. 教育研究，2022,43（2）:13-28.

[7] 刘颖丽. 高中教师职业幸福感问卷的编制及职业幸福感与资源的交叉滞后分析[D]. 金华：浙江师范大学，2009.

小学教师专业标准（试行）》和《关于加强和改进新时代师德师风建设的意见》进行编制，以"四有"好老师为标杆，以"得天下英才而育之"为乐，以传道授业解惑为使命，以"格物、致知、诚意、正心、修身、齐家、治国、平天下"所彰显的由小及大、由近及远的幸福追求和不懈奋斗的思想为取向，以马克思辩证唯物主义和历史唯物主义为理论基础，旨在弘扬中国传统文化中优秀的幸福观思想，借鉴西方教师幸福感评估的合理成分及整合理念。

为了深入了解城区小学教师的幸福感，本研究采用了开放性问卷调查和深度专家访谈的方法。通过广泛收集和阅读前期文献资料，全面了解和把握幸福感和教师职业幸福感量表方面的相关研究成果。然后，制定了专家访谈提纲和开放性教师问卷的题目，利用录音和文本记录详细记录了访谈过程。之后，研究使用编码软件 NVivo12 Plus 对访谈文本进行主题分析，并逐一编码，探索了专家和教师对小学教师职业幸福感的主要观点，并通过对编码文本信息的归纳和合并，初步确定了衡量城区小学教师职业幸福感的问卷维度。

一、城市小学教师职业幸福感问卷编制的前期基础

1. 有关幸福感模型和问卷

国外最为经典的是 Raff 幸福模型和 Warr 心理健康模型。在过去的 10 年里，Ryff 和她的同事们已经开发了一个通用的与环境无关的幸福模型（Ryff,1989）[1]。在埃里克森和马斯洛提出积极心理功能的多维框架的基础上，Raff 提出了一个幸福感的六维模型。主要指标包括自我接纳、环境掌握、自主性、与他人建立积极的关系、个人成长、人生目的。与 Ryff 不同的是，Warr（1987，1994）[2]专注于特定背景下的幸福感（工作）。将幸福感概念化为特定于工作的现象，而不是与环境无关的现象，优势在于与工作相关的前因的关系对于工作相关的幸福感更强，从而更好地理解特定的工作特征如何影响职工的幸福感。Warr 认为职工的职业幸福感包含情感、抱负、自主性、能力和整合功能 5 个维度，Ryff（1989）

---

[1] CarolD. Ryff. Psychological Well-being in Adult Life[J]. *Current Directions in Psychological Science*, 1995,8（4）：99-104.

[2] Warr, Peter. A conceptual framework for the study of work and mental health[J]. *Work & Stress*, 1994: 84-97.

对幸福的概念化比 Warr（1994）的概念化更全面，不仅关注情感和动机，还包括行为维度。Warr（1994）的方法有一个显著的优点，即它特别关注职工的福祉。尽管存在这些差异，附加到特定概念的标签不同，Ryff 和 Warr 提出的概念化重叠相当大。

我国对于幸福感模型的研究比较知名的有刑占军的《中国城市居民主观幸福量表》、苗元江的《综合幸福问卷》以及康君的《国民幸福指数度量要素》。刑占军（2005）❶从中国的经济社会和文化背景出发，提出了由 10 个指标组成的我国城市居民主观幸福感的测量指标体系，它们分别是充裕感、公平感、安定感、自主感、宁静感、和融感、舒适感、愉悦感、充实感和现代感。苗元江（2009）❷在整合国外的主观幸福感量表和心理幸福感量表的基础上，基于国情构建了幸福感概念体系，并编制了综合幸福问卷，具体包含快乐体验、生存状况、人格状况和社会行为四个方面。国家统计局统计科学研究所副所长康君（2006）❸则从个人、家庭、社会环境等八个方面构建了中国国民幸福感度量要素，它们分别是富裕感、愉悦感、期望感、安定感、归属感、向心感、自由感、情谊感。这些量表/问卷的编订为研究者、决策者和政策制定者提供了了解和评估幸福感的有效工具，有助于指导社会政策和提高人们的生活质量，同时为本研究中问卷的编制奠定了理论基础。

2. 有关教师职业幸福模型和问卷

教师职业幸福感最初是作为教师职业倦怠的对立面被提出的，它代表了教师个体通过满足个人需求和实现自我价值而获得的主观心理体验，是个体对自身生存状况和职场环境的肯定性价值评判。教师职业幸福感的结构是多维、多向、复杂的，不能仅从单一维度进行界定或衡量。在研究教师职业幸福感的结构方面，很多学者提出了不同的维度和模型。

---

❶ 刑占军. 测量幸福感——主观幸福感测量研究 [M]. 北京：人民出版社，2005:39.
❷ 苗元江. 心理学视野中的幸福——幸福感理论与测评研究 [M]. 天津：天津人民出版社，2009:112-118.
❸ 康君. 幸福涵义与度量要素 [J]. 中国统计，2006（9）.

在国外，Dzuka J 等（2007）[1]提出可以从总体生活满意度、积极情绪和消极情绪三个维度来衡量教师职业幸福感。Warr P.B. 构建了包括情感维度、抱负维度、自主性维度、能力维度以及一个从属维度（整合功能维度）的四因素结构模型。Joan E. van Horn[2]在 Warr P.B. 和 Ryff C.D. 的研究基础上提出了一个五因素结构模型，其中包括情感、身心健康、认知、社会和职业五个维度。Renshaw T L（2015）[3]构建了一个测评教师幸福感的问卷（TSWQ），问卷共包含 12 个结构，其中有 2 个涉及学校特定关系的方面（联系和社会支持），4 个涉及工作表现和相关行为（自我效能、坚持、爱或学习和创造力），其余 6 项利用了教学期间或与教学有关的情感体验（满足感、幸福感、感激之情、热情、乐观和好奇心）。经济合作与发展组织（OECD）[4]认为测量教师职业幸福感应该包括认知幸福感、主观幸福感、健康幸福感和社会幸福感。

我国学者伍麟在 Horn 模型的基础上，将教师职业幸福感划分为情感因素、专业因素、社会因素、认知因素和身心健康因素。赵维彬将教师职业幸福感分为生理层面、精神层面、情绪层面和心理或智力层面四个维度。另外，姜艳等[5]学者则从工作环境、工作压力、工作情感、工资待遇、人际关系和身体健康等维度来衡量教师职业幸福感。这些不同的维度和模型为我们理解教师职业幸福感提供了多元化视角。它们有助于我们认识到教师职业幸福感不仅受到工作本身的影响，还受到组织环境、人际关系、个人发展和身心健康等多因素的影响。目前，虽然存在多种模型和维度，但值得注意的是，教师职业幸福感的衡量是一个复杂

---

[1] Dzuka J, Dalbert C. Student violence against teachers: teachers' well-being and the belief in a just world[J]. *European Psychologist*, 2007, 12（4）.

[2] Joan Evn Horn, Toon W. Taris, Wilmar B.Schaufeli and Paul J.G.Schreurs.The structure occupational well-being:A study among Dutch teachers[J]. Journal of Occupational and organizational Psychology, 2004（4）:365-375.

[3] Renshaw T L, Long A C J, Cook C R. Assessing teachers' positive psychological functioning at work: Development and validation of the Teacher Subjective Wellbeing Questionnaire[J]. *School Psychology Quarterly*, 2015, 30（2）:289.

[4] OECD. Teacher' well-being: A framework for data collection and analysis[EB/OL].（2010-01-30）[2020-02-01］.

[5] 姜艳，等．小学教师职业幸福感研究［D］．苏州：苏州大学，2006.

而个体化的过程。每个教师的体验和需求都不同，因此，在实际研究中，研究者可以根据研究目的和背景选择适合的维度和量表来评估教师职业幸福感。

3.与幸福感相关的量表

（1）组织支持感量表

Eisenberger（1986）[1]将组织支持感界定为员工知觉到的组织对其贡献的评价、对其幸福感的关注，将形成员工对组织支持的综合的整体性认知，并认为组织支持感概念主要包含两个要点：一是组织对员工努力和贡献的重视，反映了员工希望被组织认可的需求；二是组织重视员工的幸福感，反映了员工期待组织满足自身的"社会情感需求"。姜薇薇在其博士论文《员工组织支持感、心理所有权与建言行为关系研究》中对这一概念进行了肯定，指出组织支持感主要包括组织层面、领导同事层面、文化层面三个方面的因素[2]。此外，我国学者凌文辁（2006）则认为组织支持感的概念应当包含三个维度的内容：工作支持、关心员工利益、对员工价值的认同。本研究采用的是Farh et al（2007）[3]编制的量表（简短版本），该量表具有一定的权威性与代表性，被国内外学者多次引用与应用，并根据本研究的目的任务进行适当调整与修改，如表4-1所示。

表4-1 组织支持感量表

题项	1	2	3	4	5	6	7
学校会考虑我的意见							
学校确实顾及我的福利							
学校会考虑我个人的目标和价值观							
当我有困难时学校会帮助我							
如果我因好心而做错事，学校会原谅我							

---

[1] Eisenberger R, Huntington R, Hutchison S, et al. Perceived organizational support[J]. Journal of Applied Psychology, 1986（71）:500-507.

[2] 姜薇薇.员工组织支持感、心理所有权与建言行为关系研究[D].长春：吉林大学，2014.

[3] Farh JL, HackettR D, Liang J. Individual-level cultural values as moderators of perceived organizational support-employee outcome relationships in China: Comparing the effects of power distance and traditionality[J]. *Academy of Management Journal*，2007,50（3）:715-729.

续表

题项	1	2	3	4	5	6	7
学校对我十分关怀							
如果我有特别的需要，学校会给予帮助							

（2）职业认同感量表

许多研究表明，教师职业认同与工作压力水平、离职意向相关，认同程度高的教师能够成功处理压力，积极应对变化，保持一种积极的工作态度。教师职业认同直接影响教师对自身职业的投入程度，教师职业认同感越高，其工作积极性越高，工作满意度越高，职业幸福感越强，离职倾向越低[1]。我国学者魏淑华自2005年开始对教师职业认同进行了长期、系统的研究，并不断地对教师职业认同结构进行修正。在其最新有关教师职业认同结构的研究中，她认为教师职业认同由职业价值观、角色价值观、职业归属感、职业行为倾向四个维度构成[2]，并据此研发了中小学教师职业认同的测验量表，该量表具有较高的信效度，可以作为测量教师职业认同感的有效工具，如表4-2所示。

表4-2 职业认同感量表

题项	1	2	3	4	5	6	7
我为自己是一名教师而自豪							
从事教师职业能够实现我的人生价值							
在做自我介绍的时候，我乐意提到我是一名教师							
我适合做教师工作							
作为一名教师，我时常觉得受人尊重							
当看到或听到颂扬教师职业的话语时，我会有一种欣慰感							
我能够按时完成工作任务							
我能够认真完成教学工作							
我能认真对待职责范围内的工作							
为了维护学校的正常教学秩序，我会遵守那些非正式的制度							

[1] Haim H.Gaziel.abatical leave, job burnout and turnover intentions among teachers[J]. International Journal of Lifelong Education,1995,14（4）:331-338.

[2] 魏淑华,宋广文,张大均.我国中小学教师职业认同的结构与量表[J].教师教育研究,2013,25（1）:55-60,75.

续表

题项	1	2	3	4	5	6	7
我积极主动地创造和谐的同事关系							
我认为教师职业对促进人类个体发展十分重要							
我认为教师职业是社会分工中最重要的职业之一							
我关心别人如何看待教师职业							
当有人无端指责教师群体时，我感到自己受到了侮辱							
我在乎别人如何看待教师群体							

4. 专家访谈

（1）研究设计

本访谈旨在深入了解城区小学教师对自身职业幸福感的看法，职业幸福感的来源和影响因素，不同城区小学教师有哪些不同的职业幸福感体验及其背后的原因。在通过前期的文献积累后，编制访谈提纲，采取结构化的访谈形式，对访谈过程进行一定的控制，事先设定统一的、有一定结构的问题，相当于一份开放式问卷，在访谈过程中，围绕设计好的问题开展对话。在进行城区小学教师职业幸福感的专家访谈时，首先邀请了教育学领域的学者、教育政策制定者和教育管理者等具有相关经验和专业知识的专家参与。访谈前做了充分的准备工作，包括准备访谈大纲和问题指引。访谈大纲中包含研究的背景、目的和重要性等内容，以及关于城区小学教师职业幸福感的初步设想。问题指引则提供了针对每个维度的问题示例，以引导专家在访谈过程中发表意见。在实际访谈中，访谈者向专家再次介绍研究的背景和目的，确保他们了解研究的重要性和价值。然后，按照访谈大纲和问题指引，提出问题并鼓励专家分享他们的观点和经验。在专家回答问题的过程中，访谈者深入探索相关细节，并请专家举例说明。例如，在讨论人际关系维度时，访谈者可以询问专家对城区小学教师人际关系的重要性有何看法以及如何改善教师之间的人际关系。在访谈结束前，访谈者对专家的观点进行总结，并讨论不同维度之间的关系和可能的交互影响。通过这一系列的专家访谈，我们可以获得关于城区小学教师职业幸福感的宝贵见解和经验，进而确定最终的问卷维度，为后续的研究和实践提供参考依据。

（2）访谈提纲

本研究共设计了9道专家访谈题目和5道教师访谈题目，如表4-3至表4-5

所示。

表4-3 专家访谈提纲

▲从您的专业角度来看,您认为小学教师职业幸福感的主要维度是什么
▲在您的经验中,有哪些方面对于小学教师的职业幸福感至关重要
▲在与小学教师交流或观察中,您注意到哪些因素对于他们的工作满意度和幸福感产生了重要影响
▲您认为小学教师的认知幸福感有哪些关键要素?这些要素可能包括思维方式、信念系统和心理态度等
▲在小学教师的工作环境中,有哪些因素可能对他们的职业幸福感产生积极或消极的影响
▲在您的专业意见中,小学教师的健康幸福感可能受到哪些因素的影响?这些因素可以涉及身体健康、心理健康和工作与生活的平衡等方面
▲小学教师的社会幸福感可能受到哪些因素的影响?这些因素可能包括社交支持、社会认可和教育政策等方面
▲您是否认为小学教师的自我效能感对其职业幸福感产生重要影响?如果是,请说明相关的因素和体现自我效能感的表现
▲从您的经验来看,有哪些量表或评估工具可以用于衡量小学教师的职业幸福感?您是否有任何建议或推荐

表4-4 城区小学教师访谈提纲

▲总体而言,您觉得做教师幸福吗?如果您觉得幸福,幸福的来源有哪些?如果您觉得不幸福,原因是什么?(以上可以举例说明)
▲做教师期间,您遇到了哪些让您觉得很开心、印象深刻的事情?(以上可以举例说明)
▲做教师期间,您面临着哪些压力?这些压力对您的幸福感产生了怎样的影响?(以上可以举例说明)
▲您在当教师期间,取得了哪些成就?这些成就带给您什么样的感受?是否对您的幸福感产生了影响?(以上可以举例说明)
▲作为一名小学教师,您有哪些追求?这些追求的实现程度如何?是否能够提升您的幸福感?(以上可以举例说明)

表4-5 访谈对象情况

姓名	职务	职称	工作单位	研究方向/教授科目方向
ZJ1	专家	教授	重庆大学	教育学领域
ZJ2	专家	副教授	西南大学	测量学领域
ZJ3	专家	教授	西南大学	心理学领域
JS1	教师	一级教师	人民小学	音体美
JS2	教师	高级教师	人民小学	音体美
JS3	教师	正高级教师	巴蜀小学	语数外
JS4	教师	一级教师	巴蜀小学	语数外
JS5	教师	二级教师	马家堡小学	劳动与信息技术

(3) 访谈文本分析

访谈结束,访谈者将访谈内容整理成文本,将数据导入NVivo12分析软件

中，在转码的过程中，客观真实地还原访谈情境。通过对采集的数据进行筛选，借助图示工具得到词云图谱，如图 4-1 所示。

图4-1 专家访谈词云图

课题组的成员利用 NVivo12 的编码功能对访谈文本逐字逐句编码，寻找不同编码之间的逻辑关系，对编码进行归纳与合并，以期深入了解访谈文本隐藏的信息，探寻城区小学教师职业幸福感的维度信息，最终发现城区小学教师职业幸福感由人际关系、积极情绪、工作投入、自我价值、成就获取、身体健康6个维度构成，如表 4-6、表 4-7、图 4-2 所示。

表4-6 部分编码信息

人际关系	"我觉得与学生们的互动是让我感到幸福的重要因素之一。每天与孩子们在一起，看着他们的成长和进步，是一种无比喜悦的体验。""注重与同事之间的良好合作和沟通。我积极参与教师团队的讨论和合作，分享经验和资源，相互支持和帮助。这种合作能够让我感到被认可和尊重，同时也为我提供了一个良好的工作氛围。""与同事、学生和家长之间的积极互动和支持关系对职业幸福感至关重要。""良好的人际关系可以提供情感支持、合作机会和社会认同感。""良好的人际关系是小学教师职业幸福感的重要因素之一。与同事、学生、家长之间建立积极和谐的关系可以提升教师的满意度和幸福感。""与学生之间的积极互动和建立良好的关系对于教师的满意度和幸福感至关重要。当教师能够建立起支持性和富有互动的学生关系时，他们更容易感受到工作的乐趣和成就感。"

续表

积极情绪	"因为只有在愉快和满意的工作环境中,我才能更好地发挥我的教育能力,同时对学生们产生积极影响。""教师的积极情绪包括喜悦、满足和乐观等,对于职业幸福感起着重要作用。""积极情绪可以增强教师的工作动力、改善工作体验和增加工作满意度。""思维方式对教师的认知幸福感起着重要作用。积极的思维方式可以帮助教师更好地应对挑战和困难,以及积极看待工作中的变化和挑战。具有灵活、乐观和解决问题的思维方式可以提升教师的满意度和幸福感。""信念系统对小学教师的认知幸福感也至关重要。""当教师内在地相信自己对学生的影响力以及教育的重要性时,他们更容易产生满足感和幸福感。""心理态度对小学教师的认知幸福感产生重要影响。""具备适应性、韧性和应对压力的心理态度也对教师的认知幸福感产生积极影响。"
工作投入	"我相信,只要我坚持我的追求并不断努力,全身心地投入到工作中,热爱教育事业,热爱学生、关心学生,认真完成上级领导交代的任务,我将能够在教育事业中实现更多目标,进一步提升我的幸福感。""我定期反思和审视自己的教学实践。我会思考我在教学中的成就和进步,以及可以改进的地方。通过不断的自我反省和学习,我能够提升自己的教育质量,并从中获得满足感和幸福感。""教师的工作投入是指他们对教育工作的全身心投入和热情。""工作投入包括对教学任务的执着、对学生的关注和支持以及对教育事业的认同,对职业幸福感产生重要影响。"
自我价值	"自我效能感体现了他们对自己教学能力和专业能力的评价和信心,它直接关系到教师在工作中的表现、成就感和满意度,从而对职业幸福感产生深远影响。""我坚信小学教师的自我效能感对其职业幸福感产生重要影响。自我效能感是指个体对自己能够成功完成特定任务的信心和信念。""教师职业给予了我实现自我价值的机会。我能够通过传授知识、启发思维、塑造学生成长成才,对学生的未来产生积极影响。""每天与学生们一起学习、探索新的教学方法和策略,不断提升自己的专业能力,这种成长的过程本身就是一种幸福的体验。""在那个瞬间,我觉得自己不仅是他们的教师,更是他们的引路人和知识的传递者。""自我价值感的增强可以提升教师的职业满意度和幸福感。"
成就获取	"当看到学生们掌握新知识、展示出创造力和才华时,我感到自豪和满足。""通过与学生互动、实现自我价值和不断学习成长,我依然觉得做教师是一份幸福的职业。""看到他们兴奋地探索、观察、提问,我感到非常开心。""当他们在台上自信地表演时,我感到无比骄傲。看到他们在观众面前展示自己的成果,获得了热烈的掌声和赞扬,我感到非常满足和幸福。""每当我看到我的学生在课堂上取得进步时,我都会感到无比开心和满足。""有一位学生在我的辅导下突破了自己的阅读障碍,能够流利地阅读和理解课文。这样的成就让我感到非常欣慰和骄傲,知道我对学生的帮助起到了积极的作用。""活动中,学生们展示了自己的才艺和创造力,取得了令人赞叹的成绩。这种成功让我感到无比开心和满足,因为我看到了学生们的成长和进步,同时也体会到了团队合作的力量。这些成就给了我巨大的正能量和满足感,对我的幸福感产生了积极影响。"
身体健康	"我努力确保有足够的时间和精力来照顾自己的身体和心理健康。""好的身体健康状况可以增强教师的精力、抵抗压力和享受工作的能力,从而提升职业幸福感。""身体健康对教师的幸福感至关重要。一个健康的身体状态可以为教师提供充沛的精力和耐力,从而更好地应对工作中的挑战。""合理的饮食习惯、充足的睡眠和定期的运动是维护教师身体健康的重要因素。""工作与生活的平衡也对小学教师的健康幸福感产生重要影响。"

表4-7 编码参考点

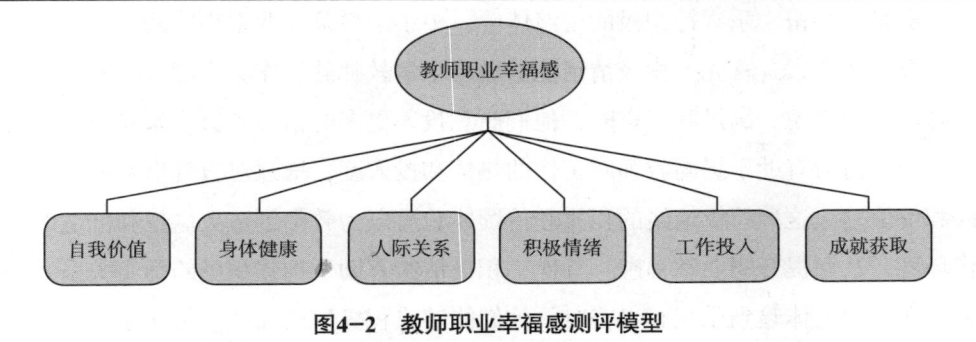

节点	成就获取	自我价值	积极情绪	人际关系	身体健康	工作投入
参考点	16	14	10	9	7	4

图4-2 教师职业幸福感测评模型

二、城市小学教师职业幸福感量表的初步建立

（一）城市小学教师职业幸福感构成要素的内涵解析

1. 人际关系

人际关系维度是指小学教师与他人之间的互动和关系，包括与同事、学生、家长以及学校管理人员之间的交流和互动。中小学教师职业幸福感量表应包含人际关系要素。首先，在学校里，教师们通常是一个紧密的团队，互相合作、交流和支持。良好的同事关系可以提供情感上的支持和理解，帮助教师减轻工作压力，分享经验和资源，共同应对工作中的挑战。相互合作和团队精神可以促进教师之间的互动和协作，营造融洽的工作氛围，增强职业满意度和幸福感。其次，与学生之间的人际关系对教师的幸福感产生重要影响。建立积极的师生关系有助于教师更好地理解和回应学生的需求，创造互信和尊重的教学环境。与学生之间的互动可以增强教师的职业满意度和幸福感，给教育过程带来喜悦和成就。通过与学生建立良好的沟通和关系，教师能够更好地激发学生的学习兴趣，实现教学目标，进一步提升教师的职业幸福感。此外，与家长之间的人际关系友好有利于提高教师职业幸福感。与家长之间的积极互动和合作可以营造家校合作的良好氛围，促进家长对教师的理解和支持。这种合作关系可以加强教师与家长之间的沟通，共同关注学生的发展和成长，从而更好地满足学生的需求和期望。与家长之

间的良好合作有助于提高教师的职业满意度和幸福感。

2. 积极情绪

积极情绪是指小学教师在工作中体验到的正向情感和情绪状态。它包括喜悦、满足、兴奋、乐观等积极的情绪体验。中小学教师职业幸福感的测评应该包含积极情绪要素。首先，积极情绪能够增强小学教师的工作满意度和幸福感。当教师体验到喜悦、满足和兴奋时，他们愿意投入更多的精力和努力来完成教学任务。积极情绪有助于提高教师对工作的热情和投入度，增强对教育事业的自我认同和价值感。这种积极情绪的积累和持续体验可以为教师创造更愉悦和舒适的工作环境，从而提升职业幸福感。其次，积极情绪有助于构建积极的师生关系。当教师在课堂上体验到乐观和兴奋时，他们能够将积极情绪和情感传递给学生。积极情绪的传递和共享能够促进师生之间的情感联系和互动，营造积极的学习氛围。学生对教师积极情绪的感知和体验，会增强他们的学习兴趣和参与度，进一步提升教师的幸福感。此外，积极情绪还会对教师的身心健康产生积极影响。研究表明，积极情绪与心理健康和生理健康呈正相关。当教师产生积极情绪时，他们往往更具抗压能力，更能应对工作中的挑战和压力。积极情绪有助于教师减轻压力，促进身心健康的平衡和提升，进一步增强职业幸福感。

3. 工作投入

工作投入是指小学教师对教育工作的投入程度和专注度。它反映了教师对教学任务的热情、责任感和自我投入程度。中小学教师职业幸福感量表应当包含工作投入要素。首先，工作投入对于教师的职业满意度和幸福感至关重要。当教师对教育工作充满热情时，他们愿意投入更多的时间和精力来提高教学质量，帮助学生取得进步。工作投入意味着教师对教育事业的真挚关注和执着追求，使教师在工作中感到有价值和有意义。教师的工作投入度越高，他们在教学过程中的满足感和成就感越强，从而提升职业幸福感。其次，工作投入有助于教师提升教学效果和学生学习成果。教师的投入程度和专注度对于学生的学习和发展至关重要。当教师充满热情地投入到教学中时，他们能够更好地设计和实施教学活动，更准确地把握学生的学习需求和差异。教师的投入程度会激发学生的学习动力和兴趣，营造积极的学习氛围，从而促进学生的学习效果和发展。这种积极的互动和双向影响有助于增强教师的职业幸福感。

4. 自我价值

自我价值维度是指小学教师对自己在教育领域的价值和作用的认知和评价。它包括教师对自身能力、贡献和成就的肯定和自信。中小学教师职业幸福感量表应当包含自我价值要素。自我价值对于小学教师的职业幸福感产生重要影响。首先，自我价值感对教师的职业满意度和幸福感至关重要。当教师认识到自己在教育领域的重要性和影响力时，他们会更加自信和满足。教师的自我价值感包括对自身能力和专业知识的自信，对学生学习和发展的积极影响，以及对教育事业的价值和意义的认同。当教师对自己的价值和作用有积极的认知和评价时，他们更容易体验到职业幸福感。其次，自我价值感对于教师的工作动力和教学质量产生积极影响。当教师相信自己的能力和价值时，他们会更加努力地投入到教学工作中，追求卓越和成就。教师的自我价值感能够激发他们的内在动机，提高工作质量和效果。自我价值感的提升可以促使教师不断探索和创新，提高自身的教育水平和教学方法，从而提升教师的职业幸福感。此外，自我价值感还与教师的情绪和心理健康密切相关。当教师具备积极的自我评价和自我认同时，他们更容易保持积极的情绪和心态，如自信、满足和乐观。这种积极情绪和心理健康的状态有助于教师应对工作中的挑战和压力，提高心理韧性和抗压能力。教师的自我价值感可以增强他们对自身能力和价值的肯定，从而提升职业幸福感。

5. 成就获取

成就获取维度是指小学教师在教育工作中所获得的个人成就和认可的程度。它包括教师在教学、教育管理和专业发展方面取得的成就，以及来自同事、学生、家长和社会的认可和赞扬。中小学教师职业幸福感量表应当包含成就获取要素。首先，成就获取对教师的职业满意度和幸福感起到重要的推动作用。当教师能够实现自己的教学目标、提高学生的学业成绩或促进学生全面发展时，他们会产生满足感和成就感。教师通过努力工作和专业发展获得的成就，可以增强他们对教育事业的认同和自豪感，进而提升职业幸福感。其次，成就获取可以激发教师的工作动力和积极性。教师对个人成就和认可的追求会激发他们更加努力地工作。成就获取维度包括教师在教学上取得的突破、创新和优异表现，以及在教育管理和专业发展方面的成就。这些成就的获取会激励教师继续努力，提高自身的教育水平和教学能力，进一步促进职业幸福感的提升。此外，成就获取还与教师的自我肯定和自尊心有关。当教师通过自己的努力和付出获得成就时，他们会感到自豪和满足，增强自我肯定。教师从同事、学生、家长和社会的认可和赞扬中获得的成就，会进一步提升他们的自尊心和自信心，提高职业幸福感。

6. 身体健康

身体健康维度指的是小学教师在身体方面的状况和保健程度。它包括教师的身体健康状况、体能水平和保持健康的生活方式。中小学教师职业幸福感量表应当包含身体健康要素。首先，身体健康直接影响教师的工作表现和工作效率。良好的身体健康能够提供充沛的精力和耐力，帮助教师更好地应对教学中的各种压力和挑战。教师身体健康状况良好，能够更好地满足工作中的身体需求，如长时间站立、行走和与学生互动等。身体健康的教师更容易在教育工作中展现出较高的工作热情和专注度，进而提升职业幸福感。其次，身体健康与心理健康密切相关。身体健康的教师更容易保持积极的情绪和心态，能够更好地应对工作和生活中的各种压力。他们通常具备良好的情绪调节能力，更易于维持工作与生活平衡，从而提升职业幸福感。此外，身体健康也对教师的自我感觉和自信心产生积极影响。身体健康使教师更加自信和乐观，树立良好的自我形象。教师意识到自己的身体状况良好，能够从容面对工作中的各种挑战和困难，增强职业幸福感。

（二）城市小学教师职业幸福感量表测量题项的筛选与确立

本章节基于积极心理学的视角，编制城区中小学教师职业幸福感的问卷，在问卷编制过程中全面贯彻积极心理学的理念。积极心理学是一门关注个体优点、幸福感和心理健康的学科，它旨在研究人类心理的积极面向，而非仅仅关注问题和缺陷。积极心理学强调个体的优点和特质，如乐观、希望和自我效能。问卷编制过程中，可以引入量表或项目以评估教师在这些积极心理特质上的得分。这种评估可以帮助教师展示内在优势，从而提高他们对自己工作的信心和满足感。幸福感和满意度的测量也是积极心理学的核心内容。问卷编制过程中，可以评估教师对工作和生活的满意度、幸福感以及正向情绪的程度。例如，可以引入关于教师对工作乐趣、成就感和社交支持的评价项目，从而捕捉教师在职业幸福感方面的真实体验。此外，积极心理学还鼓励个体发掘和应用自身的优势和能力。问卷编制过程中，可以设置与教师的教学成就、学生发展和个人成长等相关的项目。这有助于评估教师在教育过程中产生自我实现感和成就感，进一步提升他们的职业幸福感。最后，积极心理学强调积极情绪和情感的重要性。问卷应当包括评估教师在工作中的积极情绪、工作乐趣以及与学生和同事之间的良好关系的项目。这样的测量将使研究者更好地了解教师在情感层面的体验，从而推动教师职业幸福感的提升。总而言之，教师职业幸福感测量问卷编制过程中体现积极心理学的理念，可以提供更加深入、全面的评估。这有助于教师展示内在优势、满足感和正向情绪，从而为教育政策和实践提供更准确、有效的指导。

1.测量题项编制的初步构想——基于文献资料研究

本研究秉持着科学、可靠的原则，在参考前人有关幸福感的具体测量题项的基础上，识别出与人际关系、积极情绪、工作投入、自我价值、成就获取和身体健康6个维度的测量要素，确保测量题项与目标维度之间有明确的关联，并且能够全面、准确反映该维度特征。根据本研究的目的对目标题项进行适当的修改与调整，使之更符合本研究的实际情况，确保测量题项的语言表述清晰易懂，避免使用模糊或复杂的词汇，以免引起回答者的误解或混淆，如表4-8所示。

表4-8 测量题项的初步筛选与确立

维度	测量题项	来源
人际关系	我与同事之间有良好的合作和支持关系 我与学生之间建立了亲近和信任的关系 我与校长建立了和谐的关系 学校教师以及教师与领导之间建立了良好的信任感	PISA2021
	我与同事相处融洽 我的工作能够得到领导的支持和鼓励 我与领导相处融洽 当我在工作中遇到困难时，能够得到同事的帮助 我在工作遇到问题时，能够从上级那里获得支持 学生能够配合我的课堂教学工作 学生对我很尊重 我在工作中能够得到同事的支持	姜艳,2006

续表

维度	测量题项	来源
积极情绪	在工作中，我经常感到充满能量和激情 我对教学工作感到乐观和满足 我在工作中体验到快乐和幸福的时刻 我的工作让我感到充实和愉快 我每天的生活充满了让我感兴趣的事情 我对我的工作感到很满意 身为一名教师，我感到很自豪 我感觉我时刻被爱包围着	主观幸福感量表（SWB） Ed Diener，1997
	生活是美好的 我注意到我周围的美丽 我通常很快乐 我觉得很有活力 我经常微笑 我非常高兴 我对所有人都有很强烈的感情 我对生活中的一切都很满意 我觉得很多事情都很有乐趣	《牛津幸福问卷》 Hills P，2002
	我对教学感到兴奋 我对我们在这所学校所做的事情很感兴趣 我真的很喜欢和学生一起工作 当我在这所学校工作时，我感到很快乐	TyLer L.Renshaw 等，2015
工作投入	我愿意为学生付出额外的努力 我对提高学生学习成绩和发展潜力有强烈的责任感 我在备课和教学中投入了大量的时间和精力 我经常主动参与学校的专业发展活动 我对教学任务感到兴奋和投入	PISA2021
	工作中，我总是能够集中精力 我认为自己在处理工作事务时能够做到思维清晰，从容不迫 我每天都很期待工作时光 我明白自己哪些方面的知识需要加强，并且为之努力	汪文娟，2019.
	在人们需要的时候，不计报酬地提供帮助 为社会美好为努力奋斗 为世界变得更美好而工作 帮助学生改善他们的学习状况 在学生、同事以及领导需要帮助的时候帮助他们	《综合幸福问卷》 苗元江，2009

续表

维度	测量题项	来源
自我价值	我认为我可以较好地控制教室中的破坏性行为 我认为我可以明确对学生行为的期望 我认为我可以让学生遵守课堂守则 我认为我可以让捣乱或吵闹的学生安静下来 我认为我可以较好地为学生设计问题 我认为我可以较好地使用多元评估策略 我认为我可以为感到困惑的学生提供解释 我认为我可以使用多元教学策略 我认为我可以让学生相信自己在学业上能够做得很好 我认为我可以帮助学生重视学习 我认为我可以激发学生的学习兴趣 我认为我可以引导学生批判性思考	PISA2021
成就获取	我认为通过我的教学取得了一定的成效 我认为在我的带领下学生成绩进步很快 我的专业发展和个人成长得到了认可和奖励 我的教学方法和策略得到了学生的积极反馈 我经常获得学生、家长和同事的赞扬和认可	徐姗姗，2013
	我的工作得到了同事的认可 我的工作得到了领导的肯定与认可 学生喜欢上我的课 我能从小学教育工作中获得心理上的满足	姜艳，2006
	我是一名成功的教师 我擅长帮助学生学习新事物 作为一名教师，我取得了很多成就 我觉得我的教学既有效又有帮助	TyLer L.Renshaw 等，2015
身体健康	我睡醒之后感到头脑清晰和精力充沛 我过去一个月没有因为疾病、身体的不适、疼痛或对患病的恐惧而烦恼 我非常关心自己的身体健康	《总体幸福感量表》（GWB） Fazio. A. F，1977
	保持身体健康 拥有健康与活力 保持良好的健康水平 没有疾病 保持健康的生活方式	《综合幸福问卷》 苗元江著，2009

2. 测量题项的初步确立——基于专家访谈和归纳演绎

专家学者编订的测量题项存在部分交叉重合，例如，在人际关系这一维度，PISA2021 教师问卷中"我与同事之间有良好的合作和支持关系"与姜艳自编问卷中的"我与同事相处融洽"意思接近，"我与校长建立了和谐的关系"和"我与领导相处融洽"意思接近，因此需要进行合并与归一化处理，类似的还有很多。除此之外，还根据专家的意见在此基础上对测量题项进行了适当增删。例如，在人际关系这个维度，新增了"家长对我的工作很支持和配合"这个题项，如表4-9所示。

表4-9 经深入分析后的测量题项

维度	题项
人际关系（7项）	我与同事之间有良好的合作和支持关系 我与学生之间建立了亲近和信任的关系 我与校长建立了和谐的关系 我与学校教师和领导之间建立了良好的信任感 我的工作能够得到领导的支持和鼓励 学生对我很尊重 家长对我的工作很支持和配合
积极情绪（9项）	在工作中，我经常感到充满能量和激情 我对教学工作感到乐观和满足 我的工作让我感到充实和愉快 我每天的生活充满了让我感兴趣的事情 我对我的工作感到很满意 身为一名教师，我感到很自豪 我感觉我时刻被爱包围着 生活是美好的 我对教学感到兴奋
工作投入（8项）	我愿意为学生付出额外的努力 我对提高学生学习成绩和发展潜力有强烈的责任感 我在备课和教学中投入了大量的时间和精力 我经常主动参与学校的专业发展活动 工作中，我总是能够集中精力 我认为自己在处理工作事务时能够做到思维清晰，从容不迫 我每天都很期待工作时光 我明白自己哪些方面的知识需要加强，并且为之努力

续表

维度	题项
自我价值 （10项）	我认为我可以明确对学生行为的期望 我认为我可以让学生遵守课堂守则 我认为我可以较好地为学生设计问题 我认为我可以较好地使用多元评估策略 我认为我能较好地为感到困惑的学生提供解释 我认为我可以使用多元教学策略 我认为我可以增强学生的自信心 我认为我可以帮助学生重视学习 我认为我可以激发学生的学习兴趣 我认为我可以引导学生批判性思考
成就获取 （7项）	我认为通过我的教学取得了一定的成效 我认为在我的带领下学生成绩进步很快 我的专业发展和个人成长得到了认可和奖励 我的教学方法和策略得到了学生的积极反馈 我经常获得学生、家长和同事的赞扬和认可 学生喜欢上我的课 我是一名成功的教师
身体健康 （6项）	我睡醒之后感到头脑清晰和精力充沛 我过去一个月没有因为疾病、身体的不适、疼痛或对患病的恐惧而烦恼 保持身体健康 拥有健康与活力 保持良好的健康水平 保持健康的生活方式

三、城市小学教师职业幸福感问卷的编制

（一）问卷的编制和发放与回收

通过前期的文献分析、专家访谈以及政策文本分析，参考借鉴专家学者有关教师职业幸福感问卷或量表，依据前面归纳出的6个维度，编制出本课题的调查问卷。问卷主要包括三个部分，第一个部分为个人信息采集，主要收集人口学变量相关信息；第二部分为密西根大学调查研究中心（SRC）和国民意见中心（NORC）、美国公众研究所（AIPO）、Campbell等（1976）编制的总体幸福指数量表；第三部分为本课题组自编的问卷。问卷详情请见附件一。

为确保问卷的广泛分发和高回收率，研究团队选择使用在线问卷工具——问

卷星进行发放与回收。研究团队首先在问卷星平台创建了账号，并上传了编制好的问卷。然后，他们通过多种途径宣传调查并邀请重庆市城区中小学教师参与。例如通过学校通知、教育局支持、电子邮件和社交媒体等宣传渠道，以便教师了解调查内容和参与方式。参与调查的教师通过问卷星平台获取问卷链接或二维码，这些可以通过电子邮件、短信或其他在线沟通工具发送给他们。教师们只需点击链接或扫描二维码，在电脑或移动设备上填写问卷。为提高回收率，研究团队设置了合理的截止日期，并通过多次提醒鼓励教师尽快完成问卷。提醒可以通过问卷星平台自动发送，或通过其他渠道如电子邮件、短信或电话进行。截止日期后，研究团队对收到的问卷进行统计和分析。这次调查共收到306份问卷，经过仔细筛选剔除无效问卷，最终确认有效问卷304份，有效回收率达到了99.3%。

（二）问卷的信效度检验

问卷的信度分析采用的是内部一致性信度，通过观测克隆巴赫系数进行。问卷的效度包括内容效度和结构效度。这主要通过项目分析来判定自编量表的内容效度、通过探索性因子分析（固定因子数目）来判定量表的结构效度。项目分析可以帮助检查问卷项目的适度性和相关性，探索性因子分析则能够揭示问卷中的潜在因素结构，从而评估问卷的结构效度。

1. 信度分析

信度分析用于研究定量数据（尤其是态度量表题）的回答可靠准确性；信度分析一般是分析 α 系数，如果此值高于 0.8，则说明信度高；如果此值介于 0.7～0.8，则说明信度较好；如果此值介于 0.6～0.7，则说明信度可接受；如果此值小于 0.6，说明信度不佳。本研究问卷的信度情况如表4-10所示。

表4-10 问卷的信度分析结果

维度	人际关系	积极情绪	工作投入	自我价值	成就获取	身体健康	总信度
α 系数	0.950	0.966	0.957	0.968	0.962	0.928	0.975

2. 效度分析

项目分析可以通过组间鉴别分析的 t 值与 p 值、校正项总计相关性和项已删除的 α 系数进行观察。鉴别分析目的在于确定问卷量表研究项目是否有效和合适。其原理是先对分析项求和，进而将其分为高分组和低分组（以 27% 和 73%

分位数为界），然后使用 t 检验对比高分组和低分组的差异情况。如果有差异，则说明量表项设计合适；反之，则说明量表项无法区分出信息，设计不合理应该进行删除处理。由表 4-11 可知，总共 47 项均具有良好的区分性，无须删除分析项。此外，如果 CITC 值低于 0.3，可考虑将该项删除，如果"项已删除的 α 系数"值明显高于 α 系数，此时可考虑对将该项删除后重新分析。研究结果显示 CITC 值均大于 0.4，删除某项之后的 α 系数并不会有明显提升，因此无须删除题项，自编量表具有良好的效度。

表4-11 项目分析（区分度）分析结果

名称	低分组（n=82）	高分组（n=101）	t（决断值）	p	校正项总计相关性（CITC）	项已删除的 α 系数
（1）我与同事之间有良好的合作和支持关系	3.80 ± 1.75	6.58 ± 0.82	13.286	0.000**	0.720	0.974
（2）我与学生之间建立了亲近和信任的关系	3.95 ± 2.02	6.58 ± 0.82	11.073	0.000**	0.657	0.974
（3）我与校长建立了和谐的关系	3.79 ± 1.84	6.58 ± 0.82	12.773	0.000**	0.703	0.974
（4）我与学校教师和领导之间建立了良好的信任感	3.82 ± 1.89	6.58 ± 0.82	12.339	0.000**	0.686	0.974
（5）我的工作能够得到领导的支持和鼓励	3.54 ± 1.64	6.58 ± 0.82	15.340	0.000**	0.751	0.974
（6）学生对我很尊重	3.70 ± 1.80	6.58 ± 0.82	13.479	0.000**	0.718	0.974
（7）家长对我的工作很支持和配合	3.62 ± 1.82	6.58 ± 0.82	13.645	0.000**	0.737	0.974
（1）在工作中，我经常感到充满能量和激情	3.94 ± 1.77	6.79 ± 0.41	14.321	0.000**	0.712	0.974
（2）我对教学工作感到乐观和满足	3.54 ± 1.77	6.79 ± 0.41	16.350	0.000**	0.746	0.974
（3）我的工作让我感到充实和愉快	4.06 ± 1.61	6.79 ± 0.41	15.019	0.000**	0.722	0.974
（4）我每天的生活充满了让我感兴趣的事情	3.99 ± 1.73	6.79 ± 0.41	14.342	0.000**	0.717	0.974
（5）我对我的工作感到很满意	3.61 ± 1.68	6.79 ± 0.41	16.796	0.000**	0.755	0.974
（6）身为一名教师，我感到很自豪	3.60 ± 1.44	6.79 ± 0.41	19.478	0.000**	0.790	0.974
（7）我感觉我时刻被爱包围着	3.56 ± 1.80	6.79 ± 0.41	15.934	0.000**	0.759	0.974
（8）生活是美好的	3.61 ± 1.62	6.79 ± 0.41	17.311	0.000**	0.774	0.974
（9）我对教学感到兴奋	3.54 ± 1.91	6.79 ± 0.41	15.134	0.000**	0.745	0.974

续表

名称	组别（平均值 ± 标准差） 低分组（$n=82$）	组别（平均值 ± 标准差） 高分组（$n=101$）	t（决断值）	p	校正项总计相关性（CITC）	项已删除的 α 系数
（1）我愿意为学生付出额外的努力	4.04 ± 1.75	5.21 ± 0.41	5.922	0.000**	0.474	0.975
（2）我对提高学生学习成绩和发展潜力有强烈的责任感	3.83 ± 1.62	5.21 ± 0.41	7.532	0.000**	0.531	0.975
（3）我在备课和教学中投入了大量的时间和精力	4.13 ± 1.78	5.21 ± 0.41	5.341	0.000**	0.465	0.975
（4）我经常主动参与学校的专业发展活动	3.87 ± 1.82	5.21 ± 0.41	6.555	0.000**	0.492	0.975
（5）工作中，我总是能够集中精力	4.18 ± 1.75	5.21 ± 0.41	5.189	0.000**	0.463	0.975
（6）我认为自己在处理工作事务时能够做到思维清晰，从容不迫	3.93 ± 1.87	5.21 ± 0.41	6.084	0.000**	0.494	0.975
（7）我每天都很期待工作时光	4.04 ± 2.00	5.21 ± 0.41	5.209	0.000**	0.463	0.975
（8）我明白自己哪些方面的知识需要加强，并且为之努力	3.61 ± 1.78	5.21 ± 0.41	7.949	0.000**	0.551	0.975
（1）我认为我可以明确对学生行为的期望	3.95 ± 1.83	6.79 ± 0.41	13.818	0.000**	0.703	0.974
（2）我认为我可以让学生遵守课堂守则	3.85 ± 1.80	6.79 ± 0.41	14.489	0.000**	0.732	0.974
（3）我认为我可以较好地为学生设计问题	3.83 ± 1.85	6.79 ± 0.41	14.215	0.000**	0.716	0.974
（4）我认为我可以较好地使用多元评估策略	3.80 ± 1.66	6.79 ± 0.41	15.921	0.000**	0.740	0.974
（5）我认为我能较好地为感到困惑的学生提供解释	3.74 ± 1.82	6.79 ± 0.41	14.831	0.000**	0.694	0.974
（6）我认为我可以使用多元教学策略	4.01 ± 1.75	6.79 ± 0.41	14.107	0.000**	0.700	0.974
（7）我认为我可以增强学生的自信心	3.87 ± 1.91	6.79 ± 0.41	13.623	0.000**	0.693	0.974
（8）我认为我可以帮助学生重视学习	3.79 ± 1.87	6.79 ± 0.41	14.246	0.000**	0.707	0.974
（9）我认为我可以激发学生的学习兴趣	3.79 ± 1.77	6.79 ± 0.41	15.033	0.000**	0.739	0.974
（10）我认为我可以引导学生批判性思考	3.70 ± 1.81	6.79 ± 0.41	15.184	0.000**	0.751	0.974
（1）我认为通过我的教学取得了一定的成效	3.79 ± 1.75	6.68 ± 0.73	13.957	0.000**	0.727	0.974

续表

名称	组别（平均值 ± 标准差）低分组（n=82）	组别（平均值 ± 标准差）高分组（n=101）	t（决断值）	p	校正项总计相关性（CITC）	项已删除的α系数
（2）我认为在我的带领下学生成绩进步很快	3.48 ± 1.78	6.68 ± 0.73	15.301	0.000**	0.758	0.974
（3）我的专业发展和个人成长得到了认可和奖励	3.44 ± 1.80	6.68 ± 0.73	15.326	0.000**	0.741	0.974
（4）我的教学方法和策略得到了学生的积极反馈	3.65 ± 1.82	6.68 ± 0.73	14.191	0.000**	0.728	0.974
（5）我经常获得学生、家长和同事的赞扬和认可	3.35 ± 1.75	6.68 ± 0.73	16.154	0.000**	0.775	0.974
（6）学生喜欢上我的课	3.89 ± 1.94	6.68 ± 0.73	12.355	0.000**	0.698	0.974
（7）我是一名成功的教师	3.70 ± 1.97	6.68 ± 0.73	13.039	0.000**	0.706	0.974
（1）我睡醒之后感到头脑清晰和精力充沛	3.91 ± 1.82	5.21 ± 0.41	6.306	0.000**	0.505	0.975
（2）我过去一个月没有因为疾病、身体的不适、疼痛或对患病的恐惧而烦恼	3.27 ± 1.89	5.21 ± 0.41	9.141	0.000**	0.610	0.974
（3）保持身体健康	3.94 ± 1.76	5.21 ± 0.41	6.393	0.000**	0.513	0.975
（4）拥有健康与活力	4.18 ± 1.85	5.21 ± 0.41	4.912	0.000**	0.470	0.975
（5）保持良好的健康水平	3.99 ± 1.87	5.21 ± 0.41	5.800	0.000**	0.500	0.975
（6）保持健康的生活方式	3.78 ± 1.88	5.21 ± 0.41	6.751	0.000**	0.543	0.975

* $p<0.05$，** $p<0.01$

结构效度研究用于分析研究项是否合理，有意义，效度分析使用因子分析这种数据分析方法进行研究，分别通过KMO值、共同度、方差解释率值、因子载荷系数值等指标进行综合分析，以验证数据的效度水平情况。KMO值用于判断信息提取的适合程度，共同度值用于排除不合理研究项，方差解释率值用于说明信息提取水平，因子载荷系数用于衡量因子（维度）和题项的对应关系，从表4-12可知，所有研究项对应的共同度值均高于0.4，这说明研究项信息可以被有效地提取。另外，KMO值为0.835，大于0.6，说明数据可以被有效提取信息。6个因子的方差解释率值分别是26.153%、15.440%、12.200%、11.707%、7.860%和5.140%，旋转后累积方差解释率为78.500%>50%，这意味着研究项的信息量可以有效地提取出来。最后，因子载荷系数绝对值大于0.4，这说明选项和因子有对应关系，结合因子载荷系数可知除了"我对教学感到兴奋"这一题项与预期的维度不符之外，其余所有题项都符合预期估计，与对应的维度相吻合，这表明此问卷具有较高的效度。

表4-12 效度分析结果

名称	因子1	因子2	因子3	因子4	因子5	因子6	共同度（公因子方差）
（1）我与同事之间有良好的合作和支持关系				0.761			0.811
（2）我与学生之间建立了亲近和信任的关系				0.792			0.795
（3）我与校长建立了和谐的关系				0.697			0.738
（4）我与学校教师和领导之间建立了良好的信任感				0.697			0.721
（5）我的工作能够得到领导的支持和鼓励				0.770			0.848
（6）学生对我很尊重				0.722			0.777
（7）家长对我的工作很支持和配合				0.647			0.728
（1）在工作中，我经常感到充满能量和激情					0.478		0.773
（2）我对教学工作感到乐观和满足					0.455		0.761
（3）我的工作让我感到充实和愉快					0.541		0.840
（4）我每天的生活充满了让我感兴趣的事情					0.551		0.815
（5）我对我的工作感到很满意					0.401		0.755
（6）身为一名教师，我感到很自豪					0.458		0.835
（7）我感觉我时刻被爱包围着					0.468		0.777
（8）生活是美好的					0.566		0.872
（9）我对教学感到兴奋	0.625						0.739
（1）我愿意为学生付出额外的努力		0.831					0.765
（2）我对提高学生学习成绩和发展潜力有强烈的责任感		0.869					0.845
（3）我在备课和教学中投入了大量的时间和精力		0.843					0.776

续表

名称	因子载荷系数						共同度（公因子方差）
	因子1	因子2	因子3	因子4	因子5	因子6	
（4）我经常主动参与学校的专业发展活动		0.844					0.780
（5）工作中，我总是能够集中精力		0.843					0.781
（6）我认为自己在处理工作事务时能够做到思维清晰，从容不迫		0.870					0.812
（7）我每天都很期待工作时光		0.785					0.686
（8）我明白自己哪些方面的知识需要加强，并且为之努力		0.815					0.774
（1）我认为我可以明确对学生行为的期望	0.845						0.788
（2）我认为我可以让学生遵守课堂守则	0.835						0.816
（3）我认为我可以较好地为学生设计问题	0.842						0.792
（4）我认为我可以较好地使用多元评估策略	0.865						0.832
（5）我认为我能较好地为感到困惑的学生提供解释	0.820						0.752
（6）我认为我可以使用多元教学策略	0.822						0.769
（7）我认为我可以增强学生的自信心	0.795						0.725
（8）我认为我可以帮助学生重视学习	0.827						0.782
（9）我认为我可以激发学生的学习兴趣	0.804						0.764
（10）我认为我可以引导学生批判性思考	0.849						0.819
（1）我认为通过我的教学取得了一定的成效			0.806				0.856
（2）我认为在我的带领下学生成绩进步很快			0.782				0.854
（3）我的专业发展和个人成长得到了认可和奖励			0.725				0.786
（4）我的教学方法和策略得到了学生的积极反馈			0.769				0.810
（5）我经常获得学生、家长和同事的赞扬和认可			0.760				0.856

续表

名称	因子载荷系数						共同度（公因子方差）
	因子1	因子2	因子3	因子4	因子5	因子6	
（6）学生喜欢上我的课			0.785				0.800
（7）我是一名成功的教师			0.747				0.769
（1）我睡醒之后感到头脑清晰和精力充沛					0.716		0.792
（2）我过去一个月没有因为疾病、身体的不适、疼痛或对患病的恐惧而烦恼					0.640		0.729
（3）保持身体健康					0.726		0.758
（4）拥有健康与活力					0.717		0.726
（5）保持良好的健康水平					0.732		0.751
（6）保持健康的生活方式					0.724		0.764
特征根值（旋转前）	22.297	7.701	2.404	1.842	1.467	1.183	—
方差解释率（旋转前）	47.441%	16.385%	5.116%	3.918%	3.122%	2.518%	—
累积方差解释率（旋转前）	47.441%	63.826%	68.942%	72.860%	75.982%	78.500%	—
特征根值（旋转后）	12.292	7.257	5.734	5.502	3.694	2.416	—
方差解释率（旋转后）	26.153%	15.440%	12.200%	11.707%	7.860%	5.140%	—
累积方差解释率（旋转后）	26.153%	41.593%	53.793%	65.500%	73.360%	78.500%	—
KMO值	0.835						
巴特球形值	20941.798						
df	1081						
p值	0.000						

碎石图是将特征根以图示形式展示，主要用于辅助判断因子个数。从图4-3中可知，横轴表示指标数，纵轴表示特征根值，当提取前6个因子时，特征根值较大，变化较明显，对解释原有变量的贡献较大；当提取6个以后的因子时，特征根值较小，变化也很小，对原有变量贡献相对较小，由此可见，提取前6个个因子对原变量有的显著作用。

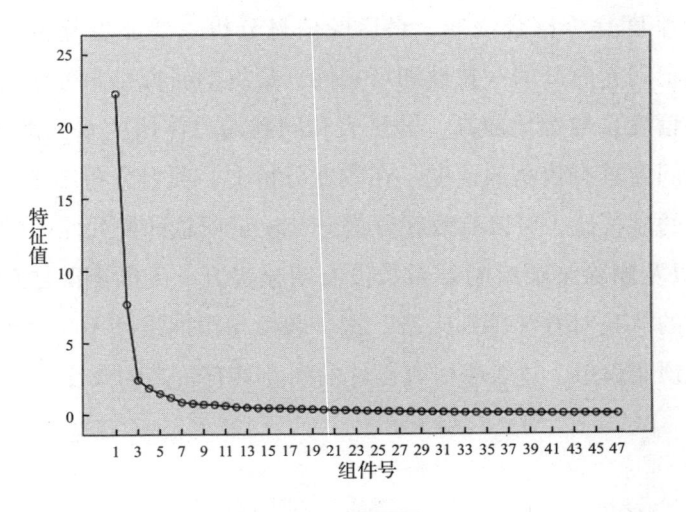

图4-3 碎石图

四、小结

本研究通过前期的文献资料分析编制了专家访谈提纲，利用所编制的专家访谈提纲进行开放式、半开放式，采取面对面交流以及线上视频交流等方式对专家进行访谈，并对访谈过程进行实时记录，形成专家访谈文本，然后利用文献编码软件 NVivo 对访谈文本进行编码分析，经分析后初步建立包含人际关系、积极情绪、工作投入、自我价值、成就获取、身体健康的 6 维幸福感模型。在问卷的题项选择上，主要在前人相关文献的基础上，对比分析来自不同学者关于幸福感测量题项，总结归纳异同点和相似点，参考借鉴前人有关幸福感模型的量表，选择与本文专家访谈记录相接近的题项，历经层层筛选之后，初步构建了城市小学教师职业幸福感问卷，通过问卷星平台对问卷进行发放与回收，一共发放 306 份问卷，最终有效问卷数 304 份，有效回收率达到 99.3%。采用 SPSS2.0 软件对问卷进行信效度检验，问卷的效度包括内容效度、结构效度和校标关联效度，问卷的信度可以通过克隆巴赫系数和重测法进行。本研究中问卷的信效度分析主要针对的是内容效度、结构效度和克隆巴赫系数。内容效度通过项目分析进行，以此来确定问卷量表的研究项目是否有效和合理。结构效度主要通过探索性因子分析（固定因子数目）进行，以此判定因子对应的维度是否符合预期，最后的信息分析主要通过分析隆巴赫系来进行，以此判定问卷内部的一致性和可靠性。最终的研究结果显示，各维度以及总体问卷的信度系数都比较高，分量表和问卷的总体信度系数都达到了0.9以上，这表明问卷具有较高的信度。在效度分析上，项目分析结果显示所有题项都具有一定的显著性，可以有效区分信息，校正项总计相关性（CITC）的值都大于0.3，以及删除某项后的 α 系数没有明显提升，无须删除题项。除了积极情绪维度中的"我对教学感到兴奋"这一题项与预期维度不吻合外，其余所有题项均符合预期设想，这表明研究设计的问卷具有较高的效度。

第二节 城市小学教师职业幸福感的总体状况

一、城市小学教师职业幸福感的调研区域及调研点

为保证调查样本的广泛性，课题组根据重庆市的市域规划及地方特征，对重庆市前后分别派出4个调研小组进行课题研究的实证调查。

为调查了解城市小学教师职业幸福感现状和问题，调研小组主要依据重庆市"一区两群"市域规划，一区选取了南岸区、沙坪坝、渝中区、涪陵区、九龙坡区、渝北区、巴南区7个区，两群则选取了万州区和黔江区。

二、城市小学教师职业幸福感的调研对象及基本情况

本研究以重庆市城市小学/教师及学生作为调研对象，调查城市小学教师职业幸福感的情况。

（一）抽样方法

本研究在样本获取过程中，严格使用了概率抽样中的多阶段等概率抽样方法。整个抽样过程历经三个阶段：第一阶段，在重庆市所辖的共计7个区中，随机等概率抽取城市小学为调查样本学校；第二阶段，在已经落入样本的每所小学中按照系统抽样方式，等概率抽取2所小学，拟在每所小学发放36份问卷；第

三阶段，在每个城市小学中抽样时，按照系统抽样方式获取 36 个有效样本。需要说明的是，为了保证样本获取的有效性，本研究在各区取样本时，适当放宽了样本量的方法，每区增加 5～10 个样本的发放量，超出计划样本发放量的样本，是从本研究备用样本框中随机选取。最终，本研究共向 21 个城市小学发放问卷，问卷样本具有良好的代表性。

（二）调研样本情况

在对调研点的调研中，共发放问卷 1123 份，回收有效问卷 1036 份，回收率为 92.25%，调研点分布情况如表 4-13 所示。

表4-13 调研点分布情况

市	区	调研单位
重庆市	南岸区	天台岗小学
重庆市	南岸区	天台岗雅居乐小学
重庆市	南岸区	天台岗融创小学
重庆市	南岸区	天台岗万国城小学
重庆市	南岸区	青龙路小学
重庆市	南岸区	珊瑚鲁能小学
重庆市	南岸区	南坪实验小学
重庆市	南岸区	大佛段小学
重庆市	南岸区	弹子石小学
重庆市	南岸区	江南小学
重庆市	渝中区	解放小学
重庆市	渝中区	中华路小学
重庆市	渝中区	精一民族学校
重庆市	渝北区	中央公园小学
重庆市	渝北区	渝北实验小学
重庆市	渝北区	回兴小学
重庆市	两江新区	行远小学
重庆市	两江新区	星光小学
重庆市	两江新区	翠云小学
重庆市	两江新区	嘉木小学
重庆市	江北区	华渝实验学校

续表

市	区	调研单位
重庆市	江北区	新村同创国际小学
重庆市	北碚区	西南大学附属小学
重庆市	北碚区	天生桥小学
重庆市	北碚区	静观小学
重庆市	北碚区	黄桷小学
重庆市	九龙坡	谢家湾金茂学校
重庆市	九龙坡	白市驿二小
重庆市	九龙坡区	彩云湖小学
重庆市	高新区	明远未来小学
重庆市	高新区	大学城沙坪坝小学
重庆市	沙坪坝区	青木关小学
重庆市	沙坪坝区	杨公桥小学
重庆市	巴南区	树人立德小学
重庆市	巴南区	巴南小学
重庆市	大渡口区	大渡口实验小学
重庆市	合川区	大庙小学
重庆市	铜梁区	水口小学
重庆市	潼南区	古溪小学
重庆市	荣昌区	双河镇小学
重庆市	黔江区	城西小学
重庆市	黔江区	民族小学

通过对调查者的性别、年龄和学历进行详细的描述和数据分析，结果显示，样本中的教师性别分布相对均衡，男女比例接近，分别为51%和49%。在年龄方面，30周岁以下和31～40周岁的教师占据了大部分比例，分别为45%和26%，而50周岁以上的教师占比较少，只有7%。在学历方面，绝大多数教师拥有本科学历，占总样本的67%，而拥有硕士和博士学历的教师比例相对较低，分别为3%和1%。在教龄分布方面，各个教龄段的教师都有一定比例，但以3～5年教龄的教师占比最大，为34%。总体而言，这些数据充分显示了城市小学教师的基本特征和分布情况，为进一步分析和研究提供了基础，如表4-14所示。

表4-14 调查者基本信息

名称	选项	频数	百分比
调查者性别	A. 男	532	51%
	B. 女	504	49%
调查者年龄	A.30周岁以下	463	45%
	B.31～40周岁	269	26%
	C.41～50周岁	235	23%
	D.50周岁以上	69	7%
调查者学历	A. 本科以下	296	29%
	B. 本科	696	67%
	C. 硕士	36	3%
	D. 博士	11	1%
调查者教龄	A. 2年及以下	236	23%
	B. 3～5年	356	34%
	C. 6～10年	296	29%
	D.11～20年	112	11%
	20年以上	36	3%
合计		1036	100%

三、城市小学教师职业幸福感水平的总体状况

本研究量表包含了47个问题，参与者根据1-7级（1-非常不满意；7-非常满意）涵盖了幸福感的多个方面，包括人际关系、积极情绪、工作投入、自我价值、成就获取和身体健康6个要素维度，从教师职业幸福感各维度所得的高分可以看出教师的职业幸福感较高。由表4-15中可知，教师在积极项目中获得了2.5分或以上的分数，总平均数为4.39，这表明城市小学教师具有较高的职业幸福感，其中使教师感到幸福的前五个主题分别为"我明白自己哪些方面的知识需要加强，并且为之努力""我对教学感到兴奋""我对我的工作感到很满意""我愿意为学生付出额外的努力""我对教学工作感到乐观和满足"。

表4-15 城市小学教师职业幸福感平均分

项目	平均数	标准差
3-（8）我明白自己哪些方面的知识需要加强，并且为之努力	5.56	1.101
2-（9）我对教学感到兴奋	5.28	1.143
2-（5）我对我的工作感到很满意	5.23	1.121
3-（1）我愿意为学生付出额外的努力	5.23	1.452
2-（2）我对教学工作感到乐观和满足	5.21	1.124
4-（5）我认为我能较好地为感到困惑的学生提供解释	5.12	1.142
1-（7）家长对我的工作很支持和配合	5.10	1.254
2-（3）我的工作让我感到充实和愉快	5.02	1.135
2-（1）在工作中，我经常感到充满能量和激情	5.01	1.241
1-（6）学生对我很尊重	4.98	1.189
2-（8）生活是美好的	4.93	1.199
2-（4）我每天的生活充满了让我感兴趣的事情	4.89	1.317
4-（3）我认为我可以较好地为学生设计问题	4.89	1.351
1-（1）我与同事之间有良好的合作和支持关系	4.87	1.351
2-（6）身为一名教师，我感到很自豪	4.86	1.045
3-（2）我对提高学生学习成绩和发展潜力有强烈的责任感	4.86	1.345
5-（5）我经常获得学生、家长和同事的赞扬和认可	4.83	1.436
2-（7）我感觉我时刻被爱包围着	4.79	1.237
1-（2）我与学生之间建立了亲近和信任的关系	4.78	1.245
5-（1）我认为通过我的教学取得了一定的成效	4.45	1.185
1-（4）我与学校教师和领导之间建立了良好的信任感	4.32	1.243
4-（7）我认为我可以增强学生的自信心	4.26	1.121
3-（5）工作中，我总是能够集中精力	4.23	1.321
5-（7）我是一名成功的教师	4.15	1.437
4-（6）我认为我可以使用多元教学策略	4.14	1.221
1-（5）我的工作能够得到领导的支持和鼓励	4.12	1.253
5-（2）我认为在我的带领下学生成绩进步很快	4.12	1.401
5-（6）学生喜欢上我的课	4.12	1.399
4-（1）我认为我可以明确对学生行为的期望	4.10	1.145

续表

项目	平均数	标准差
5-（4）我的教学方法和策略得到了学生的积极反馈	4.02	1.523
4-（10）我认为我可以引导学生批判性思考	3.98	1.241
1-（3）我与校长建立了和谐的关系	3.96	1.142
3-（6）我认为自己在处理工作事务时能够做到思维清晰，从容不迫	3.96	1.245
4-（9）我认为我可以激发学生的学习兴趣	3.96	1.112
3-（3）我在备课和教学中投入了大量的时间和精力	3.95	1.236
6-（1）我睡醒之后感到头脑清晰和精力充沛	3.89	1.092
3-（4）我经常主动参与学校的专业发展活动	3.86	1.386
5-（3）我的专业发展和个人成长得到了认可和奖励	3.86	1.237
6-（2）我过去一个月没有因为疾病、身体的不适、疼痛或对患病的恐惧而烦恼	3.86	1.149
4-（8）我认为我可以帮助学生重视学习	3.83	1.232
6-（3）保持身体健康	3.78	1.363
6-（5）保持良好的健康水平	3.78	1.441
3-（7）我每天都很期待工作时光	3.74	1.110
4-（2）我认为我可以让学生遵守课堂守则	3.67	1.245
6-（4）拥有健康与活力	3.66	1.521
6-（6）保持健康的生活方式	3.59	1.149
4-（4）我认为我可以较好地使用多元评估策略	3.56	1.245

四、城市小学教师职业幸福感及其相关问题在人口学变量的差异分析

经过对城市小学教师总体职业幸福感的分析，本研究发现现阶段我国城市小学教师在职业幸福感的获取上存在人际关系、积极情绪、工作投入、自我价值、成就获取以及身体健康 6 个维度，基于 PISA 教师问卷，设置相应问题测评教师职业幸福感的具体维度（评判标准：非常符合—非常不符合，7 分—1 分）。

（一）性别上的差异分析

本研究采用独立样本 t 检验的方法，探究不同性别在城市小学教师职业幸福感水平及各维度上的差异，如表 4-16 所示。

表4-16　不同性别在城市小学教师幸福感各维度上的差异性检验（M±SD）

项目	男性（N=532）	女性（N=504）	t
人际关系	5.12 ± 0.69	5.32 ± 0.86	.175
积极情绪	5.84 ± 0.86	4.92 ± 0.88	.425
工作投入	5.13 ± 0.78	4.98 ± 0.96	1.235
自我价值	4.96 ± 0.84	4.99 ± 0.74	2.354
成就获取	5.32 ± 0.72	5.20 ± 0.80	1.365
身体健康	5.03 ± 0.89	4.97 ± 0.75	.698

$P < 0.05^*$，$P < 0.01^{**}$，$P < 0.001^{***}$

从表4-16可知，城市小学男女教师的职业幸福感在各维度上没有显著差异。析其平均分发现，城市小学女教师在人际关系和积极情绪两个维度上略高于城市小学男教师；而城市小学男教师在工作投入和成就获取两个维度上略高于城市小学女教师。

（二）城市小学教师职业幸福感在工作年限上的差异分析

本研究采用方差分析的方法，探究不同工作年限在城市小学教师职业幸福感水平及各维度上的差异，如表4-17所示。

表4-17　不同工作年限在城市小学教师幸福感各维度上的差异性检验（M±SD）

项目	2年以下（N=236）	3～5年（N=356）	6～10年（N=296）	11～20年（N=112）	20年以上（N=36）	F
人际关系	4.65 ± 0.87	4.89 ± 0.83	4.88 ± 0.79	4.97 ± 0.87	5.01 ± 0.86	3.364**
积极情绪	5.21 ± 0.88	5.01 ± 0.98	4.88 ± 0.84	4.98 ± 0.78	5.04 ± 0.82	4.024**
工作投入	4.84 ± 1.03	4.98 ± 0.89	5.14 ± 0.78	4.89 ± 0.72	4.99 ± 0.89	2.485*
自我价值	4.63 ± 0.72	4.89 ± 0.85	5.10 ± 0.84	5.14 ± 0.76	5.24 ± 0.69	6.565***
成就获取	4.56 ± 0.71	4.86 ± 0.77	4.98 ± 0.82	5.12 ± 0.79	5.12 ± 0.77	3.254**
身体健康	5.11 ± 0.75	5.10 ± 0.88	4.99 ± 0.89	4.89 ± 0.82	4.88 ± 0.95	2.157*

$P < 0.05^*$，$P < 0.01^{**}$，$P < 0.001^{***}$

从表4-17可知，在不同工作年限方面，城市小学教师职业幸福感中的人际关系、积极情绪、工作投入、自我价值、成就获取以及身体健康6个维度均有统计学差异。

分析其平均分发现，在人际关系维度上，教师职业幸福感在工作 20 年以上的教师中得分最高，其次是工作 11～20 年的教师，然后是工作 3～5 年的教师和工作 6～10 年的教师，在工作 2 年以下的教师中得分最低。在积极情绪维度上，教师职业幸福感的得分在工作 2 年以下的教师中最高，其次是工作 20 年以上的教师和工作 3～5 年的教师，然后是工作 11～20 年的教师，在工作 6～10 年的教师中得分最低。在工作投入维度上，教师职业幸福感的得分在工作 6～10 年的教师中最高，其次是工作 20 年以上的教师和工作 3～5 年的教师，然后是工作 11～20 年的教师，在工作 2 年以下的教师中得分最低。在自我价值维度上，教师职业幸福感在工作 20 年以上的教师中得分最高，其次是工作 11～20 年的教师，然后是工作 6～10 年的教师和工作 3～5 年的教师，在工作 2 年以下的教师中得分最低。在成就获取维度上，教师职业幸福感的得分在工作 20 年以上的教师和工作 11～20 年的教师中最高，其次是工作 6～10 年的教师和工作 3～5 年的教师，在工作 2 年以下的教师中得分最低。在身体健康维度上，教师职业幸福感的得分在工作 2 年以下的教师中最高，其次是工作 3～5 年的教师，然后是工作 6～10 年的教师，在工作 11～20 年的教师和工作 20 年以上的教师中得分最低。从以上结果可以看出，工作年限的不同会影响教师在各个维度上的幸福感。一般来说，教师的工作年限越长，他们在人际关系和自我价值这两个维度的幸福感越强。然而，在积极情绪和身体健康这两个维度上，工作年限最短的教师反而得分最高。在工作投入和成就获取这两个维度上，结果则相对复杂，没有呈现出明显趋势。

（三）城市小学教师职业幸福感在学历上的差异分析

本研究采用方差分析的方法，探究不同学历在城市小学教师职业幸福感水平及各维度上的差异，如表 4-18 所示。

表4-18　不同学历在城市小学教师幸福感各维度上的差异性检验（M±SD）

项目	本科以下（N=296）	本科（N=696）	硕士（N=36）	博士（N=11）	F
人际关系	4.88 ± 0.77	4.84 ± 0.87	4.88 ± 0.98	4.93 ± 0.85	1.253
积极情绪	5.12 ± 0.98	5.22 ± 0.86	5.19 ± 0.93	5.24 ± 0.96	.905
工作投入	4.86 ± 0.88	4.98 ± 0.99	4.08 ± 0.89	5.03 ± 0.87	.921
自我价值	4.82 ± 0.75	4.98 ± 0.83	4.92 ± 0.77	5.01 ± 0.78	.875
成就获取	4.92 ± 0.82	5.01 ± 0.99	4.86 ± 0.78	5.92 ± 0.92	.614

续表

项目	本科以下（N=296）	本科（N=696）	硕士（N=36）	博士（N=11）	F
身体健康	4.97 ± 0.89	5.05 ± 0.88	5.01 ± 0.89	5.12 ± 0.79	.214

$P < 0.05^*$，$P < 0.01^{**}$，$P < 0.001^{***}$

由表 4-18 可知，不同学历对于城市小学教师幸福感各维度并无显著差异。分析其平均分发现各维度在不同学历上差异较小。

（四）城市小学教师职业幸福感在职称上的差异分析

本研究采用方差分析的方法，探究不同职称在城市小学教师职业幸福感水平及各维度上的差异，如表 4-19 所示。

表4-19　不同职称在城市小学教师幸福感各维度上的差异性检验（M±SD）

项目	未聘（N=362）	中二（N=264）	中一（N=368）	副高（N=29）	正高（N=13）	F
人际关系	4.78 ± 0.89	4.86 ± 0.88	4.98 ± 0.89	5.14 ± 0.85	5.13 ± 0.96	1.868
积极情绪	5.12 ± 0.96	5.10 ± 0.96	4.99 ± 0.65	5.03 ± 0.88	5.06 ± 1.02	1.963
工作投入	4.23 ± 0.69	4.12 ± 0.98	3.98 ± 0.77	4.04 ± 0.79	4.07 ± 0.88	.652
自我价值	4.86 ± 0.87	4.96 ± 0.72	5.10 ± 1.01	5.22 ± 0.96	5.16 ± 0.75	3.236**
成就获取	3.96 ± 0.78	4.10 ± 0.86	4.08 ± 0.92	4.10 ± 0.82	4.09 ± 0.62	0.598
身体健康	3.96 ± 0.86	4.08 ± 0.73	4.03 ± 0.96	4.12 ± 0.83	4.09 ± 0.88	0.324

$P < 0.05^*$，$P < 0.01^{**}$，$P < 0.001^{***}$

由表 4-19 可知，不同职称对于城市小学教师职业幸福感的自我价值维度有明显差异。

分析其平均分发现，在人际关系维度上，教师职业幸福感的得分随着职称的提升而增加：正高＞副高＞中一＞中二＞未聘；在积极情绪维度上，教师职业幸福感的得分在未聘和中二的职称最高，然后是正高、副高，最后是中一；在工作投入维度上，教师职业幸福感的得分在未聘的职称最高，然后是正高、副高和中二，最后是中一；在自我价值维度上，教师职业幸福感的得分在副高的职称最高，然后是正高和中一，最后是中二和未聘；在成就获取维度上，教师职业幸福感的得分在所有职称中都相似；在身体健康维度上，教师职业幸福感的得分在副高的职称最高，然后是正高、中二和中一，最后是未聘。

（五）城市小学教师职业幸福感在职位类别上的差异分析

本研究采用方差分析的方法，探究职位类别在城市小学教师职业幸福感水平及各维度上的差异，如表 4-20 所示。

表4-20　职位类别在城市小学教师幸福感各维度上的差异性检验（M±SD）

项目	教学（N=804）	教兼班（N=121）	教兼行（N=86）	教兼班、行（N=25）	F
人际关系	4.68 ± 0.79	4.73 ± 0.84	4.99 ± 1.02	5.13 ± 0.83	2.453*
积极情绪	4.99 ± 0.89	4.86 ± 0.84	4.77 ± 0.98	4.66 ± 0.78	3.452**
工作投入	5.12 ± 0.88	5.11 ± 0.79	4.99 ± 0.86	4.89 ± 0.86	1.563
自我价值	4.98 ± 0.73	5.20 ± 0.71	4.81 ± 0.82	4.99 ± 0.93	2.963**
成就获取	4.89 ± 0.93	5.01 ± 0.96	5.10 ± 0.99	5.22 ± 0.99	3.532**
身体健康	5.09 ± 0.96	4.86 ± 0.86	4.77 ± 0.93	4.80 ± 0.73	3.351**

$P < 0.05^*$，$P < 0.01^{**}$，$P < 0.001^{***}$

由表 4-20 可知，职位类别在小学教师职业幸福感的人际关系、积极情绪、自我价值、成就获得和身体健康维度存在统计学差异。

分析其平均分发现，在人际关系维度上，同时兼任班主任和行政职务的教师得分最高，其次是仅兼任行政职务的教师，然后是仅兼任班主任的教师，只从事教学工作的教师得分最低。在积极情绪维度上，只从事教学工作的教师得分最高，其次是仅兼任班主任的教师，然后是仅兼任行政职务的教师，同时兼任班主任和行政职务的教师得分最低。在工作投入维度上，只从事教学工作的教师和仅兼任班主任的教师得分较高，然后是仅兼任行政职务的教师，同时兼任班主任和行政职务的教师得分最低。在自我价值维度上，仅兼任班主任的教师得分最高，其次是只从事教学工作的教师和同时兼任班主任和行政职务的教师，仅兼任行政职务的教师得分最低。在成就获取维度上，同时兼任班主任和行政职务的教师得分最高，其次是仅兼任行政职务的教师，然后是仅兼任班主任的教师，只从事教学工作的教师得分最低。在身体健康维度上，只从事教学工作的教师得分最高，其次是仅兼任班主任的教师，同时兼任班主任和行政职务的教师得分最低。

（六）城市小学教师职业幸福感在婚姻状况上的差异分析

本研究采用方差分析的方法，探究婚姻状况在城市小学教师职业幸福感水平及各维度上的差异，如表 4-21 所示。

表4-21 婚姻状况在城市小学教师幸福感各维度上的差异性检验（M±SD）

项目	已婚（N=453）	未婚（N=496）	离异（N=87）	F
人际关系	5.05 ± 0.86	5.01 ± 0.96	5.09 ± 0.75	.336
积极情绪	4.96 ± 0.76	5.13 ± 0.69	5.12 ± 0.98	.452
工作投入	5.03 ± 0.86	5.28 ± 0.87	4.73 ± 1.06	2.896*
自我价值	4.98 ± 0.65	5.16 ± 0.99	5.09 ± 0.69	.753
成就获取	5.02 ± 0.77	5.05 ± 0.75	5.16 ± 0.86	.635
身体健康	5.13 ± 0.78	4.96 ± 0.57	5.23 ± 0.45	.852

$P < 0.05^*$，$P < 0.01^{**}$，$P < 0.001^{***}$

由表4-21可知，婚姻状况对于城市小学教师职业幸福感的工作投入维度存在显著差异，其他项均无显著差异。在人际关系维度上，离异教师平均分最高，其次是已婚教师，最后是未婚教师；在积极情绪维度上，未婚教师得分最高，其次是离异教师，最后是已婚教师；在工作投入维度上，未婚教师得分最高，其次是已婚教师，最后是离异教师；在自我价值维度上，未婚教师得分最高，其次是离异教师，最后是已婚教师；在成就获取维度上，离异教师得分最高，其次是未婚教师，最后是已婚教师；在身体健康维度上，离异教师得分最高，其次是已婚教师，最后是未婚教师。

（七）小结

本研究分析了城市小学教师的职业幸福感及其与多个人口学变量的关系。课题组以PISA教师问卷作为基础，探讨了6个重要幸福感维度：人际关系、积极情绪、工作投入、自我价值、成就获取以及身体健康。

在性别方面，数据显示男性教师和女性教师在职业幸福感的各个维度上并未出现显著差异。在人际关系和积极情绪两个维度上，女性教师的平均得分略高于男性教师，而在工作投入和成就获取两个维度上，男性教师的平均得分则略高于女性教师。然而，这些差异并未达到统计学显著性。

在工作年限方面，课题组发现不同工作年限的教师在职业幸福感的6个维度上存在统计学上的差异。具体而言，拥有更多工作年限的教师在人际关系、积极情绪、自我价值、成就获取和身体健康等方面的得分较高，而在工作投入方面，工作年限较少的教师得分较高。这个发现提示我们，教师的工作年限是影响其职业幸福感的一个重要因素。

在教师学历方面，课题组发现学历并未对城市小学教师的职业幸福感产生显著影响。无论是学士、硕士还是博士，他们在职业幸福感的6个维度上的得分都没有显著差异。这意味着教师的职业幸福感并不完全取决于他们的学历。

在职称方面，课题组发现教师的职称与其在自我价值感上的得分存在显著关联。那些拥有高级职称的教师，他们的自我价值感得分明显高于那些初级职称的教师。这是因为高级职称教师在职业生涯中获得了更多成就和认可。

在职位类别方面，课题组发现了显著的统计学差异。比如，具有行政职务的教师在人际关系、积极情绪、自我价值、成就获取和身体健康等维度的得分都较高。这意味着职位或者职责对教师职业幸福感起至关重要的作用。

在婚姻状况方面，课题组发现已婚教师和未婚教师之间仅在工作投入这一维度上存在显著差异，未婚教师的工作投入得分高于已婚教师。然而在其他五个维度上，他们的得分差异并不显著。

课题组在问卷调查中发现城市小学教师的职业幸福感受多个因素影响，如工作年限、职称和职位类别等。这些结果为课题组深入理解和改善教师的职业幸福感提供了重要信息和启示，也说明了教师职业幸福感的复杂性，未来需要更多学者进一步探索和解释这些关系。

第三节　城市小学教师职业幸福感的相关分析

一、总体幸福感与教师职业幸福感的相关分析

本研究将《牛津幸福问卷》（Hills P，2002）[1] 中总体幸福感的 8 个因素（有

---

[1] Hills P, Argyle M. The Oxford Happiness Questionnaire:a compact scale for the measurement of psychological well-being[J]. *Personality and individual differences*, 2002, 33（7）：1073-1082.

趣的、快乐的、有价值的、朋友很多、充实的、充满希望的、有奖励的、生活对我太好了）和职业幸福感的 6 个因素（人际关系、积极情绪、工作投入、自我价值、成就获取和身体健康）作为因子变量，进行相关性分析，如表 4-22 所示。

表4-22 城市小学教师总体幸福感与职业幸福感的相关性

项目	1	2	3	4	5	6	7	8	9	10	11	12	13	14
1 人际关系	1													
2 积极情绪	.351**	1												
3 工作投入	.286**	.145**	1											
4 自我价值	.421**	.332**	.286**	1										
5 成就获取	.321**	.309**	.355**	.254**	1									
6 身体健康	.245**	.329**	.452**	.185**	.215**	1								
7 有趣的	.241**	.298**	.451**	.186**	.345**	.263**	1							
8 快乐的	.214**	.354**	.245**	.342**	.311**	.285**	.322**	1						
9 有价值的	.345**	.298**	.311**	.452**	.241**	.184**	.310**	.341**	1					
10 朋友很多	.556**	.458**	.296**	.241**	.332**	.451**	.451**	.289**	.305**	1				
11 充实的	.212**	.186**	.451**	.212**	.512**	.341**	.384**	.241**	.125**	.214**	1			
12 充满希望的	.263**	.236**	.551**	.184**	.421**	.214**	.474**	.286**	.198**	.134**	.321**	1		
13 有奖励的	.345**	.157**	.322**	.231**	.308**	.341**	.324**	.256**	.218**	.084**	.241**	.304	1	
14 生活对我太好了	.215**	.087**	.214**	.073**	.189**	.314**	.245**	.335**	.088**	.235**	.155**	.055**	.341**	1

$P<0.05^*$，$P<0.01^{**}$，$P<0.001^{***}$

由表 4-22 可知，总体幸福感的 8 个因素（有趣的、快乐的、有价值的、朋友很多、充实的、充满希望的、有奖励的、生活对我太好了）和职业幸福感的 6 个因素（人际关系、积极情绪、工作投入、自我价值、成就获取和身体健康）之间呈显著正相关。这说明，城市小学教师总体幸福感越强，职业幸福感越强。城市小学教师总体幸福感与职业幸福感各维度之间均呈显著正相关关系。

"有趣的"与城市小学教师职业幸福感各维度在 $p<0.01$ 水平上，呈正相关，相关系数分别为 0.241、0.298、0.451、0.186、0.345 和 0.263；"快乐的"与城市小学教师职业幸福感各维度在 $p<0.01$ 水平上，呈正相关，相关系数分别为 0.214、0.354、0.245、0.342、0.311 和 0.285；"有价值"的与城市小学教师职

业幸福感各维度在 $p<0.01$ 水平上，呈正相关，相关系数分别为 0.345、0.298、0.311、0.452、0.241 和 0.184；"朋友很多"与城市小学教师职业幸福感各维度在 $p<0.01$ 水平上，呈正相关，相关系数分别为 0.556、0.458、0.296、0.241、0.332 和 0.451。"充实的"与城市小学教师职业幸福感各维度在 $p<0.01$ 水平上，呈正相关，相关系数分别为 0.212、0.186、0.451、0.212、0.512 和 0.341。"充满希望的"与城市小学教师职业幸福感各维度在 $p<0.01$ 水平上，呈正相关，相关系数分别为 0.263、0.236、0.551、0.184、0.421 和 0.214。"有奖励的"与城市小学教师职业幸福感各维度在 $p<0.01$ 水平上，呈正相关，相关系数分别为 0.345、0.157、0.322、0.231、0.308、0.341 和 0.324。"生活对我太好了"与城市小学教师职业幸福感各维度在 $p<0.01$ 水平上，呈正相关，相关系数分别为 0.215、0.087、0.214、0.073、0.189 和 0.314。

二、职业认同与职业幸福感的相关分析

本研究将职业认同的 4 个因素（价值与期望认同、能力认同、情感认同和投入认同）和职业幸福感的 6 个因素（人际关系、积极情绪、工作投入、自我价值、成就获取和身体健康）作为因子变量，进行相关性分析，如表 4-23 所示。

表4-23　城市小学教师职业认同与职业幸福感的相关性

项目	1	2	3	4	5	6	7	8	9	10
1 人际关系	1									
2 积极情绪	.352**	1								
3 工作投入	.231**	.326**	1							
4 自我价值	.365**	.254**	.284**	1						
5 成就获取	.231**	.296**	.496**	.268**	1					
6 身体健康	.444**	.354**	.386**	.366**	.329**	1				
7 价值与期望认同	.286**	.377**	.295**	.354**	.253**	.254**	1			
8 能力认同	.362**	.125**	.265**	.286**	.199**	.119**	.356**	1		
9 情感认同	.386**	.196**	.299**	.186**	.211**	.088**	.333**	.356**	1	
10 投入认同	.112**	.163**	.321**	.201**	.078**	.253**	.153**	.098**	.025**	1

$P < 0.05^*$，$P < 0.01^{**}$，$P < 0.001^{***}$

由表 4-23 可知，城市小学教师职业认同及其各维度（价值与期望认同、能力认同、情感认同和投入认同）与教师的职业幸福感及其各维度（人际关系、积极情绪、工作投入、自我价值、成就获取和身体健康）之间存在显著正相关。这说明，城市小学教师职业认同越高，职业幸福感越强。职业认同各维度与城市小学教师职业幸福感各维度之间均呈显著的正相关。

"价值与期望认同"与城市小学教师职业幸福感各维度在 $p<0.01$ 水平上，呈正相关，相关系数分别为 0.286、0.377、0.295、0.354、0.253 和 0.254；"能力认同"与城市小学教师职业幸福感各维度在 $p<0.01$ 水平上，呈正相关，相关系数分别为 0.362、0.125、0.265、0.286、0.199 和 0.119；"情感认同"与城市小学教师职业幸福感各维度在 $p<0.01$ 水平上，呈正相关，相关系数分别为 0.386、0.196、0.299、0.186、0.211 和 0.088；"投入认同"与城市小学教师职业幸福感各维度在 $p<0.01$ 水平上，呈正相关，相关系数分别为 0.112、0.163、0.321、0.201、0.078 和 0.253。

三、组织支持感与职业幸福感的相关分析

本研究将组织支持感的 4 个因素（工作情感支持、工作工具支持、工作发展支持和同事上级支持）和职业幸福感的 6 个因素（人际关系、积极情绪、工作投入、自我价值、成就获取和身体健康）作为因子变量，进行相关性分析，如表 4-24 所示。

表4-24 城市小学教师组织支持感与职业幸福感的相关性

项目	1	2	3	4	5	6	7	8	9	10
1 人际关系	1									
2 积极情绪	.325**	1								
3 工作投入	.265**	.361**	1							
4 自我价值	.123**	.123**	.186**	1						
5 成就获取	.408**	.101**	.123**	.452**	1					
6 身体健康	.569**	.486**	.253**	.365**	.296**	1				
7 工作情感支持	.423**	.501**	.356**	.321**	.232**	.221**	1			
8 工作工具支持	.365**	.312**	.296**	.253**	.201**	.145**	.310**	1		

续表

项目	1	2	3	4	5	6	7	8	9	10
9 工作发展支持	.253**	.352**	.312**	.310**	.241**	.078**	.298**	.312**	1	
10 同事上级支持	.356**	.102**	.089**	.121**	.101**	.245**	.142**	.086**	.018**	1

$P<0.05^*$，$P<0.01^{**}$，$P<0.001^{***}$

由表 4-24 可知，城市小学教师组织支持感及其各维度（工作情感支持、工作工具支持、工作发展支持和同事上级支持）与教师的职业幸福感及其各维度（人际关系、积极情绪、工作投入、自我价值、成就获取和身体健康）之间存在显著正相关。这说明，城市小学教师组织支持感越高，职业幸福感越强。组织支持感各维度与城市小学教师职业幸福感各维度之间均呈显著的正相关。

"工作情感支持"与城市小学教师职业幸福感各维度在 $p<0.01$ 水平上，呈正相关，相关系数分别为 0.423、0.501、0.356、0.321、0.232 和 0.221；"工作工具支持"与城市小学教师职业幸福感各维度在 $p<0.01$ 水平上，呈正相关，相关系数分别为 0.365、0.312、0.296、0.253、0.201 和 0.145；"工作发展支持"与城市小学教师职业幸福感各维度在 $p<0.01$ 水平上，呈正相关，相关系数分别为 0.253、0.352、0.312、0.310、0.241 和 0.078；"同事上级支持"与城市小学教师职业幸福感各维度在 $p<0.01$ 水平上，呈正相关，相关系数分别为 0.356、0.102、0.089、0.121、0.101 和 0.245。

第四节 城市小学教师职业幸福感的回归分析

一、总体幸福感对职业幸福感的回归分析

本研究以总体幸福感的各因子作为自变量，职业幸福感作为因变量，进行回归分析，最终得到回归模型 $R=0.289$，$P<0.001$，通过分析结果更加明确总体幸福感与职业幸福感呈正相关，其中"生活对我太好了""有趣的""有奖励的"

对于城市小学教师职业幸福感的影响较大，如表 4-25 所示。

表4-25　总体幸福感与职业幸福感均分的回归分析

模型 R=.293		组织支持感							
		有趣的	快乐的	有价值的	朋友很多	充实的	充满希望的	有奖励的	生活对我太好了
非标准化系数	β	.331	.286	.291	.251	.276	.241	.312	.355
	标准误	.012	.020	.012	.034	.012	.021	.010	.018
标准化系数	Bela	.121	.056	.121	.108	.121	.175	.077	.182
T		16.522	18.214	10.542	20.145	14.147	18.152	22.074	17.232
P		$P<0.01$	$P<0.01$	$P<0.01$	$P<0.01$	$P<0.01$	$P<0.01$	$P<0.01$	$P<0.01$

以下是对表 4-25 中的回归分析结果进行详细分析：

模型统计：

R 值为 0.293：这是多重回归模型的决定系数，表示总体幸福感的各因子能够解释职业幸福感的 29.3% 的方差。这表明总体幸福感与职业幸福感之间存在一定相关性，但并不是全部相关性的解释因素。

P 值小于 0.01：P 值表示模型的统计显著性，P 值小于 0.01 表明模型中的自变量对因变量（职业幸福感）的解释是显著的，这意味着总体幸福感的各个因子确实与职业幸福感相关。

非标准化系数（β）：

非标准化系数衡量了自变量对因变量的直接影响，系数的绝对值越大，影响越显著。"生活对我太好了"（β= 0.355）和"有奖励的"（β=0.312）两个因子对职业幸福感的影响最大，它们的系数值最高，表示当这两个因子增加一个单位时，职业幸福感相应提高。其他因子如"有趣的""快乐的""有价值的"等也对职业幸福感产生了正向影响，但影响相对较小。

标准化系数（Bela）：

标准化系数表示自变量对因变量的标准化影响，可以用来比较各因子对职业幸福感的相对影响大小。"生活对我太好了"（Bela = 0.182）和"有奖励的"（Bela = 0.175）依然是两个最大的影响因子，但标准化系数消除了单位的影响，所以它们的相对影响略有减小。"有趣的"和"充满希望的"对职业幸福感的标准化影响也较大，而"朋友很多"对职业幸福感的标准化影响较小。

T 统计和 P 值：

T 统计用于检验每个自变量的系数是否显著不等于零。所有自变量的 T 值都远大于 2，对应的 P 值都小于 0.01，这表明所有自变量都对职业幸福感产生显著影响。

该回归分析表明总体幸福感的各因子与城市小学教师的职业幸福感之间呈正相关，其中"生活对我太好了"和"有奖励的"两个因子对职业幸福感的影响较大，这些结果可以帮助我们理解城市小学教师职业幸福感的形成和影响因素，从而更好地制定幸福感提升策略。

二、职业认同对职业幸福感的回归分析

本研究以职业认同的各因子作为自变量，职业幸福感作为因变量，进行回归分析，最终得到回归模型 $R=0.289$，$P<0.001$，通过分析结果更加明确职业认同与职业幸福感呈正相关，其中情感认同和价值与期望认同等因子变量对于城市小学教师职业幸福感的影响较大，如表 4-26 所示。

表4-26 职业认同与职业幸福感均分的回归分析

模型		职业认同			
$R=.289$		价值与期望认同	能力认同	情感认同	投入认同
非标准化系数	β	.289	.268	.386	.211
	标准误	.011	.019	.022	.017
标准化系数	Bela	.026	.121	.136	.144
T		16.421	12.145	16.452	11.354
P		$P<0.01$	$P<0.01$	$P<0.01$	$P<0.01$

以下是对表 4-26 中的回归分析结果进行详细分析：

模型统计：

R 值为 0.289：这是多重回归模型的决定系数，表示职业认同的各因子能够解释职业幸福感的 28.9% 的方差。这表明职业认同与职业幸福感之间存在一定相关性，但并不是全部相关性的解释因素。

P 值小于 0.01：P 值表示模型的统计显著性，P 值小于 0.01 表明模型中的自变量对因变量（职业幸福感）的解释是显著的，这意味着职业认同的各因子确实

与职业幸福感相关。

非标准化系数（β）：

非标准化系数衡量了自变量对因变量的直接影响，系数的绝对值越大，影响越显著。"情感认同"（$\beta=0.386$）对职业幸福感的影响最大，其系数值最高，表示当情感认同增加一个单位时，职业幸福感相应提高。"价值与期望认同"（$\beta=0.289$）也对职业幸福感产生显著正向影响，尽管系数稍低。"能力认同"和"投入认同"也对职业幸福感产生正向影响，但其影响相对较小。

标准化系数（Bela）：

标准化系数表示自变量对因变量的标准化影响，可以用来比较各因子对职业幸福感的相对影响大小。"情感认同"（Bela = 0.136）和"价值与期望认同"（Bela = 0.121）依然是两个最大的影响因子，但标准化系数消除了单位的影响，所以它们的相对影响略有减小。"能力认同"和"投入认同"对职业幸福感的标准化影响相对较小，但仍然是显著的。

T 统计和 P 值：

T 统计用于检验每个自变量的系数是否显著不等于零。所有自变量的 T 值都远大于 2，对应的 P 值都小于 0.01，这表明所有自变量都对职业幸福感产生显著影响。

该回归分析表明职业认同的各因子与城市小学教师的职业幸福感之间呈正相关，其中"情感认同"和"价值与期望认同"两个因子对职业幸福感的影响较大。这些结果可以帮助我们理解城市小学教师职业幸福感的形成和影响因素，从而更好地制定职业满意度提升策略。需要注意的是，回归分析只能展示相关性，并不能证明因果关系，因此需要谨慎解释结果。

三、组织支持感对职业幸福感的回归分析

本研究以组织支持感的各因子作为自变量，职业幸福感为因变量，进行回归分析，最终得到回归模型 $R=0.293$，$P<0.001$，通过分析结果能够更加明确组织支持感与职业幸福感呈正相关，其中"工作情感支持""同事上级支持"和"工作工具支持"因子变量对教师职业幸福感的影响较大，如表 4-27 所示。

表4-27 组织支持感与职业幸福感均分的回归分析

模型		组织支持感			
$R=.293$		工作情感支持	工作工具支持	工作发展支持	同事上级支持
非标准化系数	β	.342	.304	.233	.309
	标准误	.011	.016	.011	.013
标准化系数	Bela	.061	.089	.059	.109
T		19.245	8.235	15.365	23.11
P		$P<0.01$	$P<0.01$	$P<0.01$	$P<0.01$

以下是对表4-27中的回归分析结果进行详细分析：

模型统计：

R值为0.293：这是多重回归模型的决定系数，表示组织支持感的各因子能够解释职业幸福感的29.3%的方差。这表明组织支持感与职业幸福感之间存在一定相关性，但并不是全部相关性的解释因素。

P值小于0.01：P值表示模型的统计显著性，P值小于0.01表明模型中的自变量对因变量（职业幸福感）的解释是显著的，这意味着组织支持感的各因子确实与职业幸福感相关。

非标准化系数（β）：

非标准化系数衡量了自变量对因变量的直接影响，系数的绝对值越大，影响越显著。"同事上级支持"（$\beta=0.309$）对职业幸福感的影响最大，其系数值最高，表示当同事上级支持增加一个单位时，职业幸福感相应提高。"工作情感支持"（$\beta=0.342$）、"工作工具支持"（$\beta=0.304$）和"工作发展支持"（$\beta=0.233$）也对职业幸福感产生显著正向影响。

标准化系数（Bela）：

标准化系数表示自变量对因变量的标准化影响，可以用来比较各因子对职业幸福感的相对影响大小。"同事上级支持"（Bela = 0.109）在标准化系数中仍然具有最高的影响。"工作情感支持""工作工具支持"和"工作发展支持"对职业幸福感的标准化影响较为相近。

T统计和P值：

T统计用于检验每个自变量的系数是否显著不等于零。所有自变量的T值都远大于2，对应的P值都小于0.01，这表明所有自变量都对职业幸福感产生显著影响。

该回归分析表明组织支持感的各因子与城市小学教师的职业幸福感之间呈正相关，其中"同事上级支持""工作情感支持""工作工具支持"等因子对职业幸福感的影响较大。这些结果可以帮助我们理解城市小学教师职业幸福感的形成和影响因素，从而更好地制定组织支持策略以提升职业满意度。需要注意的是，回归分析只能展示相关性，并不能证明因果关系，因此需要谨慎解释结果。

第五节 城市小学教师职业幸福感的情境分析

一、城市小学教师职业幸福感的自身理解

在遵循质性研究的基本准则下，本研究对访谈的录音和文字内容进行整理，旨在深入探究城市小学教师职业幸福感的生成机制，以期发现存在的问题，解析其背后原因，寻找普遍性规律，最终构建理论。本研究将类别分析和情境分析相结合，在访谈材料中寻找频繁出现的现象以及能够阐释这些现象的核心概念的过程，在此过程中按照共享特性进行分类，并将访谈材料置入研究现象的真实环境中，同时按照故事发生的顺序对相关的事件和人物进行描述性分析。

（一）被访教师对教师职业幸福感的理解

探究教师职业幸福感，首先从幸福的角度探究教师对于职业幸福感的认知和理解，深入了解被访教师的职业规划，从教师自身角度出发分析其职业幸福感的来源。

问：您如何认识和理解城市小学教师的职业幸福感？

李老师：我对城市小学教师的职业幸福有自己的理解。对我来说，幸福就是能在课堂上看到学生们热情洋溢的眼神，看到他们因为学习而获得的进步。我喜欢听他们讲故事，看他们解决问题。我喜欢的瞬间是当他们突然理解一道难题时，他们脸上的喜悦和满足。那种感觉真的无法用言语来形容，我觉得那就是我工作的意义，那就是我的幸福。

张老师：我认为，作为城市小学教师的职业幸福感，主要源于两个方面。首先，看到学生的成长和进步。无论是学业上的提高，还是性格上的塑造，看到他们日复一日的变化和进步，我都会感到非常幸福。其次，得到社会和家长的认可与尊重。教师这个职业是十分神圣的，我们每天都在为了下一代的成长付出努力，当这种努力得到认可时，我会感到非常幸福。

刘老师：我觉得，作为一名城市小学教师，职业幸福感来源于每天与孩子们的相处中。每当我看到他们在我的指导下茁壮成长，不断学习新知识，积极面对生活中的困难，我都会深深地感到幸福。此外，作为一名教师，能够让学生们在课堂上感受到学习的乐趣，也是一种幸福。最后，我认为，能够在我们的培育下，看到学生们逐渐成为有知识、有道德、有爱心的人，这也是教师职业幸福感的体现。

吴校长：我觉得，城市小学教师的职业幸福感不仅在于教书育人的成就感，也在于教师自我成长的过程。我们在帮助孩子们成长的同时，自己也在不断地学习和提高。作为校长，我也感到很幸福，因为我有机会和这么多优秀的教师一起工作，一起为了孩子们的教育事业努力。我们把自己的需求、疑惑和困难放在一边，只是为了让每一个孩子都能在我们的引导下，走出一条适合自己的道路，这就是我们的职业幸福感。

（二）被访教师因自身优势被满足而感到幸福

在访谈过程中，教师因自身优势被满足而感到幸福：

1. 个人理想的实现

林老师：小时候，我一直对画画有浓厚的兴趣。我总是梦想着有一天能够成为一名艺术教师，帮助孩子们发现并发展他们的艺术潜力。现在，我作为一名城市小学的美术教师，每天都与学生们一起探索和创造。我帮助他们开发创造力和想象力，看到他们的作品变得越来越好，这是我最大的幸福。我个人的理想实现了，我非常满足。

赵老师：我认为，作为一名城市小学教师，实现个人理想对于我来说是最大的幸福。我至今记得我的小学数学教师。她不仅教授我们知识，更重要的是教会我们如何做人。那时，我就萌生了我的理想，那就是成为一名像她一样的小学教师，为学生传递知识，启发他们的思维，引导他们做好人。我选择了教育专业，最终实现了我的理想，成为一名小学教师。现在，我每天都在做我热爱的事情，那就是和孩子们互动，教授他们知识，见证他们的成长。可以说，工作使我感到非常幸福和满足，因为我正在实现自己的理想，正在做我热爱的事情。这就是我作为一名城市小学教师，对个人理想实现的理解和认知。

2. 个人价值的发挥

李老师：作为一名音乐教师，我始终相信音乐有非凡的力量，能够润物细无声，教导孩子们品行和情感。当我看到学生们通过音乐找到内心的平静，或者获得激发创新思维的灵感时，我觉得我的价值得到了实现。我为自己的工作感到自豪，因为我正在做一件能够改变人生的事情。

张老师：作为一名美术教师，我的价值就在于培养学生们对美的敏感度和对世界的独特视角。当我看到他们通过画笔表达自己的情感，或者用雕塑来诠释他们对世界的理解时，我知道我正在做一件有意义的事情。那就是我存在的价值，将美的感知和表达力带给每一名学生。

林老师：我是一名道德教育教师。对我而言，最大的价值体现在培养学生们的道德意识和社会责任感上。当我看到他们开始理解并遵循公平、公正和尊重他人等基本的道德原则时，我觉得我的工作得到了回报。我的存在就是为了引导他们成为更好的公民和更好的人。

3. 学生学习的成效

李老师：作为教师，我最大的满足来源于看到学生的成长和进步。当他们的知识和能力在我的引导下日渐增长时，我觉得自己的付出得到了回报，这就是我的职业幸福感。

张老师：我每天都在期待着一件事情，那就是看到学生们在我的课堂上取得突破。那一刻，他们兴奋的表情、那种成就感，都让我觉得，这就是我作为教师最大的幸福。

林老师：职业幸福感，对我而言，就是能够在每一名学生的成长历程中，看到自己的影子。我希望我的付出和辛勤工作，能够在他们的生活和学习中留下独特的印记。

赵老师：我每天都带着期待来到学校，因为我知道每一天我都会看到学生的进步，看到他们掌握新知识的喜悦，看到他们在解决问题时的独立思考。这是一种无与伦比的满足感，也是我对教育工作的热爱和执着。我觉得我现在所做的，就是我对职业幸福感的最好理解。

4. 人际关系的融洽

李老师：我的职业幸福感，很大程度上来自我和同事、学生以及家长的良好关系。我们一起分享彼此的喜怒哀乐，互相扶持，共同成长。这样的氛围，让我感到非常舒适和满足。

张老师：你知道，教师这个职业，不仅需要教书，更需要育人。我觉得，能与学生、家长甚至是同事建立起深厚的友谊，这就是我认为的职业幸福感。我们共同为提高学生的成绩和个人素质而努力，这是我最大的职业满足感。

林老师：对我来说，和同事们和谐相处、互相帮助，和学生共享学习的快乐，与家长建立信任的桥梁，这些都是我工作中的幸福源泉。教师的工作不仅是课堂上的教学，更是在人际关系中的相互理解和支持。

赵老师：我总是很珍视我和我的学生、同事、家长之间的关系。看到他们对我工作的认可，与我分享他们的生活，我就感到幸福。因为这不仅让我觉得自己的价值得到了肯定，也让我深深感到，我已经成为他们生活中不可或缺的一部分。

王老师：作为一名教师，我每天都在和各种人打交道：我的学生，他们的家长，我的同事……我真心觉得，能和他们建立起良好的关系，是我在这个职业中感到最幸福的事。他们的支持和理解，让我在工作中不再孤独，充满力量去面对任何挑战。

5. 学校合理的管理

李老师：我感觉学校的管理方式，包括对我们教师的职业发展路径的明确指引，对我们的工作和成就的公正评价，还有对我们个人需求的关心都影响着职业的幸福感受。我对自己能在这样一所学校工作感到满足，这就是我的职业幸福感。

钟老师：对我来说，学校的管理和领导的做法，深深影响了我对职业的满足感。校领导非常注重教师的发展和福利，他们尊重我们的教育理念，倾听我们的声音，这让我感觉自己的价值得到了认同，也使我对教育的热情持续高涨。

张老师：我认为，学校合理的管理模式是我产生职业幸福感的一个重要因素。领导班子重视教师的专业成长，而且有明确的激励机制和公平的评价制度，使得每位教师都能在公正和公平的环境中发展。这种工作环境让我有安全感，有信心去做我最喜欢的工作。

6. 工作稳定的收入

张老师：我觉得作为一名教师，我能够在这个职业中找到平衡。我可以全身心投入我所热爱的教育工作，同时也可以维持我的家庭生活。这种稳定性，让我将更多精力和心力投入教学工作中，而不会过于担忧生活中的琐碎之事。这种平衡，给我带来了工作的幸福感。

刘老师：作为一名城市小学教师，我觉得我在这个岗位上获得一种满足感。我可以在教室里分享我所知道的一切，同时也可以在生活中安排我自己的时间和计划。我不需要担心我的收入，这使我有更多精力去热爱生活、享受生活。这种稳定性，让我在这个职业中找到了一份真正的幸福。

（三）被访教师因自身优势未被满足而感到不幸福

1. 被迫的职业发展

李老师：我对自己的教学工作有很高的要求和期待，但是，由于某些外部压力，我有时会感到我被迫去追求那些我并不热衷的职业发展，比如教学的同时从事管理工作。我觉得这种压力和期待阻碍了我实现真正的激情和价值。因此，尽管我仍然热爱教学，但我对此感到不太满意，甚至有些不幸福。

田老师：对我来说，教师这个职业的美好之处在于它的独特性和个性化。我一直都是那种乐于探索、勇于创新的人，我喜欢挑战自己，尝试新的教学方法和策略。但现实中，我发现自己有时会被迫去追逐一些形式化的东西。我觉得，这限制了我个人的职业发展，让我感到有些不幸福。

郑老师：我有时候感觉自己的职业发展像是在走一条预设的轨道，并非我内心真正向往的路径。这种状态使我对工作前景充满了困惑，感觉有些被动。我认为，教师职业的发展应该是多元化的，每个人都有自己的兴趣和优势，我们应该去探索和实现自己的职业愿景。当我无法按照自己的想法去规划和实现我的职业发展时，我会感到一些不幸福。

2. 疲劳的身心状况

李老师：教育工作需要我们持续地投入大量的时间和精力。每天工作结束，我会感到身心俱疲，甚至在周末也无法得到充分的休息和恢复。每当我感到筋疲力尽时，我就会对我的工作和生活产生一些疑虑和焦虑，觉得自己的幸福感在一点点流失。

王老师：作为一名教师，我每天都要面对各种各样的挑战，包括课程设计、课堂管理、学生关系处理，等等。虽然我非常热爱我的工作，但是长时间的工作压力和身心负担使我感到疲惫。每当夜晚疲惫不堪地躺在床上，思考着明天要解决的问题和面临的挑战，我就会觉得自己缺少一种职业幸福感。

杨老师：虽然我热爱教育工作，但是长时间的工作压力、高强度的工作节奏以及频繁的学术研究使我感到身心俱疲。这种疲劳感不仅是身体上的，更是精神上的。每当我做一些我并不热爱又非做不可的工作时，我就会觉得我的职业幸福感在慢慢减少。

3. 过大的教学压力

赵老师：作为一名城市小学教师，我们需要在有限的时间里，为学生提供高质量的教育。在满足教育部门、学校、家长和学生多方的期望和需求中，我常常感到压力巨大。尽管我深爱我的工作，但是不容忽视的教学压力使我时常感到不安，这对我来说是一种职业幸福感的缺失。

孙老师：每一天我都承受着大量的教学压力。我们需要关注每一名学生，确保他们都能达成预期的学习目标。学生的进步是我工作的最大动力，但是维持高质量教学的压力使我感到身心疲惫。我时常希望能有更多的时间和精力来关注学生的成长，而不是总在应对各种压力。

刘老师：作为一名小学教师，我经常面临课程进度、教学质量、考试成绩等多重压力。而学校、家长甚至社会对我们的期待都非常高。在持续的高压环境下工作，我有时候会感到筋疲力尽，这使我对职业幸福感产生了质疑。我呼吁教学压力应当适度，这样我可以更多地关注每个学生的发展，而不仅仅是考试成绩。

4. 较低的工资水平

张老师：我不得不承认，作为一名城市小学教师，收入并不是很高。教育工作对我的精神和心理都有较高的需求，相比之下，我的收入并没有达到我所希望的水平。这无疑影响了我的工作满足感和职业幸福感。

李老师：相对于我投入的时间和努力，我所得到的收入却不是很高。我虽然不那么在意物质，但是房贷、孩子的教育费用等现实问题，有时让我感到压力重重，这也影响了我的职业幸福感。

5. 过高的社会要求

陆老师：我非常珍视我作为教师的身份，并尽力在教育工作中尽职尽责。但是，有时我感觉社会对教师的期望过高，而这种期望在很多时候超出了我个人的能力和资源。我感觉有时候我被期望既是一个知识的传播者，又是学生的心理咨询师、社区的引导者，等等。我希望我能在我的专业领域中做得更好，但这种过高的期望却使我感觉压力重重，这无疑影响了我的职业幸福感。

马老师：我们身为教师的角色，往往会承担许多社会期待我们完成的职责。诚然，这确实是我们职业的一部分，但是，我发现这些期待有时候会变得过于沉重，甚至超出了我的个人能力和承受范围。我们被期望成为学生的知识导师、行为规范的塑造者，甚至在一些情况下，我们还被期待成为学生的心理咨询师。这种过高的期待对我来说是一种压力，影响了我的工作满足感和职业幸福感。

6. 琐碎的工作管理

周老师：有时候我发现自己将大部分时间花在处理那些琐碎的工作管理上，比如处理文档、编写报告以及参加各种会议等。这些琐碎的管理工作使我无法将全部精力放在与学生的直接互动上，我认为那才是我作为教师最重要的工作。如果我可以把更多的时间投入直接教学和学生互动上，我会对这份职业感到更加满足和幸福。

陆老师：随着时间的推移，我发现自己把大部分时间和精力都用在处理一些琐碎的行政工作上，这些工作对于我来说并非我最擅长或最喜欢的。这些琐碎的行政工作使我无法专注于教学。因此，我常常感到职业上的不满足和不幸福。

（四）访谈小结

1. 教师对职业幸福感的理解

被访谈的教师认为对职业幸福感的理解应该是多元化的，包括在教学中看到学生的进步、个人理想的实现、个人价值的发挥、人际关系融洽、学校合理的管理以及工作稳定的收入等。这些都是教师职业幸福感不可或缺的要素。

2. 教师因自身优势被满足而感到幸福

这是教师职业幸福感的重要来源之一。包括个人理想的实现、个人价值的发挥、学生学习的成效、人际关系的融洽、学校合理的管理以及工作稳定的收入等。教师在这些方面的优势被满足，可以增强其职业幸福感。

3.教师因自身优势未被满足而感到不幸福

教师普遍拥有对教学的热情和敬业精神，但是也存在一些因素会影响他们的职业幸福感。这包括被迫的职业发展、疲劳的身心状况、过大的教学压力、较低的工资水平、过高的社会要求以及琐碎的管理工作等。这些因素在一定程度上降低了教师的职业满足感，使得他们在职业生涯中感到不幸福。

教师的职业幸福感不仅与他们的个人因素紧密相关，同时也受到外部环境和社会要求的影响。未来的研究者可以针对如何提高教师的职业满足感，以及如何在教育工作中平衡教师的工作压力和工作满意感等问题进行深入探究。

二、城市小学教师职业幸福感面临的学校不利因素

积极心理学之父塞利格曼（Seligman）认为幸福由积极情绪（positive emotion）、投入（engagement）、人际关系（relationship）、意义感（meaning）和成就感（accomplishment）五方面构成❶。本研究以积极心理学为理论基础要求个体对未来持有积极的期待，有助于教师保持对教学工作的热情，也有助于教师在职业发展过程中体验到成长的快乐，提高教师的职业幸福感。同时，鼓励教师认识和发挥自身的优势和才能，从而提高教学效率和教学成就感，进一步提高教师的职业幸福感。经访谈分析，被访教师因自身优势未被满足而感到不幸福主要由学校造成，本研究通过类别分析对各因素进行归类，进一步明晰城市小学教师所在学校存在的问题。

（一）教学压力过大，工作评价严格

首先，教师作为教育行业的核心工作者，其职业特性使其工作环境极具挑战性。然而，许多学校并未对教师的工作时长和职责进行明确的保护与规范，而是增加了额外的教学考核任务，这无疑加大了教师的劳动强度。长时间的工作压力使教师处于连续的忙碌状态，工作的愉悦感和满意度因此大幅降低。其次，部分学校将评价指标与教师的工资待遇、年度考核、职称评定以及岗位晋升等直接挂

---

❶ Seligman, Martin E P.Flourish:A Vision-ary New Understanding of Happiness and Well-being [J].*Policy*,2011,27（3）:60-61.

钩。这些评价指标的设定往往过于严格且具有量化性，导致教师对教学工作的关注度不断下降，从而过度关注考评结果。同时，教育行业对教师的专业技能提出了更高的要求，这引发了教师的职业能力焦虑。教育改革期望教师能关注教育的发展动态，更新自己的教学理念和策略，并将之运用于课堂教学中。教师的专业能力和素养越高，他们在教学中的效能感就越高，就越能胜任教学工作并从中获得乐趣。然而，随着备课和教学难度的提高，教师难以适应当前的教育环境，面对教育问题时，由于短期内缺乏经验，感到无所适从。加上学校对教师职业成长的支持不足，教师会产生挫败感和焦虑，导致工作信心下降。可见，教师工作的核心——教学，逐步被考评竞争取代。这无疑使教学工作的内在价值被淡化，甚至被忽视。因此，学校对教师的过高要求会导致教师的职业价值发生异化。在这个过程中，教师的工作愉悦感、工作满意度以及对教学的专注度不断下降，而考评压力和工作强度则逐渐攀升。为了解决这个问题，需要回归教育的本质，重新审视并调整教师的工作环境和评价机制，以确保教师能够在尊重和保护其职业价值的前提下，高效地开展教学工作。

（二）教学管理苛刻，自主教学较弱

教育行业的管理方式有时过于严格，导致教师的教学自主性受到限制。首先，学校集团化的管理方式以及目标导向的工作方式对教师的专业发展产生了影响。学校的管理理念和机制往往过于注重目标的达成和规程的执行，从而忽视了对教师的人性关怀。在执行学校指派的任务、例行检查以及绩效评估的过程中，教师与管理者以及规章制度之间的隔阂逐渐拉大，工作热情日渐消退。通常，教师晋升的途径是向教学管理岗位发展，但由于名额有限且教师的提升受到教学评价的影响，教师感到职业发展前景暗淡。此外，过多的行政任务以及教学自主权的限制使教师的教学自由度降低。教育行政部门对学校的评价影响了学校对教师工作的分派，行政评估和检查活动的烦琐占据了教师的工作和学习时间。教师职业被赋予了过多的角色和责任，包括家长将子女的监管和教育问题推给教师。教师在教学中受到干预，但无力改变，只能利用碎片化时间补充专业知识，服从学校安排已成为常态，从而降低了教学活力。

（三）职业收入失衡，自我需求不足

首先，教师面临着高负荷的工作压力，而学校给予的相应报酬却不尽如人

意，这无疑削弱了教师的工作积极性。学校对教师有较高的道德期待，而对教师的基本生活需求则相对忽视。强调教师的奉献精神，却缺乏相应的物质回报，这让许多教师感到困惑和失望。其次，部分教师对自己的职业选择产生了物化认识，职业定位模糊，工作状态逐渐麻木。受到"稳定"和"轻松"的职业动机的影响，一些教师将教育仅仅视为一种谋生手段，而不是生活方式。他们往往忽视了自身的能力和兴趣，对未来缺乏规划，对工作没有明确的追求，只是被动地完成学校安排的教学任务，很少能体验到实现职业价值所带来的满足感。

三、城市小学教师职业幸福感面临的社会不利因素

（一）职业要求过高，社会地位过低

首先，社会对教师的过高道德期待导致其角色发生变化，给教师带来巨大的精神压力。教师被认为是自然而然地崇高、不知疲倦、无私奉献的人，这种过高的期望使教师被神圣化为"完人"，频繁地在多重角色之间转换。一旦教师出现严重的道德问题会被妖魔化，引发公众愤怒，损害教师的形象，从而产生社会偏见和信任危机。这种情况下教师只能谨小慎微，忍受不公以维护所谓的"公众形象"。其次，大部分教师虽具有牺牲自我的意志品质，但未得到社会的高度认可，因此感到痛苦和失望。物质的诱惑和金钱的崇拜淡化了人们对知识的尊重和追求，教师的辛勤工作不被尊重，反而被认为是理所应当，人人都可随意评判。因为人们未能客观、公正地看待教师职业，缺乏对教师职业的理解和包容，社会对教师职业认识程度的高低，对教师对自身职业的认同感和归属感产生直接影响。同时，社会对教师专业性的质疑以及学生对所学科目的轻视，也使教师陷入自我怀疑。社会低估了教育工作的复杂性，认为教师职业的门槛较低，加上学生获取知识和信息的渠道日益多样化，使教师的专业权威受到挑战。

（二）人际关系紧张，工作开展困难

首先，师生间的交流不畅导致师生间的尊重缺失，这使教师感到不公平。教师与学生间的冲突频繁发生，主要源于教师将个人情绪带入教学，或者处理学生行为问题时方式不当。有些学生对教师产生恐惧心理，不愿意开展诚实的对话，或对教师缺乏感激之情。随着学生和家长与教师不断发生冲突以及报复事件的增多，教师变得更加谨慎和保守。其次，教师与同事和领导之间，可能存在性格不

合、互不信任和竞争压力过大的问题，使得工作关系变得紧张。这种情况下，教师将同事视为竞争对手，导致教学知识共享困难，互相推卸责任，教学竞争上升到生存竞争，从而削弱了合作意识和团队精神。此外，领导对下属颐指气使，做事不公，损害了教师的自尊心。教师误解领导，对领导的安排和利益分配感到不满，排斥教学安排。

第五章 城市小学教师职业幸福感主要来源和影响因素分析

根据相关教师访谈以及问卷调查数据可知，课题组在人际关系、积极情绪、工作投入、自我价值、成就获取以及身体健康、工作年限、职称和职位类别等方面对教师职业幸福度进行了相关调查研究，然后采用单因素方差分析的方法了解教师职业幸福感的显著差异，采用均值比较的方法对不同性别、不同年龄、不同学历教师的幸福感进行比较分析。本章则是对调查研究的结论进行总结，并进一步分析本研究结论的可能性原因，为提升城市小学教师职业幸福感提供理论支持。

第一节 城市小学教师职业幸福感的主要来源

一、对教育事业的热爱

（一）学生成长：获得职业成就

教师们热爱教育事业，关注每名学生的成长和成功。为学生的进步感到骄傲，为学生在知识、技能和个人发展方面取得的进步而喜悦。教师们对学生的成功感到满足，这激发了他们继续投入教育工作的热情。热爱教育的教师能够激发学生对知识和学习的兴趣，通过生动的讲解、创新的教学方法和真诚的关怀，引导学生主动探索学习领域，并帮助学生找到自己的兴趣爱好。热爱教育的教师相信每名学生都有无限的潜能，并致力于培养学生的自信心。他们鼓励学生迎接新的挑战，相信他们可以克服困难并取得成功。这种积极的态度和信任感激励学生不断超越自我，实现个人成长。教师对教育事业的热爱使他们成为学生的榜样和引导者。教师以身作则，展示积极的价值观和道德准则，通过给予学生良好的指导和支持，帮助学生树立目标，并传授实现目标所需的技能和知识。教师鼓励学生发展创造力和创新思维，为他们提供有趣和富有启发性的学习环境，鼓励他们提出问题、尝试新的解决方案，并在学习过程中展示自己的想法和才能。

（二）教学乐趣：收获情感体验

教师们热爱教育事业，他们享受教学过程中的乐趣。梁雅珠曾表明："教师职业的幸福感来源于童真童趣"❶，与学生互动、解答问题、引导讨论等活动使他们感到快乐和充实。苏霍姆林斯基曾说过，儿童的内心生活时刻给我们带来的极广阔的情感领域内，有愉快的和不愉快的、高兴的和伤心的曲调。善于认识这种和谐的乐声，是教育工作中精神饱满、心情愉快和取得成功的最重要的条件。教师们喜欢创造性地设计教学活动，提供丰富的学习体验，观察学生参与活动是否积极和理解能力是否提高，这些都使他们产生满足感。教师可以通过创造性的教学方法、引人入胜的教材和活动，激发学生的兴趣和好奇心。当学生积极主动地参与课堂活动，并展现出对知识的渴望和探索精神时，教师会感到极大的满足。建立良好的师生关系对于教师的幸福感和教学乐趣至关重要。教师通过倾听、关心和理解学生的需求和问题，可以与他们建立互信和尊重的关系，并促进学生的学习和发展。教师对自己的教学实践进行反思和改进，积极探索新的教学方法和策略，可以增加他们的自信心和教学乐趣。通过参加行业培训、研讨会和与同事的合作，教师可以不断提升自己的专业知识和技能，实现个人的成长和进步。与支持和鼓励自己的同事建立良好的合作关系，分享教学经验和资源，可以提高教师的幸福感和参与教学过程的乐趣。教师与志同道合的同事共同努力解决问题、分享成功经验，并相互支持和激励，可以创造一个积极向上的工作环境。

（三）专业发展：保持教育热情

在教师主体层面，教师职业幸福感与教师专业地位具有密切的内在联系❷。教师们热爱教育事业，对学科知识的研究和教学方法的探索保持热情。不断学习

---

❶ 梁雅珠. 学会享受职业的幸福与快乐 [J]. 学前教育，2000（5）.
❷ 李广，盖阔. 中小学教师职业幸福感调查 [J]. 教育研究，2022,43（2）:13-28.

和更新自己的知识，提高教学水平，以更好地满足学生的需求。教师们享受着通过专业发展提升自己的过程，这不仅使他们更有信心和能力去教导学生，同时也使自己产生满足感。教师对自己所教授的学科知识充满热情，并不断深入学习和研究。教师努力保持对最新教育发展和学科前沿的了解，通过参加专业培训、阅读研究文献和参与学术交流等方式来持续提升自己的学科专业素养。教师不断探索和尝试新的教学方法和策略，以提高学生的学习效果。教师积极运用现代技术和教育工具，设计新颖的课程和教学活动，以及个性化的学习方式，满足学生的不同需求和学习风格，致力于为每名学生提供个性化的指导和支持。通过了解学生的学习特点、兴趣爱好和学习目标，教师可以设计个性化的学习计划和教学策略。教师应当关注学生的学习进展，提供针对性的反馈和指导，充分挖掘学生的潜能。教师可以关注教育领域的最新研究成果，积极参与教育改革和创新项目。教师通过研究教育理论和实践，为教育事业的发展做出贡献，并将研究成果应用于课堂实践中，不断改进自己的教学方法和教育方案。教育是一个不断发展的领域，应树立终身学习观念，积极参加专业组织的培训和研讨会，与其他教育专业人士交流经验和观点。教师还应制订继续教育计划，不断提升自己。

（四）师生关系：助力价值实现

关注学生的全面发展，并与学生建立密切的关系。教师们愿意倾听学生的需求和困扰，并且给予关怀和支持。通过与学生的交流和互动，教师们能够对学生的生活产生积极影响，这使他们感到满足和幸福。总的来说，对教育事业的热爱在城市小学教师职业幸福感中体现在多个方面。教师们热爱教育事业，学生的成长和成功让他们感到满足，同时也享受教学的乐趣。不断学习和提高自己的专业知识和教学能力，以更好地满足学生的需求。教师们与学生建立密切的关系，通过影响和引导学生的成长，体验自己的影响力和幸福感。最重要的是，教师们深知教育事业对社会的重要性，愿意为社会做出贡献，这种使命感也使他们感到满足和幸福。

二、对职业收益的满意

教师的职业收益可以分为两部分，一部分是物质收益，也就是教师的工资待遇，主要包括薪酬、福利和职业发展机会等；另一部分为情感收益，教师在与学生、与其他科任老师相处过程中获得的积极情绪回馈。其中,物质收益是基础保障,精神收益是价值体现。教师对于物质收益和精神收益的满意度,能够决定教师从业的幸福度。相关研究表明,提高福利待遇在一定程度上能够提升教师的职业幸福感,但这不是主要途径,高收入并不能完全带来高度的职业幸福[1]。中小学应该物质激励和精神激励并举,精神激励和情感关爱对于提高教师职业幸福感大有裨益。

(一)物质收益

物质收益是教师职业满意的基础。对于城市小学教师而言,城市优渥的物质条件,相关人才引进政策以及附带的资源是教师选择职业的重要因素之一。在现实生活中,物质利益是调动员工工作积极性的前提。马斯洛需求层次理论表明,人只有在满足基础的物质需求,从解决温饱到衣食住行后,才会追求更高层次的价值实现以及精神需求。目前,我国教师的薪酬相比其他行业还是有保障的,而且教师可以享受到一些特殊的福利,比如暑假、寒假等。

(二)精神收益

教师在学生学业成就上的贡献是最大的满足之一。当教师看到自己的学生取得进步、成绩提升或达到个人目标时,会感到极大的满足。这种成就感来自教师对学生的辅导和指导,帮助学生克服困难、挖掘潜能和实现自己的目标。当学生和家长对教师的工作给予肯定和认可时,教师会感到满意。这包括学生的感谢之词、家长的赞扬或学生在评价中提及教师对学习的积极影响。这些反馈让教师感到自己的工作得到了他人的认可和尊重。教师对于自身的专业发展和成长非常重视。当教师有机会参加专业培训、学习新的教学方法或探索教育领域新知识时,他们会感到满意。通过持续的专业发展,教师能够提高自己的教学能力和知识水平,为学生提供更好的教育体验。教师之间互相支持和合作也是教师满意的重要因素之一。当教师能够与同事们分享经验、交流教学方法或解决教学难题时,他们会感到被理解和支持。教师社群的合作和互助可以增强他们的归属感和满意

---

[1] 张玉柱,金盛华. 高校教师职业幸福感调查与影响因素分析[J]. 教育科学,2013,29(5):51-57.

度，同时提供了一个共同成长的平台。教师通常享有一定的教学自由，可以根据学生的需求和兴趣来设计教学活动和课程。这种自由和创造性使教师能够根据自己的专业判断和经验，灵活调整教学方法和策略，为学生提供个性化和富有创意的学习体验。当教师看到自己的创意和努力使学生产生积极反应时，他们会感到满意。

三、对现职业的成就感

教师对于职业的成就感受到内部因素和外部因素的影响。就内部因素而言，教师的职业成就感受到个人价值观、自我对于成就的认知和期待以及个人对于成就的归因的影响。而影响个人成就感的外部因素来源于教师对于学生的学业成就以及各种情感反馈，高成就感的教师更容易体验到职业幸福感，而低成就感的教师往往不容易体验到职业幸福感[1]。

（一）内部因素

人是独立的个体，每个独立的个体在工作中的各种行为表现，以及对于各种事务的认知都是不同的，其行为背后都有一定的思想观念和价值观念作支撑。对于教师而言，不同的职业价值观会导致不同的工作态度和工作行为，本研究暂时将职业价值观细分为职业认知、职业情感、职业信念。

1. 职业认知

教师个人对教育工作的认知和理解。这包括对教育目标和意义的理解，对教育者角色的认同以及对教育过程和教育价值观的看法。教师个人的职业认知会影响他们对于自己在教育中的作用和贡献的认知，从而影响其职业成就感。

2. 职业情感

教师个人对教育工作所产生的情感体验。教师对于学生的情感投入、对于教育事业的热爱和对于教学过程中的乐趣和满足感的体验都会影响其职业成就感。教师个人对于教育工作所产生的积极情感，如喜悦、成就感和自豪感，会大大提升其职业成就感。

---

[1] 邓睿. 我国中学教师职业成就感问题研究[D]. 上海：华东师范大学，2011.

3. 职业信念

教师个人对于自己在教育工作中的能力和影响力的信念。这包括教师对自己教学能力的自信程度，对于能够对学生产生积极影响的信念，以及对于教育工作中遇到困难时的应对信念等。教师个人的职业信念会影响他对于自己教育成就的评价和对自身能力的认知，从而阻碍职业成就感的形成。

（二）外部因素

1. 来自学生的学业成就

教师对学生学业成就的影响是最大的成就感之一。当教师看到自己的学生成绩提升或在学业上获得成功时，会感到极大的满足。这种成就感来源于教师对学生的辅导和指导，帮助他们克服困难、挖掘潜能和实现自己的目标。教师看到自己的努力和投入在学生身上得到回报，这种成就感会激励他们继续努力。教师不仅关注学生的学业成就，也关注学生的全面发展。当教师看到学生在知识、技能和个人品质方面的成长时，会产生成就感。教师在培养学生的创造力、批判性思维、合作能力、社交技巧等方面发挥重要作用。当教师看到学生在这些方面取得进步获得成长时，会感到满足，这意味着他们对学生的教育产生了积极影响。

2. 来自各种情感反馈

学生和家长的反馈和认可对于教师的成就感至关重要。这种认可和赞誉是教师自我肯定的重要来源。教师的工作对社会具有重要影响力，这也是教师成就感的一部分。教师培养和教育的学生将成为社会中的一员，他们的知识、技能和价值观将在社会中发挥作用。当教师看到自己对学生的教育产生积极影响，并为社会培养出有才华、有责任心和有道德观念的公民时，会感到自己有所成长和发展。教师若想获得自身的职业成长和专业发展，需要积极参加专业培训、学习新的教学方法和教育理论，以提升自己的教育水平和教学能力。当教师不断发展自己的专业知识和技能，并应用于教学实践时，会产生成就感。这种成就感来自教师对自我提升和专业发展的投入，以及将新的教育理念和教学方法应用于课堂教学，为学生带来更好的学习体验和成果。

四、来自职业的认同感

教师职业认同是教师尽责敬业创造性做好教书育人工作的基础，它关系到教师自身的职业发展，关系到学生的健康成长与成才，关系到建设人力资源强国战略的实施，影响中华民族的伟大复兴[1]。教师的职业认同感与教师工作开展息息相关，对教师参与工作的积极性与教学成果均有重要的影响作用。从社会学和心理学研究领域来说，认同感是指个体或者团体认为自己是谁，对自己进行定位，并建立与他人之间的关系的一系列目标及过程。认同感具有双重结构，包括社会认同和自我认同。依据教师的职业认同感，本研究将认同感划分为教师对于自我职业的认同感，以及学校、家长、学生对于教师的社会认同感。

（一）自我认同

教师对于自我的认同感，主要来源于教师对于职业的价值观、职业的归属感、职业效能感。（1）从积极心理学的研究视角来说，教师的职业价值观主要体现在教师自我对于教师职业的认知，可以划分为教师对于社会价值的认知和教师对于个体价值的认知，社会价值是对于教师职业的社会价值认同，是建立对于自己职业的社会价值评价，良好的职业价值观会使教师积极应对教育工作，具备教育情怀，加大对于工作的投入力度。而消极的社会价值认同会削弱教师的工作积极性，会建立功利性的教育价值观，在教书育人过程中不能树立积极的教育形象，消极怠工。个体价值认知是教师对于自我价值的认同，是对从事教书育人工作积极的心理评价。（2）教师的职业归属感是教师行为倾向的方向标，教师对于职业是否具备归属感，决定了教师在教育学生的过程中投入的精力、心力、能力，教师具备职业归属感就是认同自己是教师群体中的一员，是学校组织中的一员，是传道授业解惑的师者。简单来说，教师如果具备职业认同感，就会把学校、学生当作自己的"家庭"及"家庭成员"来对待，直接影响教师社会群化行为倾向以及融入职业的意愿和倾向。（3）职业效能感是教师承担教育工作获得成就感的重要指标[2]，对教师能否胜任教育工作，能否树立良好的职业信念，能否建立职业认同产生重要影响，具体体现在教师的抗压能力上，高职业效能感能够帮助教师正确地看待压力，并且积极地面对压力，将压力转化为动力，挑战自

---

[1] 蒋晓虹. 教师职业认同程度和教师职业发展 [J]. 东北师范大学学报（哲学社会科学版），2012（1）:231-233.

[2] Jex S M, Gudanowski D M.Eficacy beliefs and work stress:An exploratory study[J]. Journal of Organizational Behavior, 1992, 13（5）:509-510.

我，实现成长。低职业效能感则让教师对于压力产生恐惧感，陷入恐慌之中，不能很好地解决工作中的困难和挑战，难以突破自我。

（二）社会认同

随着社会经济的高速发展，教育被认为是国家和社会进步的基石。教师的地位越来越重要，社会对于教师的认可度越来越高。一方面，学校为国家培养人才，是祖国未来人才的孵化基地，家庭、社会对于学校和教师充满期望。另一方面，教师通过系统的学习，具备丰富的专业知识，而且博学、好学，因此，社会给予教师高度评价。近些年，我国出台了一系列相关规章制度，保障教师利益，促进教师职业发展。教师作为教育的主要实施者，其工作对于培养学生知识、技能和价值观至关重要。社会普遍认同教师在培养未来人才和社会建设方面的贡献。教师这一职业被认为是崇高和有价值的。专业知识和技能在社会中日益受到重视，并获得认可和尊重。学生对于教师的认同感是教师职业发展的第一内驱力，能够有效地促进教师的职业发展，提升教师参与教学的积极心理暗示，能够给予教师正向的情感反馈。在教师日常教学中，学生认同教师，认同教师的教学行为，从而进行正常的施教活动。学生的高度认可能够有效地促进教师的自我价值感、自我认同感的提升，从而形成积极的心理暗示，更有效地投身于教育事业，工作也能够带给教师幸福感。教学过程中，学生对教师具有认同感，就会认同教师的教学行为，减少抵触情绪，促使教学工作顺利进行。如果学生对于教师缺乏认同感，那么教师就无法顺利开展教学工作。

（三）家长认同

家庭、学校、社会对于教育的作用是密不可分、相互联系的，其中教师和家长作为教育的两大主体，主要承担教育青少年的责任。因此，教师工作的开展离不开每个家庭的支持，更离不开每一位家长的协助。所有工作的开展都建立在家长对于教师的认同基础上，家长对于教师的认同与依托，对于教师工作开展的信任与支持，对于教师的理解与帮助，从而营造良好的教育氛围，是建立良好家校关系的必要条件，"亲其师，重其道"塑造的就是良好的家长、学生与教师之间的关系。（1）学生的学习和发展。家长希望孩子能够获得良好的教育和全面发展。家长认可教师在培养学生学习兴趣、知识技能和个人品质方面的作用。家长希望教师能够激发学生的学习动力，关注其个性和需求，挖掘其潜能。（2）教育合作伙伴关系。家长希望与教师建立积极的合作伙伴关系，共同关注孩子的发展。家长认可教师在教育决策、学习指导和学生行为管理方面的专业知识和经验。通过与教师的紧密合作，家长能够更好地了解孩子的学习状况，并与教师共同制定学习目标和支持措施。（3）信任和尊重。家长希望教师能够以专业和尊重的态度对待学生和家庭。家长认可教师的教育专业素养和教学经验，并愿意信任其教育决策和教学方法。家长希望教师能够尊重每名学生的个性和差异，并提供适当的支持和关怀。（4）沟通和反馈。家长期望与教师建立良好的沟通渠道，及时了解学生的学习情况和表现。家长希望教师能够及时提供学生的学习进展和问题反馈，共同探讨解决方案。有效的沟通和反馈可以增强家长对教师的信任和认同，并促进家校合作。（5）教育价值观的契合。家长希望教师能够传递积极的教育价值观，并在教育过程中培养学生正确的价值观和道德观。家长希望教师能够培养学生关心他人、尊重多样性、责任感等重要品质。

（四）学校认同

学校对教师的认同对于建立积极的教学环境和提高教育质量起至关重要的作用。（1）专业发展支持。学校应该提供专业发展支持，包括培训机会、研讨会和教学资源等，帮助教师不断提升自己的教学技能和知识水平。学校可以组织内部培训活动或邀请外部专家来校进行专业指导，以帮助教师更好地成长。（2）反馈和评估机制。学校应该建立有效的反馈和评估机制，为教师提供建设性的反馈和指导。通过定期观察课堂和评估教学效果，学校可以识别教师的优势和改进点，并提供支持和资源帮助教师不断提高。（3）资源和设施支持。学校应该为教师提供必要的教学资源和设施，以支持教师的教学工作。这包括教材、实验设备、图书馆资源、电子设备等。学校还应该为教师提供一个良好的教学环境，如秩序井然的教室和舒适的办公空间，以及先进的技术设施。学校应该建立一种尊重和合作的文化氛围，让教师感到自己的工作和意见受到重视。学校管理层和教师之间应该建立良好的沟通渠道，鼓励教师参与决策和学校事务的讨论。（4）薪酬和福利待遇。学校应该提供合理的薪酬和福利待遇，以吸引和留住优秀教师。合理的薪酬政策和福利计划可以激励教师付出更多努力，并增强对学校的认同感。学校对教师的认同和支持是建立良好的学习环境和提供优质教育的基础。通过提供专业发展支持、反馈和评估机制、资源和设施支持，以及建立专业尊重和合作文化，学校可以促进教师的成长和发展，提高教师的工作满意度和教学质量。

五、自我内心的满足感

教师的自我内心的满足感是个体从内部获得的满足和幸福感。它是与个人内在需求、价值观和目标的实现相关联的。自我接纳和自尊是自我内心的满足感的基础。当个体能够接受自己的弱点和不完美之处，并且具备积极的自尊和自爱态度时，他们能够建立积极的内在关系，并从中获得满足感。自我实现和成长对于自我内心的满足感至关重要。当个体能够发展和运用自己的潜力、追求自己的目标，并不断学习和成长时，他们会产生满足感和成就感。自我实现是指个体充分发挥自身的能力和潜力，寻找并追求自己的目标和梦想。个人价值和意义也对自我内心的满足感起到重要作用。当个体能够找到自己的人生目标和使命，并将其与自己的行动和生活联系起来时，他们会感到满足和有意义。个人的价值观和人生意义是个体在追求幸福和满足感过程中的指导原则和动力。同时，积极的情绪和心理状态也是自我内心的满足感的重要组成部分。当个体经历积极情绪，如喜悦、满足和平静时，他们会感到内心的满足和幸福。积极的情绪和心理状态可以提升个体的幸福感，增强内心的满足感。自我关怀和自我调节对于自我内心的满足感至关重要。当个体能够照顾自己的身心健康，平衡工作与生活，以及有效地应对挑战和压力时，他们能够获得内心的满足感。自我关怀和自我调节包括对自己的需求和边界的关注，以及积极应对困难和挫折的能力。自我内心的满足感是个体从内部获得的满足和幸福，它与个体的自我接纳、自我实现、个人价值和意义、积极情绪和心理状态，以及自我关怀和自我调节密切相关。通过培养积极的自我关系、追求自我实现和成长、寻找个人价值和意义，以及培养积极情绪和心理状态，个体可以增强自我内心的满足感，并在生活中获得更多的幸福和满足。教师的自我内心的满足感是个体从内部获得的满足和幸福。它是与个人内在需求、价值观和目标的实现相关联的。自我内心的满足感主要体现在以下几个方面。

（一）自我接纳和自尊

当个体能够接受自己的弱点和不完美之处，并且具备自尊和自爱态度时，他们会建立积极的内在关系，并从中获得满足感。自我实现和成长对于自我内心的满足感至关重要。当个体能够发展和运用自己的潜力、追求自己的目标，并不断学习和成长时，他们会产生满足感和成就感。通过访谈数据我们得知，教师自我内心的满足感是影响教师幸福感的重要因素之一，其中自我满足感是建立在自我接纳和自尊的基础之上的。教师要对自己的身份有正确的认知，也要通过教师身份的建立，树立自尊和自信，进行积极的心理建设，满足自己作为教师的行业追求。自我接纳度较高性格外向的教师，比自我接纳度低性格内向的老师，更容易感到幸福，他们能够更快地融入教师群体，更好地与学生、家长进行交流沟通，在处理事情时具备积极心理暗示，因此，教师具备自尊以及自我接纳度，能够促使其自我内心感到满足，从而获得教师职业幸福感。

（二）个人的价值观和自我实现

自我实现是指个体充分发挥自身的能力和潜力，寻找并追求自己的目标和梦想。同时，积极的情绪和心理状态也是自我内心的满足感的重要组成部分。当个体经历积极情绪，如喜悦、满足和平静时，他们会感到内心的满足和幸福。积极的情绪和心理状态可以提升个体的幸福感，增强内心的满足感。个人价值和意义也对自我内心的满足感起到重要作用。当个体能够找到自己的人生目标和使命，并将其与自己的行动和生活联系起来时，他们会感到满足和有意义。

（三）自我关怀和自我调节

当个体能够照顾自己的身心健康，平衡工作与生活，以及有效地应对挑战和压力时，人们能够获得内心的满足感。自我关怀和自我调节包括对自己的需求和边界的关注，以及积极应对困难和挫折的能力。自我内心的满足感是个体从内部获得的满足和幸福，它与个体的自我接纳、自我实现、个人价值和意义、积极情绪和心理状态，以及自我关怀和自我调节密切相关。通过培养积极的自我关系、追求自我实现和成长、寻找个人价值和意义，以及培养积极情绪和心理状态，个体可以增强内心的满足感，并在生活中获得更多幸福和满足。

第二节 城市小学教师职业幸福感的影响因素

一、社会因素

（一）工作环境

城市小学教师的工作环境对于他们的职业幸福感产生重要影响。一个良好的工作环境可以提供舒适的工作条件、积极的工作氛围和合理的工作负荷，从而增强教师的职业满意度和幸福感。首先，舒适的工作条件对于教师来说至关重要。这包括良好的办公设施、先进的教学设备以及宽敞明亮的教室。这些条件可以使教师更加专注于教学工作，提高工作效率。其次，积极的工作氛围是促进教师职业幸福感的重要因素之一。一个积极向上的工作氛围可以鼓励教师之间的合作和支持，增强师生之间的互动和联系。这种积极的氛围可以帮助教师克服工作中的挫折和困难，增强对教学工作的投入感和满意度。最后，合理的工作负荷对于教师的职业幸福感也很重要。过高的工作压力和负荷会使教师感到疲惫和压力过大，降低他们的工作满意度。因此，学校和教育部门应该合理规划教师的工作任务和工作时间，确保他们有足够的时间和精力来完成各项工作，从而提高他们的职业幸福感。

（二）社会支持

城市小学教师的职业幸福感还受到社会支持的影响。社会支持包括来自家庭、同事、上级以及社会其他成员的支持和鼓励。家庭的支持对于教师的职业幸福感产生重要影响。家庭的理解、支持和鼓励可以帮助教师更好地应对工作中的各种挑战和压力。家庭的稳定和幸福也为教师提供一个安全和温暖的后方，增强他们的幸福感。同事和上级的支持对教师的职业幸福感产生积极影响。一个团结、支持和合作的团队可以为教师提供他们所需的支持和帮助，减轻工作负担，增强自信心和幸福感。上级的认可和赞扬也可以增强教师的工作动力和满意度。此外，社会的支持和鼓励也对教师的职业幸福感起到重要作用。社会的认可和尊重可以增强教师的自尊心和自豪感，提高他们对教育事业的投入感和幸福感。政府和社会应该加强对教师的关怀和支持，为他们创造良好的工作环境，提供合适的机会。城市小学教师的社会地位和受认可和尊重程度对教师的职业幸福感产生深远影响。城市小学教师的社会地位和受认可和尊重程度直接关系到他们在教学工作中的自豪感和满足感。当社会对教师职业的重视程度提高，将教师视为社会建设的贡献者时，教师会感到自豪和满足，从而提升职业幸福感。城市小学教师的社会地位反映了社会对教育事业和教师职业的重视程度。例如，社会上尊师重教风气的形成，家长、学生对教师工作的尊重，公共场合"教师为尊""为教师让座"等礼仪的延续等，都是教师社会地位的直观体现，都是可体验到的教师社会声望[1]。因此，社会应该加强对教师的宣传和推广，提升教师的社会形象和地位，让教师成为社会的焦点和榜样。教师受认可和尊重程度对其职业幸福感产生直接影响。当教师的工作得到学生、家长、同事和社会的认可和尊重时，他们会感受到来自周围环境的支持和肯定，增强了自我价值感和职业满意度。因此，教育政策和制度应该鼓励学生、家长和社会各界对教师的认可和尊重，通过表彰和奖励等方式，激励教师的积极性和创造性。建立合理的评价体系也是提高教师社会地位和受认可和尊重程度的重要措施。评价体系应综合考量教师的教学能力、专业发展、学科研究和社会贡献等因素，客观公正地评价教师的工作表现。公正的评价体系，可以有效激发教师的积极性和创造性，提高他们的职业幸福感。

（三）社会认可

社会认可是指社会对城市小学教师所从事工作的重视和认可程度。社会认可是教师职业幸福感的重要因素之一。首先，教师的社会地位和声望对于他们的职业幸福感产生重要影响。当社会对教师的地位和声望给予足够的重视和认可时，教师会感到自豪和满足，增强他们对工作的投入感和幸福感。其次，教师的收入和福利待遇也是社会认可的一种体现。当教师的工资和福利待遇能够得到公平和合理的保障时，教师会感到被社会认可和重视，提高他们的职业幸福感。最后，社会媒体和舆论对教师的评价也会影响他们的职业幸福感。当媒体和舆论给予教

---

[1] 周洪宇,程光旭,宋乃庆,等.学习贯彻全国教育大会精神 加快推进教育现代化[J].陕西师范大学学报（哲学社会科学版），2018,47(6):5-28.

师正面评价和赞扬时，教师会感到被认可和鼓励，增强他们对工作的热情和幸福感。提升社会认可度，社会应加强对教师的宣传和推广，提升教师的社会形象和地位。媒体、社会组织和政府可以通过宣传教师的优秀事迹和贡献，让公众更加了解和认可教师的重要性和价值，从而提高教师的社会地位。教育政策和制度应该鼓励学生、家长和社会各界对教师的认可和尊重。学校可以开展各种形式的表彰和奖励活动，以激励教师的积极性和创造性。此外，建立家校合作机制，让家长参与到教育决策和教学活动中，增强对教师的支持和认可。建立合理的评价体系也是提高教师社会地位和受认可和尊重程度的重要措施。评价体系应该客观公正地评价教师的工作表现，综合考量教学能力、专业发展、学科研究和社会贡献等因素。通过建立科学、公正的评价机制，可以激发教师的积极性和创造性，提高他们的职业幸福感。城市小学教师对于职业发展机会的感知和实际机会的存在也会影响职业幸福感。当教师有机会参与专业培训、继续教育和专业交流活动，能够不断提升自己的专业水平和发展前景时，会感到被重视和支持，从而提高职业幸福感。

二、政府因素

政府的政策支持对于教师的职业幸福感至关重要。当政府制定有利于教师发展和教育改革的政策时，教师会感到被重视和支持。这包括提供良好的薪酬福利待遇、创造良好的工作环境、创造职业发展机会等。

（一）薪酬福利

政府通过政策引导，推动教育资源的公平分配，确保城市小学教师能够获得足够的支持和资源。当政府增加对教育领域的投资，提供足够的教育经费，用于改善学校设施、购买教学资源和支持教师专业发展时，教师会感到被重视和支持，从而提升职业满意度和幸福感。政府通过制定相应的政策和计划，为城市小学教师提供职业发展机会和支持。这包括提供专业培训和继续教育机会，支持教师参与研究和创新项目，以及提供职业晋升的机会。当教师有机会不断提升专业水平、发展职业前景时，他们的职业幸福感会得到提升。政府可以采取措施，保障城市小学教师的权益和利益。这包括建立健全的劳动法律法规，确保教师的工作条件、待遇和权益得到充分保护。

（二）工作环境

政府可以提供相关的咨询和支持机构，帮助教师解决工作中遇到的问题和困难，增强教师的职业安全感和幸福感。为了提高教师的职业幸福感，教育部门和学校管理者应积极向教师传递职业发展信息，并提供职业规划和培训指导。通过透明的职业发展信息和指导，教师可以了解自身的发展空间和职业晋升的机会，从而增强对职业发展的感知。教育部门和学校管理者应提供多样化的职业发展途径，为教师提供晋升通道、培训计划、教研交流和教学创新项目等机会，以丰富教师的职业发展选择，并激发他们的工作动力和积极性。学校可以建立导师制度，为教师提供个别指导和支持，促进他们的职业成长。建立公平的评价与晋升机制也很重要。教育管理者应确保评价和晋升机制的科学性和公正性，以能力和业绩为基础，为教师提供公平的竞争环境和晋升机会。此外，建立多层次的职业发展路径，让教师有不同的发展选择和机会，以满足他们个体化的职业需求。教育部门和学校管理者应加强与教师的沟通，提供职业发展信息和指导，为教师提供多样化的发展途径和公平的评价与晋升机制。这些举措将有助于提高教师的职业满意度和幸福感，进而促进教育事业的发展和提升教育质量。

（三）职业机会

政府因素对城市小学教师职业幸福感的影响是深远的。政府在提供教育资源和设施方面扮演重要角色。政府通过投资建设现代化的学校设施和提供先进的教育技术，为教师创造了良好的工作环境，还为教师提供了更多的教学工具和资源，从而增强了他们的职业满意度。政府提供职业培训和进修机会也对教师的职业幸福感产生重要影响。政府可以组织和资助教师参加专业培训、研讨会和研究项目，以提高他们的教学能力和专业素养。通过不断学习和自我提升，教师能够更好地应对各种教学挑战，并获得职业成长的机会，从而提高其幸福感。政府的薪酬政策和福利待遇也是影响教师职业幸福感的重要因素之一。政府可以为教师提供公平合理的薪酬，以及具有竞争力的福利待遇，如医疗保险、退休金等。这些福利政策能够满足教师的基本需求，增强他们的安全感和满意度，从而提高其职业幸福感。政府在教育政策和规划方面的作用对教师的职业幸福感产生重要影响。政府可以制定合理的教育政策，为教师提供明确的教学目标和评估标准，减小他们的工作压力。此外，政府还可以推动教师参与决策过程，为他们提供发表意见和建议的机会，增强他们的参与感和工作满意度。

三、学校因素

学校对于城市小学教师的职业幸福感产生重要影响。学校因素包括学校管理、教育资源和学校文化等。本研究将从学校领导与管理、教育资源和学校文化等方面详细探讨城市学校因素对城市小学教师职业幸福感的影响。

（一）环境氛围

城市小学教师的职业幸福感是教育领域研究的重要课题之一。城市小学教师的职业幸福感直接影响其工作表现、教育质量和教学效果。在社会因素的影响下，学校文化、领导支持、同事关系、工作氛围、职业发展机会、工作负荷与平衡以及师德建设等方面的因素都会影响城市小学教师的工作满意度和幸福感。为了提高城市小学教师的职业幸福感，学校应营造良好的工作环境和氛围，提供支持和发展机会，加强师德建设，从而激发他们的工作动力和满意度。只有教师在积极、支持性和合作性的学校环境中，才能充分发挥他们的潜能，提供优质的教学服务。学校的文化是指学校的价值观、信念和行为模式。积极向上、鼓励创新和发展的学校文化有助于提高教师的职业幸福感。学校可以鼓励教师的自主权和专业发展，提供积极反馈和认可，让教师感到自己的工作被重视和重要，从而增强他们的职业满意度和幸福感。学校应该提供先进的教学设备和场所，如多媒体教室、实验室、图书馆等，为教师创造良好的教学环境。这些设施不仅可以提升教学效果，还能增强教师的教学乐趣和成就感。教育资源还包括教材、教辅材料和图书等。学校应该提供丰富多样的教育资源，以满足教师的教学需求。足够的教材和教辅材料可以帮助教师更好地备课和教学，提高教学质量和教学效果。学校还应该提供必要的培训和专业支持。教师可以通过参加培训课程、研讨会等方式不断提升自己的专业能力。同时，学校还应提供专业的指导和咨询服务，帮助教师解决教学中的问题和困惑。这些资源和支持可以增强教师的教学信心和满意度，提高他们的职业幸福感。良好的工作氛围是提高教师职业幸福感的重要因素。学校应营造积极、和谐和支持性的工作氛围，让教师感到舒适和愉快。这可以通过鼓励教师参与决策、建立公平和透明的评价机制、提供良好的工作条件和资源等方式实现。建立支持性和合作性的同事关系可以增强教师的职业满意度和幸福感。学校可以提供团队合作的机会和平台，鼓励教师互相学习和分享经验，促进同事之间的支持和合作。教育资源是指学校拥有的教育设施、教材、技术设备等。充足的教育资源可以为教师提供更好的教学条件和支持，对于他们的职业幸福感产生重要影响。

（二）管理制度

学校领导对于教师的职业幸福感至关重要。优秀的学校领导能够营造积极的工作氛围和学习文化，给予教师充分的支持和认可。学校领导应具备出色的管理和组织能力，能够提供清晰的目标和期望，并为教师提供必要的资源和支持，以促进教学和专业发展。学校领导与管理者对于教师的职业幸福感产生重要影响。优秀的学校领导可以提供良好的工作环境，使教师能够充分发挥自己的才能和潜力，从而增强他们的职业满意度和幸福感。学校领导应该具备良好的管理能力和领导才能。他们能够有效地组织和管理学校的各项工作，为教师提供必要的支持和资源。良好的管理能力可以帮助学校领导合理分配教师的工作任务和负荷，减小教师的压力，增强他们的工作满意度。学校领导应该倾听和尊重教师的意见和建议。他们应该与教师保持密切的沟通和合作，了解他们的需求和困难，并及时采取措施加以解决。这种关注和关怀可以增强教师的参与感和归属感，提高他们的职业幸福感。学校领导还应该重视教师的职业发展和成长。他们应该提供相关的培训和发展机会，帮助教师不断提升自己的专业水平和能力。这种关注和支持可以激发教师的学习动力和工作激情，增强他们的职业满意度和幸福感。当学校营造一个积极的合作氛围，鼓励教师之间相互支持和交流经验时，教师会感到受尊重和认可。学校还应提供专业发展机会、教学团队合作和互助，以及良好的沟通机制，帮助教师解决问题和分享成功经验。学校提供的教学支持和反馈机制对于教师的职业幸福感至关重要。有效的教学支持，如教学培训、课程设计指导和教学资源分享，能够提升教师的教学能力和自信心。此外，提供及时、具体的教学反馈，帮助教师了解自己的优势和改进点，也是提高教师职业幸福感的重要因素。学校的文化和氛围对于教师的职业幸福感产生重要影响。积极向上的校园文化注重师生关系的建立和维护，学校领导应提供及时的反馈和指导，鼓励教师参与决策和教学改进，帮助他们克服困难和挑战。学校领导还应创建良好的工作环境，鼓励教师创新和发展，从而提高教师的职业满意度和幸福感。

（三）发展前景

学校可以提供持续的专业发展计划来促进教师的职业发展。这些计划包括教师培训课程、研讨会、工作坊和学术会议等。通过参与这些活动，教师可以更新自己的教学知识和技能，拓宽教学方法和策略的范围，并了解最新的教育研究和政策。这不仅有助于提高教师的专业水平，还能为他们的职业发展铺设更广阔的道路。学校应鼓励和支持教师参与研究和创新项目。学校可以建立研究团队或教师专业发展小组，提供资源和支持，帮助教师进行研究和创新实践。这可以激发教师的创造力和工作热情，促进他们在教学领域的创新，并为他们提供进一步发展的机会，如发表论文、参与学术会议等。这种积极的学校环境能够增强教师的工作动力和职业满意度。学校应提供晋升机会，激励教师的职业发展。学校应设立不同级别的职称，并建立公正透明的晋升制度，鼓励教师通过不断学习和专业发展获得晋升机会。此外，学校还应为教师提供担任教学团队负责人、学科组长或校本课程开发的机会，培养他们的领导能力和教育管理技能。这能够增强教师的职业认同感和自我实现感。学校还应建立良好的师生关系和同事间的合作氛围。积极的校园文化和良好的人际关系可以增强教师的职业满意度和幸福感。学校应鼓励教师之间的合作和互助，促进交流和共享教学经验，为他们提供互相支持和认可的环境。

四、自身因素

教师自身因素也会对教师职业幸福感产生影响，教师自身因素主要包括教师的个体特质、身心特质和职业品质。个体特质是指教师的人格特质，而身心素质则是指教师的自我认知、职业动机、情绪管理、工作态度等方面。这些因素会影响教师对职业的满意度和幸福感。

（一）个体特质

教师的人格特征主要包含：情绪稳定型、外向型、开放型、随和型和谨慎型。不同人格特征的教师对幸福感的体验是不一样的，很多心理学的理论已经证实这一点。在访谈中，有的教师表示：关于幸福感的体验应该是因人而异的，由于自己是比较外向的性格，而且是新入职的教师，没有体会到工作压力，但是，有些比较内向的教师，在工作中遇到困难和困境时是不愿意跟别人交流的，这会导致他们有不一样的体验。由此可见，不管是教师还是其他职业的人，积极乐观的人更容易获得幸福感，反之，则不容易体会到幸福感，这就需要学校特别关注不同人格特征的教师，尤其要关注比较内向的教师，多对其进行引导和指导。

（二）身心素质

教师的自我认知对于职业幸福感产生重要影响。教师应了解自己的职业价值观、职业目标和职业优势，明确自己的职业角色和责任。自我认知有助于教师更好地理解自己在教育事业中的意义和价值，增强对教学工作的自信心和满意度。教师的内在动机，如对教育事业的热爱、对学生成长的关注、追求教学质量的欲望等，会促使教师更加投入从事教育工作。同时，外在动机，如获得认可和奖励，也能够增强教师的职业满意度和幸福感。教师在工作中面临着各种挑战和压力，良好的情绪管理能够帮助教师更好地应对工作中的困难和压力，提高职业满意度和幸福感。教师可以通过积极的情绪表达、寻求支持、寻找情绪调节的途径等方式，提升情绪管理能力，增强职业幸福感。教师的工作态度对职业幸福感产生重要影响。积极的工作态度包括热情投入、乐于学习和成长、对学生关怀和支持等。教师应对教育工作抱有积极的态度，对教学工作充满热情和动力，从而增强职业满意度和幸福感。教师的自我效能感是影响职业幸福感的重要因素。自我效能感是指教师对自己能够成功完成工作任务的信心和信念。当教师具有较高的自我效能感时，他们更有动力面对工作中的各种挑战，应对工作中的各种困难，从而提高职业满意度和幸福感。教师应不断提升自身的教学能力和专业素养，如参加培训课程、学习教育研究、探索教学创新等。个人成长和学习能够增强教师的自信心和满足感，提升工作质量和满意度。教师面临的工作压力和时间要求较高，因此，合理安排工作时间、关注个人生活需求、培养兴趣爱好等是维持工作与生活平衡的重要策略。当教师能够平衡工作与个人生活时，他们就会更好地调节工作压力，提高职业满意度和幸福感。教师应制定职业目标和规划，明确自己的职业发展方向，并为实现这些目标制订相应的行动计划。清晰的职业规划能够让教师感到自己的工作有意义、有价值，增强对教育事业的投入程度和满足感。

（三）职业特质

教师的职业热情和教育使命感是影响其职业幸福感的重要因素之一。教师对教育事业的热爱和对学生成长的关注可以使他们对教学工作充满激情和动力。教师将自己的价值观和教育理念融入教学实践中，能够更好地实现自我价值和职业成就感。教师的自我效能感对职业幸福感产生重要影响。自我效能感是指教师对自己能力的信心和对教学任务的预期成功。教师如果相信自己能够有效地影响学生的学习和发展，他们就会在工作中产生满意度和成就感。积极的自我效能感可以激励教师不断提高自己的教学能力和专业素养，进而提高职业幸福感。教师的职业承诺和职业认同感也与职业幸福感密切相关。教师的职业承诺指的是他们对教育事业的忠诚度和投入程度。教师如果对自己的职业有强烈的承诺和认同，他们会感受到工作的意义和满足。教师通过与学生、家长和同事建立良好的关系，可以增强职业认同感，进而提高职业幸福感。教师的自我反思和持续学习也对职业幸福感产生积极影响。教师通过不断反思和评估自己的教学实践，能够提高教学效果和专业发展。同时，积极参与学习和专业发展活动，如参加培训课程、阅读教育专业文献和与同行交流，有助于教师不断更新知识和拓展教学技能，提高职业满意度和幸福感。

第三节　城市小学教师职业幸福感的责任构成

社会责任是指个体或组织对社会所承担的义务和责任。教师的首要责任是培养学生的知识和能力，为他们提供全面的教育。教师通过知识传授、教育引导和行为榜样，塑造学生的品格和素质，培养他们成为有责任感、有创造力的社会人才。教师是社会价值观的传播者和引领者，他们通过课堂教学和言传身教，向学生传递社会主义核心价值观，如诚信、尊重、公平、合作等，引导学生形成正确的价值观念，并为社会的和谐发展做出贡献。城市小学教师致力于推动教育公平，消除教育资源的不均衡现象，为每名学生提供平等的学习机会和发展空间；而且关注弱势群体的需求，积极采取措施帮助他们克服困难，促进教育公平的实现。

一、社会责任及其意义

城市小学教师职业幸福感的责任构成中，社会责任及其意义起重要作用。教师履行社会责任不仅对个体发展具有意义，也对学生成长和社会进步产生积极影响。同时，教师通过履行社会责任，推动教育公平和参与教育改革，为社会建设做出了重要贡献。因此，履行社会责任是城市小学教师职业幸福感的重要组成部分，通过履行社会责任，城市小学教师能够实现个人成长和发展。他们通过教学和教育活动不仅获得专业知识和技能，还能够在与学生和家长的互动中提升自己的沟通能力、领导能力。教师在教育事业中的成就感和满足感来源于对学生学习进步的见证，对社会价值的贡献以及对自身能力的认可。教师为学生的发展提供了重要支持和引导，不仅是知识的传授者，更是学生成长的引路人。教师的教育教导和关怀可以激发学生的学习兴趣和潜能，促进他们的全面发展。当看到学生在知识、技能和品德方面取得进步和成就时，教师会产生成就感和满足感。教师通过培养良好的公民意识和价值观，为社会培养有道德、有责任心的公民。教师的工作和付出被社会认可和尊重，他们在社会中享有较高的地位和声誉，这种认可和尊重也是教师职业幸福感的重要来源之一。通过履行社会责任，教师能够实现个人成长和参与教育改革，发出自己的声音，发挥应有的作用。他们可以参与教育政策的讨论和制定，提出改革建议，并在实际教学中尝试新的教育方法和教学模式。教师的参与和贡献能够推动教育系统的改革和创新，提升整个教育体系的质量和效果。

（一）宣传责任：加大宣传力度，提高教师社会地位和声誉

随着网络技术的日益发达，舆论导向成为评价教师行业的重要风向标。研究表明[1]政府作为社会组织架构，应该加大对于教师行业的正面宣传力度，引导社会人群对于教师行业形成正确的认识。较高社会声望可以提高教师职业从业者的尊严感、成就感与幸福感，激励其投身教育事业、参与教育改革、创造教育业绩的热情与创造力。首先，从网络媒体发言中加大监管力度，对于没有经过调查就

---

[1] 周洪宇，程光旭，宋乃庆，等．学习贯彻全国教育大会精神 加快推进教育现代化[J]．陕西师范大学学报（哲学社会科学版），2018，47（6）：5-28．

对教师行业进行评论的媒体，加大监督和处置力度。要发挥社会舆论应有的价值和作用，宣传教师的正面形象，客观地评价教师的日常工作。对于违反师风师德的教师，要做个案处理，对于广大辛勤工作的教师，起到宽慰作用，减少社会对于教师的不良评价，维护教师原本的社会形象。加大宣传力度是提高城市小学教师职业幸福感的一项重要责任。通过积极宣传教师在培养下一代人才、塑造社会发展重要角色方面的贡献，可以提高公众对教师工作的认知和尊重。这包括教师在知识传授、品德教育和学生综合素养培养方面的努力。此外，宣传教师在教学过程中面临的挑战和困难，以及他们为了学生的成长付出的努力，可以引起社会关注和共鸣。政府加大对教师的宣传力度，可以增强社会对教师的认可和尊重，从而提高教师的职业幸福感。其次，提高教师社会地位和声誉是城市小学教师职业幸福感的重要责任构成。教师在社会中的地位和声誉直接影响着他们的工作环境和工作满意度。当教师受到社会的尊重和认可时，他们会感受到自己的价值和重要性，从而全身心投入教育教学工作中。为了提高教师的社会地位和声誉，可以采取多种措施。例如，政府可以通过提高教师的待遇和福利，激励更多优秀人才从事教育工作。同时，学校和教育部门可以加强对教师的培训和专业发展支持，提高教师的教育水平和专业能力。此外，社会各界可以积极参与教育事业，为教师提供支持和帮助，共同营造尊重教师的社会氛围。

　　加大宣传力度和提高教师社会地位和声誉对于提高城市小学教师职业幸福感具有重要意义。首先，这将有助于吸引更多人才从事教育工作。教师是培养未来接班人的重要角色，只有社会广泛认可和尊重教师，才能吸引更多有才华的人加入教育行业。其次，提高教师的职业幸福感将直接影响他们的工作质量和学生的学习成果。幸福感强的教师更有动力去关注学生的需求、创造积极的学习环境，并为学生的发展提供更好的支持和指导。最后，加大宣传力度和提高教师社会地位和声誉，可以为教育领域树立良好的榜样，发挥引领作用，进一步促进教育文化建设和社会素质的提升。加大宣传力度和提高教师社会地位和声誉是提高城市小学教师职业幸福感的重要构成。这对于吸引更多人才从事教育工作、提高教师的工作满意度和学生的学习成果，以及推动教育文化建设和社会素质提升具有积极意义。

（二）发展责任：联合发展，加强家校和社会合作力度

校社联合发展是提高城市小学教师职业幸福感的一项重要责任。校社联合发展指的是学校与社会资源的紧密合作与互动。学校作为教育的主要场所，应该与社会各界密切合作，共同为学生提供优质的教育资源和环境。在这个过程中，教师扮演着重要角色。教师应积极参与校外教育活动，与社会资源对接，为学生提供更广泛的学习机会和体验。此外，教师还应与社会各方共同探讨教育问题，参与教育改革和政策制定，为学校发展和教育创新贡献自己的智慧和经验。通过校社联合发展，教师可以拓宽自己的视野，提升专业能力，并且与社会资源形成互补关系，从而增强职业幸福感。加强家校和社会合作力度也是城市小学教师职业幸福感的重要责任构成。家校合作是指学校与家庭之间的密切合作，共同关注学生的全面发展。教师作为学生成长的引路人，需要与家长建立良好的沟通和合作关系。教师应定期与家长交流学生的学习情况和发展需求，共同制订适合学生的学习计划和目标。同时，教师还应积极参与家庭教育，为家长提供培训和指导，帮助家长更好地支持孩子的学习和成长。此外，教师还应与社会资源进行合作，引入社会机构和企业的支持，为学生提供更多实践机会和资源，丰富他们的学习经验。加强家校和社会合作力度，教师可以更好地满足学生的学习需求，提高教育质量，从而增强职业幸福感。校社联合发展和加强家校和社会合作力度对于提高城市小学教师职业幸福感具有重要意义。首先，这有助于提供更全面、更丰富的教育资源和环境，促进学生的综合发展。当学校与社会各界资源充分合作时，教师可以更好地满足学生的个性化需求，提供多样化的教育体验。其次，加强家校和社会合作力度可以建立一个更加紧密的教育共同体，形成教育共识和共同育人责任。家长、教师和社会各界共同参与教育，共同关注学生的成长和发展，形成良好的教育生态。最后，校社联合发展和加强家校和社会合作力度，可以提升教师的职业认同感和满意度，激励他们更好地投入教育工作，提升教学质量和学生成绩。这些责任构成对于提供优质教育资源、增强教师的职业满意度，以及形成良好的教育生态具有重要意义。

（三）创设责任：创设氛围，营造积极向上的社会环境

创设良好氛围是提高城市小学教师职业幸福感的一项重要责任。良好的工作氛围可以为教师提供发展的空间和条件，同时激发教师的工作激情和创造力。在小学教育领域，创设良好氛围涉及多个方面。首先，学校领导应营造一个支持教师创新和发展的环境，为教师提供学习和专业发展的机会。其次，学校应加强师德师风建设，倡导教师间的互助与支持，营造积极向上的工作氛围。最后，学校还应为教师提供良好的工作条件和教学资源，确保教师能够开展高质量的教育工作。通过创设良好氛围，教师可以获得更好的工作体验和职业满足感。

营造积极向上的社会环境也是城市小学教师职业幸福感的重要责任构成。社会环境对教师的工作和发展产生重要影响。一个积极向上的社会环境可以为教师提供支持、尊重和认可，增强他们的职业幸福感。为了营造这样的社会环境，需要多方面的努力。政府应加强教育投入，提高教师的待遇和福利，激励更多人从事教育工作。社会各界应加强对教育的关注和支持，参与教育事业，为教师提供帮助和资源。家长和学生应尊重和支持教师，形成良好的教育合作关系。营造积极向上的社会环境，可以提高教师的社会地位和声誉，增强他们的职业幸福感。创设良好氛围和营造积极向上的社会环境对于提高城市小学教师职业幸福感具有重要意义。这将为教师提供更好的工作条件和发展机会，促进其专业成长和个人成就。增强教师的自信和动力，激发他们更好地投入教育工作，提高教学质量和学生成绩。此外，创设良好氛围和营造积极向上的社会环境还可以促进社会全体成员的教育意识和素质的提升。

（四）分配责任：提供资源，关注教育资源的公平分配

积极推动教育公平和社会公益事业。教师关注教育资源的均衡分配，致力于为每名学生提供平等的教育机会和发展环境。教师通过参与公益活动、关注弱势群体的教育需求，为社会公益事业做出贡献，这种参与和奉献也增强了教师的职业幸福感。首先，提供充足资源是提高城市小学教师职业幸福感的一项重要责任。充足的教育资源包括教学设备、教材教具、科研支持等，对于教师的教学质量和工作效能起至关重要的作用。教师需要合适的教学设备和教具来支持他们的教学活动，以创造积极的学习环境和提供丰富的教学体验。此外，教师还需要适当的科研支持，以便进行教育研究和教学改进，不断提高自己的专业水平。因此，提供充足资源是提高城市小学教师职业幸福感的一项重要责任，可以增强他们的职业满意度和幸福感。其次，关注教育资源的公平分配也是城市小学教师职业幸福感的重要责任构成。教育资源的公平分配意味着每个学校和每位教师都能

够获得公平和合理的教育资源。在城市教育中，教育资源的分配往往存在差异，一些学校和教师面临资源匮乏的情况。这会对教师的工作产生负面影响，降低他们的工作积极性和职业满意度。因此，社会有责任确保教育资源的公平分配，通过一系列政策和措施来减小资源差距，提供公正的发展机会，这不仅有助于提高教师的职业幸福感，还有助于改善教育公平性，确保每名学生都能够获得优质的教育。提供充足资源和关注教育资源的公平分配对于城市小学教师职业幸福感具有重要意义。首先，这将提升教师的工作质量和教学效果，促进学生的学习成果。当教师有足够的教学资源支持时，他们能够更好地满足学生的需求，提供优质的教育服务。其次，公平分配教育资源可以减小不同学校和教师之间的差距，促进教育的公平性和社会公正。最后，这种社会责任的构成有助于提高教师的社会地位和声誉，提升他们的职业认同感和满意度。对于增强教师的职业满意度和幸福感，提高教学质量和学生成绩，以及促进教育公平性具有重要意义。

二、政府责任及其意义

政府在教育领域扮演着重要角色，负有保障教师权益和提供良好工作环境的责任。政府应该关注教师的工资水平、福利待遇和职业发展机会、合理的薪酬体系、社会保障和职业晋升机制，从而提高教师的职业满意度和幸福感。政府应该确保教师获得公正的报酬，以激励他们更好地从事教育工作。政府应该提供良好的工作环境和教育资源，为教师创造一个有利于教学的条件。这包括提供优质的教育设施、教学工具和教育技术支持，以及改善教室条件和学校管理。良好的工作环境可以减小教师的工作压力，提高他们的职业幸福感和工作满意度。政府应该支持教师的专业发展，提供持续的培训机会和学术研究支持。这有助于教师不断提升自己的教学技能和知识水平，增强职业满意度。政府应建立专业发展计划、提供奖学金和研究基金，以鼓励教师积极参与专业成长。政府应该确保教师的合法权益得到保障，并提供安全的工作环境。这包括维护教师的劳动权益、提供职业保险和安全保障，以及加强校园安全和防范措施。政府的关注和支持可以让教师更加安心和专注于教学工作，提高职业幸福感和工作满意度。政府应该制定和实施有利于教育事业发展的政策和改革措施。教育政策的合理性和科学性对于教师的职业幸福感产生重要影响。政府应关注教育质量、课程改革、评价制度和教育资源分配等，提供支持和指导，为教师创造更好的教育环境和提供合适的发展机会。政府应该鼓励教师参与决策和政策制定的过程，听取教师的声音和建议。教师是教育实践的重要参与者，对教育政策和改革具有丰富的经验和实际需求。政府应该为教师提供平等参与的机会，使他们充分发挥专业知识和智慧，共同推进教育事业的发展。

（一）保障责任：提供资金支持，激励教师的教学热情

首先，政府有责任提供资金和福利保障，以支持城市小学教师的工作和发展。资金的充足投入可以用于改善教育设施、提高教学资源质量和数量，为教师提供必要的教学工具和技术支持。此外，政府还应该为教师提供培训和进修的机会，以提高他们的专业水平和教学能力。在福利保障方面，政府应确保教师的工资待遇合理且稳定，提供合理的福利待遇，如医疗保险、退休金等。这些措施将帮助教师减小经济压力，提高他们的职业幸福感。其次，政府应激励教师的教学热情，以增强他们的职业幸福感。政府可以制定激励机制，如奖励计划和职业晋升机会，以表彰优秀教师的贡献和努力。

另外，政府还可以通过设立教师荣誉称号和专业发展计划，鼓励教师积极参与专业成长和学术研究。激励教师的教学热情不仅可以提高他们的职业满意度，还能够激发他们的教学动力，提高教学质量和学生学习成果。政府责任在提供资金和福利保障、激励教师的教学热情方面具有重要意义。首先，这有助于改善教师的工作条件，并为他们提供发展机会，促进他们的个人成长和专业发展。其次，政府的资金投入和福利保障可以减轻教师的经济负担，增强他们的职业满意度和幸福感。最后，政府的激励措施能够激发教师的教学热情和创造力，提高教学质量和学生学业成就。政府的积极参与和支持将有助于改善城市小学教师的工作条件，提高教学质量，推动教育事业的发展和社会进步。

（二）政策责任：健全职业机制，提高教师的教学水平

政府有责任建立健全的职业发展机制，以提高城市小学教师的教学水平。这包括制定相关政策和法规，明确教师的职业发展路径和晋升机制。政府应提供多样化的培训和专业发展机会，包括教育研讨会、教学培训课程、进修学习等，以帮助教师不断提升自身的教学能力和专业知识。此外，政府还应支持教师参与学术研究和教育创新，鼓励他们积极探索和应用新的教学方法和教育技术。通过健

全的职业发展机制，政府能够为教师提供持续成长和发展的机会，提高他们的教学水平和职业满意度。政府的责任是提供支持和资源，以提高城市小学教师的教学水平。政府应投入足够的经费和资源，用于改善教学环境和设施，并且提供先进的教育技术和教学资源。同时，政府还应支持教师参与教学研究和课程设计，并为他们提供必要的教学支持和指导。通过这些举措，政府能够为教师创造良好的教学条件和环境，促进他们的教学能力和创新能力的发展。健全职业发展机制，提高教师的教学水平对于政府具有重要意义。首先，这将提高城市小学教师的教学质量和专业水平，提升学生的学习成绩和素质。教师的教学水平直接影响学生的学习效果，因此，政府的支持和投入将有助于提高教师的教学能力和专业素养，从而推动教育的发展。其次，健全职业发展机制能够激发教师的职业动力和工作热情，增强他们的职业满意度和幸福感。最后，政府的支持和关注将使教师感到受重视和尊重，进而激发他们的教学热情和责任感。政府的积极参与和支持将有助于推动城市小学教育的发展，促进教师的个人成长和专业发展。

（三）后备责任：创设工作环境，提升教师的幸福感

政府有责任创设良好的工作环境，以提升城市小学教师的幸福感。这包括改善教学设施和条件，确保教师有足够的教学资源和支持。政府应提供必要的设备、教材和技术设施，为教师创造良好的教学环境。此外，政府还应关注教师的职业安全和健康，为他们提供必要的保障措施，如职业保险和健康保障。通过创设良好的工作环境，政府可以提高教师的工作满意度和幸福感，促进他们更好地完成教学任务。政府的责任是提供支持和资源，以提升教师的幸福感。政府应设立专门的支持机构和部门，负责与教师沟通、交流和解决问题。政府还应提供专业的培训和发展机会，帮助教师提升教学能力和专业素养。此外，政府可以鼓励教师参与教学研究和创新活动，并为他们提供必要的支持和奖励，激发教师的工作热情和创造力。通过提供支持和资源，政府能够增强教师的职业满意度和幸福感，促进他们积极投入教学工作。创设良好的工作环境，提升教师的幸福感对政府具有重要意义。首先，良好的工作环境可以提高教师的工作效率和教学质量，为学生提供更好的教育服务。教师在舒适的环境中更容易专注于教学任务，从而更好地满足学生的学习需求。其次，政府的关注和支持能够增强教师的职业认同感和幸福感，以及对教学事业的投入程度和责任感。这有助于形成良好的教育氛

围和校园文化，促进教育质量的提高。

（四）权益责任：维护教师权益，保障教师的合法权益

政府有责任维护教师权益和尊严，保障教师的合法权益。这包括保障教师的劳动权益得到充分保护，如工资待遇、工作时间和休假制度等。政府应建立健全的法律法规体系，明确教师的权利和义务，并加强对违法行为的监管和惩处。此外，政府还应加强对教师的职业保护，保障他们在教学过程中的安全和健康。通过维护教师权益和尊严，政府可以增强教师的职业满意度和幸福感，激励他们更好地完成教学任务。政府的责任是提供支持和资源，以保障教师的合法权益。政府应建立健全教师职业发展机制，为教师提供专业发展和晋升的机会。政府还应提供必要的培训和培养计划，以提升教师的教学水平和专业素养。此外，政府应提高教师的社会声誉和地位，推动社会对教师职业的尊重和认可。通过提供支持和资源，政府能够保障教师的合法权益，增强他们的职业满意度和幸福感。维护教师权益和尊严，保障教师的合法权益对政府具有重要意义。首先，这将提高教师的工作积极性和投入程度，推动教学质量的提高。当教师的权益得到充分保障时，他们更有动力投入教学工作中，为学生提供优质的教育服务。其次，政府的支持和保障能够提高教师的职业声誉和社会地位，增强社会对教师的认可和尊重。这将进一步激发教师的工作热情和责任感，促进教育事业的发展。

三、学校责任及其意义

（一）机制责任：健全联络机制，提高教师的信任感

学校有责任健全联络机制，以提高教师的信任感。这包括建立有效的沟通渠道，确保教师与学校管理层之间的信息畅通。学校应定期组织教师会议、座谈会等交流活动，倾听教师的意见和建议，关注他们的需求和困难。同时，学校还应建立良好的教师评估和反馈机制，提供及时的教学指导和支持。通过健全联络机制，学校可以增强教师对学校管理的信任，建立积极的合作关系。学校的责任是提供支持和资源，以增强教师的信任感。学校应为教师提供良好的工作条件和教学资源，这包括教学设施、教材和技术支持等。学校还应提供持续的专业发展机会，如培训课程、研讨会和交流活动，帮助教师提升教学能力和专业素养。此外，学校还应建立公正透明的激励机制，奖励教师的辛勤工作和优异表现。通过

提供支持和资源，学校能够增强教师对学校的信任感，激励他们更好地完成教学任务。健全联络机制，提升教师的信任感对学校具有重要意义。首先，这将加强教师与学校管理层之间的互动和合作，促进共同发展。当教师声音被听取和重视时，他们更有动力参与学校的决策和规划，共同推动学校的发展。其次，提升教师的信任感有助于建立积极的教育氛围和校园文化。当教师对学校的管理和支持充满信任时，他们更愿意分享经验、合作互助，形成良好的师生关系和学习氛围。

（二）文化责任：挖掘校史文化，提高教师的认同感

学校有责任挖掘校史文化，以提高教师的认同感。校史文化是学校的重要组成部分，它记录着学校的发展历程、教育理念和优秀传统。通过挖掘校史文化，学校可以让教师了解学校的价值观和使命，进一步提高他们对学校的认同感。学校应组织校史研究和展览活动，提供相关培训和教育，让教师深入了解学校的历史和文化，增强他们对学校的归属感和自豪感。学校的责任是传承和弘扬校史文化，以提高教师的认同感。学校应通过举办校庆活动、制作校史文献和纪念品等方式，将校史文化融入教师的日常工作和学校的教育活动中。学校还应邀请校友回校分享经验和成就，加强与教师的交流和联系，激励教师为学校的发展做出更大的贡献。通过传承和弘扬校史文化，学校能够培养教师的归属感和使命感，增强他们对学校的认同感和忠诚度。挖掘校史文化，提高教师的认同感对学校具有重要意义。首先，这有助于形成良好的校园文化和价值观。当教师对学校的历史和传统有深刻的认识和理解时，他们更容易与学校的教育理念和发展目标保持一致，形成共同的价值追求。其次，提高教师的认同感有助于构建优秀的教师团队，创造良好的学校氛围。当教师对学校的认同感增强时，他们更愿意合作互助，分享经验和资源，形成良好的师生关系和协作环境。

（三）保障责任：提供资金保障，提高教师的归属感

学校有责任提供资金保障，以确保教师的经济福利和生活条件。教师是学校教育事业的中坚力量，他们付出辛勤汗水来教育和培养学生。因此，学校应该确保教师获得合理的薪资待遇，并为他们提供稳定的工作岗位和福利保障。这不仅包括为教师提供良好的社会保险、医疗保障和退休福利，还有其他激励措施，如奖金、津贴和职业发展机会。通过提供资金保障，学校可以减轻教师经济负担，

增强他们的工作稳定性和安全感。学校的责任是提高教师的归属感和认同感。学校应营造良好的工作环境和文化氛围，以及加强师生关系和合作交流，来提高教师的归属感。学校应该建立公正透明的管理制度，确保教师的权益得到尊重和保护。同时，学校还应提供良好的职业发展机会和教育培训，帮助教师提升专业能力和教学水平。通过提高教师的归属感，学校可以增强教师对学校的认同感和忠诚度，促进他们更好地投入教育事业。提供资金保障，提高教师的归属感对学校具有重要意义。首先，这有助于吸引和留住优秀的教师。当教师获得合理的薪资待遇和福利保障时，他们更有动力留在学校，为学生提供高质量的教育。其次，提高教师的归属感有助于建立稳定的教师团队和良好的师生关系。当教师在学校有归属感和认同感时，他们更愿意与同事合作互助，与学生建立融洽的关系，共同营造良好的学习氛围和校园文化。

（四）内部责任：减小工作压力，提高教师的幸福感

学校有责任减小教师的工作压力，以提高他们的幸福感。作为教育工作者，教师面临诸多挑战和压力，如教学任务的繁重、学生个体差异的管理、家长的期望和社会评价的压力等。学校可以通过优化工作流程、合理安排教学任务和课堂管理，以及提供必要的支持和资源，来减小教师的工作压力。此外，学校还可以鼓励教师参与专业发展活动，提升他们的教学能力和专业素养，以更好地应对工作压力。通过减小工作压力，学校可以提高教师的工作满意度和幸福感，促进他们的个人成长和教育质量的提高。减小工作压力，提高教师的幸福感对学校具有重要意义。首先，这有助于提高教师的工作效能和教学质量。当教师面临过大的工作压力时，他们无法有效地处理教学任务和学生需求，导致工作质量下降。反之，当工作压力减小时，教师能够更好地集中精力于教学工作，为学生提供更优质的教育服务。其次，减小工作压力有助于促进教师的身心健康和工作满意度。过大的工作压力会导致教师的心理和身体健康问题，甚至影响其职业发展。因此，学校应该减小教师的工作压力，为教师提供一个健康、和谐的工作环境，提升他们的幸福感和工作满意度。

四、自身责任及其意义

（一）意识责任：更新自身教学理念，提升专业素养

城市小学教师职业幸福感的责任构成包括自身责任及其意义。其中更新自身教学理念和提升专业素养至关重要。教师应及时更新自身的教学理念，以适应不断变化的教育环境和学生需求。同时，提升专业素养使教师能够更好地应对教学挑战，为学生提供高质量的教育服务。首先，更新自身教学理念对教师的意义重大。教育领域不断发展和变革，新的教育理念和教育方法不断涌现。教师通过更新自身的教学理念，能够与时俱进，更好地满足学生的学习需求。例如，教师可以关注学生的个体差异，采用个性化教学策略，以帮助每名学生发挥潜力和实现个人成长。此外，教师可以关注学生的整体发展，培养他们的创造力、批判性思维和解决问题的能力。通过更新教学理念，教师能够提供更丰富、有意义且与学生需求相匹配的教育体验，从而增强自身的职业满意度。其次，提升专业素养对教师的意义不可忽视。专业素养包括广泛的教育知识、教学技能和教育研究能力。教师通过不断学习和专业发展，提升自身的专业素养，能够更好地应对复杂的教学环境和教育挑战。例如，教师可以通过参加教育培训、研讨会和学术会议来更新自身的教育知识和技能。此外，教师可以积极参与教育研究和实践，不断探索创新的教学方法和策略，提高自身的教学效果。通过提升专业素养，教师能够更自信地应对工作挑战，为学生提供更优质的教育服务，并获得更强的职业成就感。教师通过更新教学理念，能够与时俱进，更好地满足学生的学习需求，提供个性化和有意义的教育体验。同时，提升专业素养使教师能够更好地应对教学挑战，为学生提供高质量的教育服务。这不仅能够增强教师的职业满意度，还能够为学生的学习成果和综合发展做出积极的贡献。

（二）教学责任：改进教学实践过程，探索新型方式

改进教学实践过程，探索新型方式对教师的意义重大。教师应持续反思和改进自己的教学实践，以提高教学效果和学生的学习成果。同时，积极探索新型方式和教学方法，能够为教师的专业成长和职业幸福感产生重要影响。通过不断反思和改进教学实践，教师能够了解自己的优势和不足，发现并解决教学中的问题。例如，教师可以通过教学反思和同行评议来评估自己的教学效果，并寻找改

进的方法。此外，教师可以不断探索适应学生需求和教学目标的教学策略和资源，以提高教学质量和学生的学习积极性。通过改进教学实践过程，教师能够增强自己的专业能力和自信心，从而提高职业满意度和幸福感。探索新型方式和教学方法对教师的意义不可忽视。教育领域不断发展和变化，新的教学方式和技术不断涌现。教师应积极跟进教育研究和创新，探索适应时代发展和学生需求的新型教学方式。例如，教师可以运用信息技术和网络资源，设计在线学习活动和互动教学模式，以提高教学的灵活性和互动性。教师还可以运用游戏化教学、项目学习等创新方法，激发学生的学习兴趣和动力。通过探索新型方式，教师能够提高教学效果和创造力，为学生提供更具吸引力和有效性的学习体验。教师通过持续反思和改进教学实践，以及积极探索新型教学方式，能够提升自身的专业能力和教学效果，增强职业满意度和幸福感。同时，这也将为学生的学习成果和综合发展做出积极的贡献。

（三）联络责任：建立良好师生关系，实现师生双赢

建立良好的师生关系，实现师生双赢，对教师的意义重大。良好的师生关系建立在相互尊重、理解和信任的基础上。教师通过与学生建立积极互动和有效沟通，能够更好地理解学生的需求、能力和兴趣。这使教师能够个性化地调整教学方法和策略，以满足学生的学习需求。此外，良好的师生关系也能够激发学生的学习动力和积极性，促进他们的学习成果和发展。通过建立良好的师生关系，教师能够感受到学生的进步和成长，增强自身的职业成就感和幸福感。建立良好的师生关系对学生的意义也很重大。学生在与教师建立良好关系的过程中，能够感受到教师的关心、支持和鼓励。这种关系能够增强学生的自尊心和自信心，培养他们的学习兴趣和学习动力。此外，良好的师生关系还能够促进学生与教师之间的合作和互助，培养他们的社交技能和团队合作能力。通过建立良好的师生关系，学生能够获得更积极的学习体验和更全面的发展。良好的师生关系也能够增强教师的职业满意度和幸福感。更重要的是，良好的师生关系能够促进学生的学习成果和综合发展。因此，教师应当重视建立良好师生关系的重要性，并努力实现师生双赢的教育目标。

第六章　提升城市小学教师职业幸福感的行动策略

教师在人类社会中扮演着重要角色，不仅传授知识和经验，更具有深远而重大的影响力。教师帮助人们树立正确的价值观，改善品格，纠正错误的观念和行为，肩负为国家和社会培养优秀人才的重要使命。特别是对于城市小学教师来说，他们作为一个特殊的群体，需要极大的耐心和爱心来帮助学生养成良好的日常行为和学习习惯。城市小学教师对学生的身心健康发展产生重要影响。从人类社会发展的角度来看，我们应该高度重视新时代师资队伍建设，注重实现广大教师的幸福、成就和荣誉。幸福的教师也将带来幸福的中国教育。了解城市小学教师职业幸福感的基本含义，并寻求提升城市小学教师专业幸福感的积极措施，对于关注城市小学教育活动的质量和小学生的健康发展至关重要。为提升城市小学教师的职业幸福感，本研究从优化管理、提升涵养、美化环境和增进关系四个维度入手，制定一体化的促进策略，由上至下、由内而外地推动城市小学教师职业幸福感的提升，如图6-1所示。

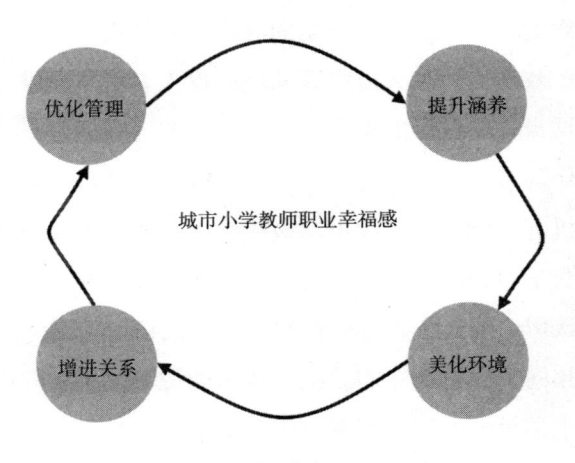

图6-1　城市小学教师职业幸福感提升策略

首先，从学校管理模式入手，以幸福教育理念为支撑，实施幸福管理模式，增强幸福教育体验。这包括为城市小学教师提供良好的工作条件和管理支持，营造积极向上的工作氛围，鼓励教师创新和个人发展，以及提供专业发展的机会和资源。其次，以提升城市小学教师涵养为着眼点，遵循"乐教—能教—会教"的发展逻辑，培养城市小学教师的教育职业涵养和专业素养。这可以通过提高师范教育的质量，提供专业培训和继续教育机会，以及鼓励教师参与教育研究和教学改革来实现。提升城市小学教师的专业素养和自我成长，可增强他们的职业满足感和幸福感。再次，以美化环境为着力点，从物质和精神环境层面建设制度环境、心理环境、办公环境和人文环境，愉悦城市小学教师的身心。这包括提供良好的教学设施和资源，改善办公条件，关注城市小学教师的心理健康，提供心理咨询和支持服务，以及营造积极向上的人文氛围。最后，以增进城市小学教师关系为保障点，建立以师生关系为核心，家师关系为支撑以及同事关系为补充的教师职业幸福感的关系网络，在增进关系中升华情感体验。这包括加强师生之间的沟通和互动，建立良好的师生关系；加强家校合作，与家长保持密切联系，形成家师关系的支持系统；同时，也要促进同事之间的合作与交流，营造良好的团队氛围，共同分享教育经验和资源。

　　本研究通过优化管理、提升涵养、美化环境和增进关系四个维度的综合策略，全面提升城市小学教师的职业幸福感。这些措施不仅可以改善城市小学教师的工作状态和情绪，也有助于提高他们的专业能力和教育质量，进而对学生的健康发展产生积极影响。在实施这些策略的过程中，各级教育部门和学校管理者要给予支持和重视。政府应该加大对教育领域的投入力度，提供更好的教育资源和福利待遇，改善城市小学教师的工作条件，提高其社会地位。学校管理者应该积极创造良好的工作环境和氛围，关注城市小学教师的需求和福祉，为他们提供专业发展和成长的机会。此外，教师也应该积极主动地追求自身的专业发展和幸福感。他们可以不断学习和提升自己的教育水平，参与教育研究和教学改革，寻求专业上的成就和认可。同时，教师应该培养自己的情绪管理能力，保持积极向上的心态，与学生和同事建立良好的关系，共同创造幸福的教育环境。

　　总之，城市小学教师作为教育事业的中坚力量，对于学生的成长和发展产生重要影响。为了提高城市小学教师的职业幸福感，本研究从优化管理、提升涵养、美化环境和增进关系四个维度入手，制订综合的促进策略。同时，政府、学校管理者和教师个人应该共同努力，为教师的职业幸福感和专业成就创造良好的条件和环境，以推动教育事业的健康发展和学生的全面成长。

第一节　在优化管理中缓解教师压力

教师压力是抑制教师幸福感产生的重要因素，以优化管理作为问题的切入点，从学生管理、教学管理、教师管理和学校管理等方面，探索适宜城市小学管理的模式和制度，有效提升教师的幸福管理体验，进而推动教师职业幸福感的产生，如图6-2所示。

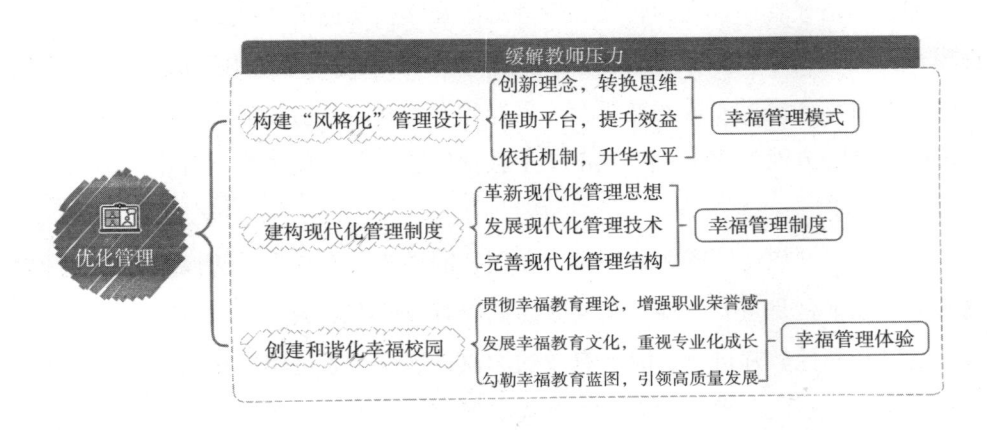

图6-2　优化管理策略图

首先，借助现代化信息技术的理论和方法，构建"网格式"管理设计，从理念的创新引导幸福管理模式思维的转变；利用智能化平台作为支撑，有效提高新型管理模式的管理效益，同时为网格化的管理提供科学思路；以科学有效的管理机制为依托，汲取优秀的管理方案和经验，进一步升华城市小学幸福管理水平。

其次，提炼学校管理制度和幸福管理制度的精华，增添现代化管理内涵，从制度保障的层面出发，在优化管理中缓解城市小学教师的职业压力。从革新现代化管理思想的角度出发，同时学习现代化的教育思想；增设技术研发部门，大力发展现代化管理技术；从系统、全面的向度切入完善现代化的管理结构，从而形成系统完整、科学有效的幸福管理制度，为教师幸福感的产生提供保障。

最后，创建和谐幸福的校园环境，有效提升教师的幸福管理体验，助力幸福感的产生。全面贯彻幸福教育理念，增强教师职业的荣誉感；大力发展和弘扬幸福教育文化，重视教师资深专业化的成长，以自身水平的提升，映射教师幸福心理成就感的融入；从纵向维度深度挖掘和勾勒幸福教育的蓝图，以长远的未来规划和高质量发展理念为中心，促使教师自豪感的产生。以教师的荣誉感、成就感和自豪感为三大核心，创新性地升华城市小学教师职业的幸福管理体验。

一、构建"网格化"管理顶层设计，实施幸福管理模式

（一）创新网格式管理理念，转换管理思维

创新网格式管理理念的转换和管理思维在学校层面的实施，旨在构建幸福管理模式，提升教师的职业幸福感。该模式以科学的顶层设计为依托，通过建立良好的沟通机制、提供专业发展机会、培养领导力和团队协作能力，以及确立激励和奖励机制等方面的措施，为城市小学教师创造一个开放透明、合作共享的工作环境。

一是建立开放透明的沟通平台。在创新网格式管理理念的转换中，建立开放透明的沟通平台是重要一环。学校应当倡导有效的沟通交流，使教师能够与学校管理层以及其他教师进行及时、有效的沟通，这可以通过建立在线平台、定期举行教师座谈会、成立教师代表团等方式实现。在线平台可以提供一个交流和分享的空间，教师在其中发布教学心得、分享资源，进行教学问题的讨论和交流。教师座谈会和教师代表团则可以提供一个集体讨论和决策的机会，教师借此表达自己的需求和意见，参与学校管理的决策过程。这种沟通机制能够及时解决问题、促进信息流动，有效地减小城市小学教师的职业压力，提升其职业满意度。

二是提供专业发展机会。为提升城市小学教师的职业幸福感，学校应当积极组织教师参加各类提升自我的机会，包括继续教育、培训和进修等。这可以通过组织教学研讨会、教学示范课等活动来实现。教学研讨会可以为教师提供一个交流、学习和分享的平台，教师在其中了解最新的教学理念和方法，探索和创新教

学方式。教学示范课则可以为教师提供一个观摩和学习的机会，教师从其他优秀教师的教学实践中获得启发和借鉴。通过这些专业发展机会，教师能够不断更新知识和提升教学技能，提高自身的职业素养和能力。

三是培养领导力和团队协作能力。教师的领导力和团队协作能力是教师职业能力的重要构件。在创新网格式管理理念的转换中，学校应当鼓励教师参与学校管理决策的过程，并赋予其一定的参与权和决策权。这可以通过委任教师担任教学领导职务、参与教学改革项目等方式实现。通过培养教师的领导力，让他们有机会发挥自己的才能和创造力，参与学校的管理和改革，从而增强他们的自主性和满意度。此外，鼓励教师之间的合作与互助，营造积极向上的团队氛围也很重要。学校可以组织教师团队合作教研活动，共同制订教学计划，分享经验和教学方法，促进彼此之间的学习和成长。通过团队合作，教师可相互支持和借鉴，共同解决问题以提高教学质量。这种团队合作氛围能够增强教师的职业满意度，推动教师的职业幸福感的提升。

四是确立激励和奖励机制。为保障城市小学教师职业幸福感的提升，学校应当建立公正的激励和奖励机制。该机制可以鼓励教师在教学和学科研究方面的积极表现。学校应当设立年度最佳城市小学教师奖、优秀教学成果奖等奖项，给予教师一定的荣誉和物质激励，增强他们的职业满足感和归属感。这种激励和奖励机制能够激发城市小学教师的工作积极性，推动他们不断提高教学质量和教育教学水平。

此外，营造积极的工作环境也是提升城市小学教师职业幸福感的重要因素。学校应当为教师提供一个舒适、安全、健康的工作环境，并关注他们的心理和身体健康。学校应当提供必要的工作设施和教学资源，减轻教师的工作负担。同时，学校也应当关注教师的工作压力和情绪变化，及时提供必要的支持和帮助。这种工作环境能够让教师感到被重视和关心，进一步提升他们的职业满意度和幸福感。

（二）借助数字化管理平台，提升管理效益

在数字化时代背景下，高效智能化的管理平台为教育管理带来了巨大便利，并进一步提高了城市小学教师的职业幸福感。数字化信息管理平台的建立是实现这一目标的重要环节，该平台为城市小学教师提供了便捷的信息管理工具，如在

线考勤系统、课表管理系统和教学资源共享平台等。这些工具有助于教师更好地管理时间、课程和教学资源，减少烦琐的行政工作，提高工作效率。同时，数字化平台还为在线教学和远程协作提供了技术支持，教师可以通过在线教学平台进行互动教学，为学生提供个性化的学习体验。

在数字化管理平台建设中，在线考勤系统是一个重要工具。传统的考勤方式通常需要教师手动填写考勤表格，耗费大量时间和精力。而在线考勤系统只需教师通过扫描二维码或使用指纹识别等方式就可实现快速考勤。这种方式不仅提高了考勤的准确性，还节省了教师的时间，使其能够更专注于教学工作。课表管理系统也是一个重要工具，它可以帮助教师高效地安排课程，避免时间冲突和混乱。教师可以在系统中录入课程信息、时间和地点，系统会自动生成合理的课表，提供给教师参考和管理。这样，教师就能够更好地把握自己的教学安排，提高教学效率。

此外，教学资源共享平台也是数字化管理平台的重要组成部分。通过此平台，教师可共享自己的教学资源，如教案、课件、练习题等，也可以从平台上获取其他教师共享的资源。这种资源共享模式不仅可以节约教师的时间和精力，还可以提高教师的教学质量。教师可以借鉴他人的优秀教学资源，丰富自己的教学内容，提供更多元化和有趣的学习体验。同时，教师也可以将自己的教学成果和经验分享给其他教师，促进彼此的成长和进步。

在数字化平台的支持下，教师可以开展更加灵活和个性化的教学。在线教学平台为教师提供了多种教学工具和互动功能，使教学更加生动有趣。教师可以通过在线平台与学生进行实时互动，展示教学内容，解答学生问题，提供个性化的辅导和反馈。这种互动教学方式不仅能够激发学生的学习兴趣，还有助于教师更好地了解学生的学习情况，根据学生的需求进行个性化指导。此外，数字化平台还支持远程协作，教师可以通过平台与其他教师进行远程合作，共同研发教学方案，分享教学经验。这种合作模式可以促进教师之间的交流和合作，提高教学质量和专业发展。

总之，数字化管理平台为城市小学教师提供了高效智能化的工具和资源，极大地改善了他们的工作环境，提高了职业幸福感。这些平台不仅简化了教师的行政工作，提高了工作效率，还提供了丰富的教学资源和互动教学工具，帮助教师开展灵活、个性化教学。通过数字化平台的支持，教师可以更好地管理时间、课程和教学资源，提高教学质量，促进专业发展。这对于学生的学习效果和教师的教学满意度产生积极影响，进一步推动了城市小学教育的发展。

（三）依托科学化管理机制，升华管理水平

教育管理在提升城市小学教师的职业幸福感和管理水平方面起至关重要的作用。全面贯彻网格化的管理顶层设计，从绩效评估体系、专业发展、教师决策、薪酬待遇以及工作环境等多个维度构建科学化管理机制，是提升城市小学教师管理水平和职业幸福感的关键所在。这些机制将为教师提供良好的工作环境、专业发展的支持、参与决策的机会以及公正的绩效评估和合理的薪酬待遇。教师将全身心地投入工作，提升自身的教学能力和教育教学水平，为学生提供更优质的教育服务，推动学校的整体发展。

首先，绩效评估体系是提升城市小学教师职业幸福感和管理水平的重要手段之一。建立科学、公正的绩效评估体系，是确保教师工作成果得到公正评价的基础。这一体系应综合考查教师的教学成果、教学质量、教学研究等方面的表现，为教师评估提供客观依据。将绩效评估结果作为激励和奖励的依据，能够激励教师积极投入工作，不断提升自身的教学能力和教学水平。

其次，专业发展是提升城市小学教师管理水平和职业幸福感的重要途径。学校应当为教师提供培训、研讨会、学术交流等机会，帮助他们不断提升专业素养和教学技能。此外，学校应当建立导师制度，选拔有经验的教师担任新教师的导师，提供指导和支持，促进教师的成长与发展。专业发展机制能够提供支持和指导，帮助教师不断提高自身的教学水平和专业能力。

再次，教师决策参与机制是提升城市小学教师管理水平和职业幸福感的重要手段。学校应当设置让教师参与决策的机制，充分听取教师的意见和建议。例如，设立教师代表团队，让教师参与学校管理层会议，使教师对学校的决策有更多发言权。教师的参与决策能够提升他们的职业地位，增强教师的归属感和责任感，进而提升他们的职业满意度。

最后，学校提供舒适、安全、健康的工作环境是提升城市小学教师职业幸福感的重要方面。学校可以改善教师办公和教学场所的设施设备，关注教师的身心健康，给予必要的心理支持和关怀。同时，良好的师生关系和积极向上的团队合作氛围，也能增强教师的凝聚力。一个良好的工作环境能够提高教师的工作效率和工作满意度。

此外，合理的薪酬待遇是提升城市小学教师职业幸福感的重要保障。学校应当根据教师的工作表现和贡献制定公平合理的薪酬制度，为教师提供具有竞争力的薪资待遇。在条件允许的情况下，学校还应当提供完善的福利制度，包括健康保险、带薪休假、职业发展补贴等，为教师提供全面的福利保障。一个合理的薪酬福利体系能够激励教师的工作积极性和工作动力，增强他们的职业满意度。

依托科学化管理机制，可以提升城市小学教师的管理水平和职业幸福感，进而促进教学质量的提高和学校整体发展水平的提升。这将为学生提供更优质的教育服务，促进学生的全面成长和发展。

二、建构现代化学校管理制度，实施幸福管理制度

（一）革新现代化管理思想

革新现代化管理思想对于提升城市小学教师的职业幸福感至关重要。在知识经济时代，管理模式需要与时俱进，借鉴现代企业管理的前沿思想，以人为本、注重技术创新的管理理念，为城市小学教师职业幸福管理制度的建立和发展提供新思路。

首先，现代化管理思想应注重人性化管理。在教育教学管理中，学校应将城市小学教师视为重要资源，重视他们的个体需求和发展。通过提供充足的教学资源、培训机会和专业发展支持，夯实教师的专业能力，增强其自信心和教学质量。同时，学校应重视教师在教学和管理工作中的重要作用，提升其职业地位和社会认可度。为了减小教师的工作压力，学校可以设置弹性工作时间或实行灵活的排班制度，帮助教师更好地平衡工作和个人生活的需求。

其次，专业发展是提升城市小学教师职业幸福感的重要途径。学校应提供多样化的专业发展机会，如培训、研讨会、学术交流等，不断帮助教师提升专业素养和教学技能。此外，建立导师制度，让经验丰富的教师担任新教师的导师，提供指导和支持，促进教师的成长与发展。通过专业发展的支持，教师可以提升自身的教学水平，增强工作满意度和职业幸福感。

最后，学校应重视城市小学教师的工作压力缓解和心理健康支持。教师职业

常常面临多重压力，如工作负荷、学生管理、家长沟通等。学校可以设立专门的咨询机构或提供心理健康支持服务，为教师提供情感和心理健康支持。此外，学校领导层应关注教师的工作环境和人际关系，建立融洽的师生关系，营造积极向上的团队合作氛围，减小城市小学教师的工作压力，促进其心理健康和职业幸福感。在学校管理中，学校还应注意提升城市小学教师的参与感和决策权。教师是学校管理的主体，他们应该参与决策过程，发表意见和建议。学校可以设立教师代表团队，让教师参与学校管理，为决策提供教师的视角和经验。通过教师的参与决策，可以增强他们的职业认同感和责任感，进而提升职业幸福感。

总之，革新现代化管理思想对于提升城市小学教师的职业幸福感具有重要意义。人性化管理、专业发展、工作压力缓解和心理健康支持等措施，可以有效提升教师的职业幸福感。学校应将城市小学教师视为重要资源，提供充足的教学资源和专业发展机会，同时采取灵活的工作安排，帮助教师平衡工作和个人生活的需求。此外，学校应为教师提供心理健康支持和咨询服务，帮助他们应对各种工作压力和挑战。通过革新现代化管理思想，学校可以打破管理思维的桎梏，营造积极健康的学习环境，促进学生和教师共同发展。这需要学校领导层的重视和支持，以及社会的关注和参与，共同推动城市小学教师职业幸福感的提升，为教育事业的发展做出杰出贡献。

（二）发展现代化管理技术

发展现代化管理技术对于提升城市小学教师的职业幸福感至关重要。现代化管理技术的创新为学校的管理制度完善和改革提供支持，并通过引入自动化和数字化管理技术，简化教学组织管理任务，提高管理效率，减轻城市小学教师的负担，从而提升职业幸福感。

首先，引入自动化和数字化管理技术可以简化烦琐的教学组织管理任务。通过使用自动化考勤记录系统、课程安排系统和评估系统等工具，教师在管理方面的负担得到减轻。这些系统不仅可以自动记录教师的考勤情况，帮助教师合理安排课程，还能提供评估工具和反馈机制，减少教师在管理上的工作量，提高工作效率。

其次，建立城市小学教师信息系统和学生管理系统可以集中管理教师和学生的数据。通过建立统一的信息系统，学校可以方便地管理和访问教师与学生的个人信息、学业表现和考试成绩等数据。教师可以通过系统快速查找学生的信息，了解学生的学习情况，为个性化教学提供支持。同时，学校管理者还可以利用系统中的数据进行分析和决策，优化资源分配和教学计划，提高教学质量。

再次，广泛引入教育科技工具并应用于实践，可以为城市小学教师提供丰富的教学资源和个性化学习机会。在线学习平台、虚拟教室和教育应用程序等教育科技工具可以为教师创造更多的教学机会，提供更丰富的教育资源，支持教师进行创新教学。这些工具可以帮助教师减轻教学负担，提高教学效果，增强城市小学教师的职业满意度。

最后，重视数据分析技术的运用对于提升城市小学教师的职业幸福感至关重要。收集和分析学生与教师的数据可以为管理者提供有关学生学习情况、教学效果和教师表现的信息。这些信息可以为管理者提供决策支持，帮助其优化资源分配和教学计划。同时，还可以为教师提供个性化的指导和支持，促进其专业发展和教学能力的提升。

此外，现代化管理技术还可以提供更加高效和便捷的沟通与反馈渠道。通过即时通信工具、电子邮件和在线平台等工具，教师和管理者之间可以进行及时沟通，提供反馈和支持，促进信息交流的有效性。这种高效的沟通和反馈可以帮助教师更好地理解和满足管理者的期望。

总之，发展现代化管理技术对于提升城市小学教师的职业幸福感具有重要意义。引入自动化和数字化管理技术、建立教师信息系统和学生管理系统、广泛应用教育科技工具、运用数据分析技术和改善沟通和反馈渠道，可以优化管理流程，减小教师工作压力，提升教师的职业幸福感。这些技术的应用还有助于改进教学质量、提高学生成绩，为学校的整体发展和教育改革做出贡献。然而，要实现这些目标，学校需要提供必要的资源和培训，解决隐私和数据安全问题，选择适合的教育科技工具，并与教师紧密合作，共同推动现代化管理技术的应用。

（三）完善现代化管理结构

结合现代化管理方法和技术，并运用系统论的方法完善学校管理的整体架构，可以通过设立清晰的管理层级、组建专业素质高的管理团队、建立有效的工作流程和管理机制、提供职业发展机会、加强沟通与合作、建立监督和评估机制以及注重持续改进和创新等措施，提高学校管理效率和决策准确性，减轻教师管理负担，提升教学工作质量。这种综合管理方法将有助于支持城市小学教师的工作，促进教师个人成长和学校的整体发展。

一是建立清晰的管理层级结构和职责分工。在学校管理中，设立清晰的管理层级结构是重中之重。这种结构将管理职责和权限明确分配给各级管理者，有利于提高管理效率和决策准确性。校长作为学校管理的核心人物，负责整体规划和决策，根据学校的教育目标和发展方向，制订相应的管理策略与政策。副校长负责学校行政事务的处理，如人事管理、财务管理和设施管理等。教务主任则负责协助制订教学计划和资源管理，并与城市小学教师密切合作，提供支持和指导。

二是组建分工明确、专业素质高的管理团队。为减轻教师的管理负担，学校应组建一支分工明确、专业素质高的管理团队。该团队应该由具备相关专业知识和管理经验的人员组成，包括行政管理人员、教研人员和教育技术人员等。他们将协助学校管理和支持教师，负责处理各类行政事务、教学计划和资源管理等。团队成员的专业性和协作精神，可以提供更好的支持和指导，促进城市小学教师的教学工作质量。

三是建立有效的工作流程和管理机制。在管理团队的领导统筹下，学校应建立有效的工作流程和管理机制，以确保各项管理事务的顺利进行。例如，学校可以建立科学的课程开发和评估机制，制订明确的教学计划和安排，从而减小城市小学教师在教学准备和评估方面的压力。此外，学校还可以采用现代化的信息技术来支持管理工作，如使用管理软件、在线协作平台和数据分析工具等，提高管理效率和决策的准确性。

四是提供良好的职业发展机会和晋升通道。为了更好地支持教师的工作，学校应为城市小学教师提供良好的职业发展机会和晋升通道。这可以通过制订完善的教师培训计划、提供继续教育和专业发展机会来实现。学校可以组织教师参加研讨会、相关培训和学术交流活动，促进他们的学术成长和教学能力的提升。同时，学校应建立公正的晋升评价机制，根据教师的业绩和表现，给予他们晋升的机会和相应的激励，激发他们的工作积极性和工作动力。这样可以营造融洽的工作氛围，促进城市小学教师的个人成长和学校的整体发展。

五是加强沟通与合作。为了优化学校管理，加强管理团队内外部的沟通与合作至关重要。管理团队应建立良好的沟通渠道，确保信息的畅通和共享。定期召开管理会议，讨论学校管理的重要议题，并及时传达各级管理者的决策和指示。此外，管理团队还应与教师和其他教育工作人员保持密切合作，充分了解他们的需求和问题，并根据实际情况进行调整和改进。

六是建立监督和评估机制。为了确保学校管理的有效性，管理团队应建立监督和评估机制。管理团队可以制订明确的管理指标和评估标准，并定期对管理工作进行评估和反馈。通过监督和评估，管理团队可以及时发现问题并采取相应的改进措施，提高管理效能。

七是注重持续改进和创新。学校管理需要不断改进和创新。管理团队应持续关注教育领域的最新发展和最佳实践，借鉴其他学校的成功经验，并根据学校的实际情况进行创新。学校可以探索运用先进的技术手段，如人工智能、大数据分析等，来优化管理工作，并为学生提供个性化的支持和指导。

三、创建和谐幸福校园，增强幸福管理体验

（一）贯彻幸福教育理念，增强职业荣誉感

学校管理层应重视幸福教育理念的贯彻，并采取相应的措施增强教师的职业荣誉感，以推动教育事业的可持续发展，促进幸福教育理念在教师心中植根，帮助教师缓解压力，提升他们的职业幸福感。同时，这也将对学校整体的教育质量和氛围产生积极影响，为学生创造更加积极、健康和幸福的学习环境。

在幸福教育理念的贯彻方面，学校管理层应深入理解幸福教育理念的核心要义，认识到幸福教育对学生和教师的重要性，并将其作为学校管理的指导思想和目标；学校通过制订相关政策和计划，鼓励教师将幸福教育理念融入课堂教学和日常管理中；为教师提供幸福教育培训和资源，帮助他们更好地理解和应用幸福教育理念。培训内容包括幸福心理学、积极心态的培养、人际关系的建立和维护等知识和技能，旨在鼓励教师积极参与教育研讨会、相关培训、教学观摩和研究项目等，提升他们的教学能力和专业知识。同时，通过专业发展的过程，提高教师的幸福感和职业满足感。

在增强城市小学教师职业荣誉感方面，学校应建立明确的师德评价体系，明确教师师德行为的准则和标准。通过对城市小学教师的师德行为进行评价和肯定，增强教师对自身价值和职业荣誉感的认同；设立师德表彰奖励机制，定期评

选优秀教师，并给予相应的荣誉和奖励。这将激励教师遵守职业道德准则，为学生提供优质的教育服务，并增强教师的职业荣誉感；重视教师的自我管理能力的塑造，提供专业的培训和支持，帮助教师学习有效的时间管理、压力管理和情绪调节技巧，缓解教师工作压力，提升他们的职业幸福感；学校管理层应建立良好的教师交流与支持系统，鼓励教师之间分享经验、互相支持和合作。学校建立教师社群、定期组织教研活动和教师座谈会等形式，可以促进教师之间的互动与交流，增强他们的职业认同感；学校应为教师提供良好的职业发展机会和晋升途径，如设置教研岗位、组织专业培训项目、支持教师参与教育研究等，有助于激励教师不断学习和进步，增强他们的职业荣誉感；学校管理层应建立科学的学术评估体系，重视教师的教学成果和学术研究，对教师的优秀表现给予充分肯定和奖励，有利于鼓励教师积极投入教学和研究工作，提升他们的职业满足感和荣誉感。

（二）发展幸福教育文化，重视专业化成长

城市小学教师职业幸福感的获取与文化教育和专业发展密不可分，这是提升教师幸福管理体验的重要前提。建立和培养积极向上、关爱他人、注重情感和心理健康的幸福教育文化对于教师幸福感的提升具有重要意义。学校管理者应当积极组织心理健康讲座、情感教育培训等活动，以加强城市小学教师对幸福教育理念的认识和理解，从而提升教师的抗压能力，并为教师工作满意度的提升提供强力支撑。

首先，学校管理者应当重视幸福教育文化的培养。幸福教育文化强调学校的价值观、信念和行为准则，致力于培养学生和教师的幸福感。学校管理者可以通过倡导积极向上的心态、鼓励关爱他人、注重情感表达和心理健康等方面的教育，建立一种积极向上、关爱和支持的校园文化。此外，学校可以组织心理健康讲座、情感教育培训等活动，帮助教师更好地应对职业压力和情绪管理，从而促进教师的幸福感和职业满意度的提升。

其次，专业发展对城市小学教师职业幸福感的提升也具有重要价值。学校管理者应高度重视教师的专业发展，为其提供多样化的培训和学习机会，比如定期组织教研活动、专题讲座和研讨会，鼓励教师参与课题研究和教学创新。同时，支持城市小学教师参与行业协会和专业组织，提升他们的专业声誉和影响力。通

过这些措施，城市小学教师可以不断丰富自己的知识和技能，提高教学水平，增强职业自信心和满足感，减小工作压力。

幸福教育文化和专业化水平的培养可以在优化管理中缓解教师压力，为城市小学教师和学生创造一个包含支持性和幸福感的教育环境。这将激发城市小学教师的潜力和创造力，提高教学质量，同时增强教师对自身职业的满意度和荣誉感。学校管理者应当采取措施，不断改进和完善幸福教育文化和专业发展机制，为城市小学教师提供更好的发展环境和支持，推动城市小学教师职业幸福感的持续提升。

（三）勾勒幸福教育蓝图，引领高质量发展

学校管理者在推进幸福教育的过程中，应勾勒幸福教育蓝图，确保教育的全面发展和学校的整体进步。这一蓝图应以学生和教师作为两大教育活动的主体，从整体性角度出发，明确幸福教育的目标和策略，并注重培养教师和学生之间的情感和关系，为幸福教育奠定坚实的基础。

首先，学校管理者在推进城市小学幸福教育时，必须深入了解学生的特点，并在科学优化的管理制度下认真考虑，以确保城市小学教师职业幸福感的提升。虽然城市小学教师的教学压力在一定程度上得到了缓解，但他们仍然需要认真对待小学生的年龄特点，因为这将对教师的工作和幸福感产生重要影响。在这一背景下，学校管理者可以借助社会和家庭的力量，来减轻城市小学教师的工作负担。同时，要充分发挥教师的主观能动作用，重视他们的组织管理行为，使其成为幸福教育实践的生力军。

城市小学生正处于身心发展的重要阶段，他们的认知、情感和行为具有特殊的特点和需求。学校管理者应了解学生的个体差异、发展特点和心理需求，以便为教师提供针对性支持和指导。通过深入了解学生，学校管理者可以制定适当的教育活动和课程安排，为教师提供有效的教学资源和工具，从而减小他们的教学压力。社会和家庭是教育的重要支持系统，他们的积极参与和支持对于城市小学教师幸福感的提升至关重要。学校管理者可以与社会机构、家长和社区合作，建立家校社三方的协同合作机制。家长的参与和支持，可以减小教师的工作压力，共同关注学生的学习和成长。同时，学校管理者还可以与社会机构建立合作伙伴关系，通过开展丰富多彩的教育活动和资源共享，为城市小学教师提供更多支持

和帮助，从而提高他们的幸福感。城市小学教师作为幸福教育的重要实施者，其积极性、主动性和创造性对于幸福教育的实施至关重要。学校管理者可以通过激发教师的工作热情和积极性，鼓励他们参与教育改革和创新实践。同时，学校管理者还应重视教师的组织管理行为，为他们提供良好的工作环境和发展机会，以激发他们的工作动力和创造力。

其次，学校管理者应以先进的幸福教育理念为指导，推动以"五育并举，全人教育"为核心的教学管理理念，并完善城市小学教育管理制度，切实推进"幸福教育"工程。这包括培养学生的学习成就感、关注城市小学教师的职业荣誉感、赋予家长教育的认同感，以及让群众有教育的获得感，从而推动幸福教育模式的实现。

幸福教育追求全面发展，注重培养学生的身心健康、情感发展、社会适应和生活技能。学校管理者应积极引进先进的幸福教育理念和方法，构建符合城市小学特点和需求的教育模式。通过关注学生的整体发展，学校管理者可以培养学生的学习成就感，让他们在学习中获得满足感和成就感。城市小学教师是幸福教育的重要实施者，他们的职业荣誉感对于教学质量和教师幸福感的提升至关重要。学校管理者可以通过提供专业发展机会、鼓励教师参与教育研究与创新实践、建立教师交流平台等方式，提升城市小学教师的专业素养和教学能力，增强他们的职业荣誉感。家长是学生成长过程中的亲密伙伴，他们的支持和参与对学生的幸福教育起着重要作用。学校管理者可以加强与家长的沟通与合作，鼓励家长参与学校活动和家庭教育，提供家庭教育指导和资源支持，从而赋予家长教育的认同感，增强他们对幸福教育的参与度和支持力度。幸福教育是整个社会都在关注的重要议题，学校管理者应当通过宣传教育工作的成果和价值，让人们意识到教育对于个人发展和社会进步的重要性。同时，学校管理者还应积极回应人们的教育需求，为人们提供优质的教育资源和服务，让人们能够切实感受到教育的重要性，从而增强社会对幸福教育的认同和支持。

此外，学校管理者还应以文化教育行动促进学校教育管理的高质量发展，并在优化教育管理制度的举措中有效缓解城市小学教师职业幸福感。学校建立积极向上、关爱他人、注重情感和心理健康的幸福教育文化，可以为城市小学教师提供支持和引导，以提高他们的职业幸福感和满意度。

第二节　在提升涵养中获取专业成长

教师职业幸福感的提升不仅依赖于教学和管理压力的减小，同时建立在自身专业化实力进一步夯实的基础上，教师自身涵养的提升对于职业幸福感的理解和认识尤为重要，将乐教、能教、会教作为重要的突破口，在教师涵养的提升中获取专业的成长，进而提升城市小学教师的职业幸福感，如图6-3所示。

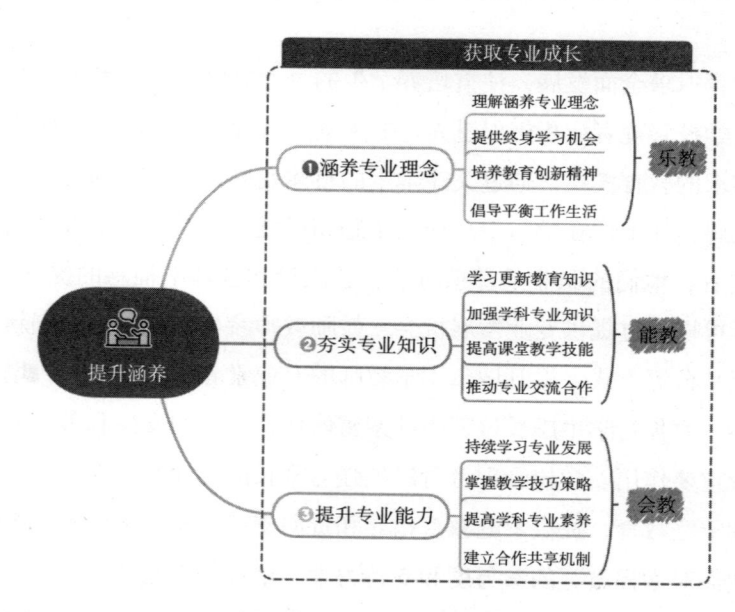

图6-3　提升涵养策略图

首先，从理解涵养专业理念的角度出发，呼吁教师职业素养的培养和提升；为城市小学教师提供终身学习的机会，以便教师在多变的教育环境条件下应对不同难度的教学挑战；倡导培养教师的教育创新精神，为教育教学方式提供新颖的角度；此外，平衡教师的工作和生活同样重要，以精神追求的满足充沛教学的力量，从而使得教师在乐教中涵养专业理念，提升职业幸福感。

其次，以夯实专业知识为切入点，通过学习更新教育知识，加强学科专业知识，提高课堂教学技能和推动专业交流合作的方式，促使教师不断提升自身专业化水平，使其在能教中获取幸福感。

最后，加强教师专业能力水平的提升，以教师职业的未来发展为导向，倡导教师积极参与新的教育理念、知识的学习，通过继续学习专业发展的有效方式，以便更好地为教育教学服务；学习和掌握多元化的教学技巧和方法，实现教师专业教育能力的提升，从而有效提升学科的专业素养，同时构建全方位的教育资源共享和合作机制，使得教师在会教中获取职业幸福感，进而为职业涵养的提升打下坚实基础。

一、涵养专业理念，在乐教中提升教师幸福感

（一）理解涵养专业理念

教师的职业幸福感与其专业发展密切相关，因此充分理解教师专业理念的培养对提升城市小学教师的职业幸福感至关重要。中小学教师的专业核心素养和教育境界一直是培训的核心内容，师德素质、知识技能和实践体验的培养课程涵盖了教师专业发展的主要因素。从师德素质培养的角度出发，教育部门应发挥领导作用，加强对教师职业的宣传和价值认可，呼吁学校积极开展城市小学教师的专业认知教育活动，以深厚的教师职业素养滋养幸福教育的理念内涵，推动城市小学教师专业化成长，并激发教师职业自豪感。

从教师职业知识技能维度出发，应秉承"术业有专攻"的价值原则，树立以专业为新时代教师底气支撑的培养导向。通过专业培训和教学研讨活动，进一步夯实教师的学科理论知识基础；利用师范生教学技能的培养模式，为教师提供和创造教学改革实践平台，加强教师师范技能的培养。从知识和技能两个层面细化教师职业的专业发展内容，为教师提供明确的发展目标，从而提升教学质量和教师职业成就感。将实践体验作为衡量教师职业幸福感的核心要素，学校管理者需要在学校、家庭和社会一体化的支持性工作环境中，组织教师教学和管理工作的良好实践。通过良好的实践经验获取教师实践技能的提升，同时得到教师涵养的升华，促使专业化能力的成长。学校管理者提供专业发展机会、支持教师的自主权和创新精神、建立支持系统和积极的工作文化，可以帮助教师更好地发挥自己的专业能力，获得成就感和满足感，进而提升职业幸福感。

为实现这一目标，教育部门应制定相应的政策和指导方针，为城市小学教师专业发展提供支持和指导。学校管理者应积极创造良好的工作环境，鼓励教师参与专业学习和研究活动，并提供培训机会和资源支持。同时，学校还需要加强城市小学教师职业的社会认可和价值体现，提高城市小学教师职业的社会地位和待遇，以激励更多人加入教师队伍，并吸引优秀人才从事教育工作。城市小学教师个人也应积极主动地寻求专业发展的机会，不断充实自己的教育知识和技能，与同行进行交流和合作，以提高自身的专业素养和职业幸福感。另外，城市小学教师专业发展还需要注重教师的情感与情绪管理能力。城市小学教师在教育实践中面临各种挑战和压力，需要具备情感稳定和情绪管理能力。因此，教育部门可以提供相关的培训和支持，帮助教师掌握情感管理技巧，提高心理韧性和自我调节能力，从而增强城市小学教师的职业幸福感。此外，城市小学教师的职业幸福感还与教师的工作认同和自我实现密切相关。城市小学教师应对自己的教育事业充满热情和保持使命感，认同教师的角色和价值。因此，学校和教育部门可以通过组织教师座谈会、分享教育经验和成功案例等方式，加强教师之间的交流与互动，培养教师的工作认同感和荣誉感，进一步激发教师的职业幸福感。

最后，城市小学教师的职业幸福感与工作环境和工作条件密切相关。学校和教育部门应关注城市小学教师的工作负担和压力，为他们提供良好的工作条件和支持，如减轻教师的行政负担、合理安排工作时间、改善教师的福利待遇等。同时，也应注重建设积极向上的工作文化，营造和谐的师生关系和团队氛围，提高教师的工作满意度和幸福感。

（二）提供终身学习机会

在当今社会，城市小学教师在教育事业中扮演着重要角色。为应对不断变化的教育环境和教学挑战，城市小学教师需要不断更新自己的教育理念、教学方法和专业知识，以塑造终身学习的自主意识。只有通过持续不断的教育学习活动和机会，教师才能提高自身涵养，进而增强应对教育挑战的专业化能力。尤其是在高速发展的新时代，教育领域的改革已成为必然趋势，对城市小学教师的教学管理能力提出了更高的要求。因此，培养高素质专业化的卓越教师将成为化解这一难题的契机。为帮助城市小学教师实现终身学习，各级教育部门应该发挥带头作用，学校层面应主导并支持教师的进修学习和学位提升工作。这需要给予教师一定的物质和时间保障，以引导他们不断提升自己的专业地位，并寻求个人职业发展的机会。在线和上线下相结合的教学模式下，学校为城市小学教师制订灵活的学习和教学工作计划，以扫清继续深造的时间和空间障碍。这在一定程度上既顾及了教师的教学工作，同时也为他们提供了获取更高学历和学位的机会，通过不断的专业成长来提高教师职业幸福感。

城市小学教师终身学习的机会不仅有助于提高他们的教育水平，还能有效缓解教师在工作中的各种压力，对城市小学教师职业幸福感的提升具有积极作用。终身学习的机会可以通过多种方式实现，包括专业发展、进修学习、研究项目参与、合作分享和导师指导等。这些机会应该由教育部门和学校共同提供和支持，以确保城市小学教师能够持续不断地提升自身的专业能力。此外，学校还应培养城市小学教师的学术研究能力。教师作为教学管理的实施者，具有丰富的实践经验和专业知识，他们有机会将这些经验和知识转化为学术研究成果，为教学管理的创新提供改革思路。为了提高城市小学教师的学术研究能力，学校可以设立学术科研基金，资助教师参与教学改革创新研究，以提升教师的实践创新能力，培养综合素质强的卓越教师。通过提供终身学习的机会，学校可以帮助城市小学教师不断提升自身的专业能力，实现个人成长和职业发展，从而获得更大的满足感和幸福感。这样的终身学习机会不仅有助于提高城市小学教师的教育水平，也促进了教育事业的发展，为教育事业的繁荣做出了积极贡献。因此，持续投资和支持城市小学教师的终身学习应成为教育改革的重要策略之一，以推动教育的创新与发展，构建更加美好的教育未来。

为有效推动城市小学教师的终身学习，学校可以采取以下措施：（1）为城市小学教师提供多样化的学习途径和机会，包括参加教育研讨会、专业培训班、学术交流会等。同时，鼓励教师充分利用教育社群、在线教育平台等学习资源，拓宽知识视野。（2）设立导师制度，由经验丰富的教师担任导师，为新教师提供指导和支持。导师可以分享自己的教学经验和教育理念，帮助新教师适应教育环境，并在实践中不断成长。（3）鼓励教师参与研究项目，学校为教师提供参与教育研究项目的机会，鼓励他们深入研究教育问题、开展实践探索，提高自身的研究能力和创新能力。（4）建立科学的评估体系，对教师的学习和专业发展进行评估，为优秀教师提供晋升和奖励机会，激励他们不断学习和进步。（5）促进学校之间的合作与交流，组织教师之间的互访和交流活动，借鉴和分享优秀教育经验，共同提升教育质量。（6）鼓励教师参与教育政策的制定和实施过程，使他们的声音能够得到重视和表达，推动教育改革的方向和进程。以上措施，可以为城市小学教师提供更广阔的学习空间和机会，促进他们不断学习和成长，提高教育质量和城市小学教师职业幸福感。终身学习不仅是教师个人的需要，也是教育事业发展的需要，只有不断学习和进步，教师才能更好地引导和培养下一代，为社会的发展做出更大贡献。

（三）培养教育创新精神

在充分了解教师涵养专业理念的前提条件下，重视教育创新精神的培养，从思辨的角度理性分析幸福教育理念下的教学创新方法。幸福教育作为一种新兴的教育理念，强调培养学生的整体幸福感和综合素养，要求教师在教学过程中探索创新方法以满足学生的快乐成长需求。因此，教育创新精神的培养成为实现幸福教育目标的重要出发点。教育部门鼓励和支持城市小学教师探索新的教育理念和教学方法，可以为教育创新提供动力。

在新时代的教育变革下，以学生和教师的教学主体为中心，引导教师了解和学习最新的教育趋势和创新实践。教育部门可以通过开设教育研究项目、聘请业界知名专家和管理者组建创新团队或研究小组等方式，为城市小学教师提供充足的资源和制度支持，使其履行思考和探索教育问题的职责。通过这些措施，城市小学教师可以为幸福教育的组织实施提出建议性解决方案，进一步推动教师尝试新的教学方法和教育技术，从而引领教育创新实践的可行性发展。这种探索过程不仅可以激发教师的创新精神，增强教师的职业满足感，更有助于提升幸福教育的整体质量。

在政策和制度完善的同时，为教育的创新实践提供技术层面的支撑也很重要。教育科技被视为促进教育创新的重要工具。教育部门应将部分教育资源投资教育科技设备和平台，为城市小学教师提供必要的技术支持和培训，使他们在教学中能够灵活地运用教育科技。通过教育科技的运用，城市小学教师可以创造多元化的教学方式和场景，激发学生的学习兴趣，同时提升自身的教学效果和成就感。教育部门应该充分认识到教育科技在教育创新中的重要性，并与教育科技企业合作，共同推动教育科技的发展，为教师创造更好的教学环境。除了技术层面的支持，建立交流合作平台也是激发城市小学教师创新精神的重要途径。教育部门可以组织教师之间的交流活动，如教学研讨会、教师培训班等，让教师有机会分享自己的教学经验和创新成果，相互借鉴和启发。同时，教育部门还可以建立合作网络，促进教师之间的合作研究和项目开展，共同探索教育创新的路径。探索新教育理念和教育方法、创造创新环境、提供科技支持、建立交流合作平台等多种方式的使用可以激发教师的工作激情和工作动力，提高教学质量，并助推城市小学教师职业幸福感的提升。

综上，通过教育部门的支持和引导，城市小学教师可以探索新的教育理念和教学方法，为幸福教育的实施提供建议性解决方案。同时，教育部门应该重视教育科技的应用，为城市小学教师提供技术支持和培训，创造多元化的教学方式和场景，提升教学效果和成就感。建立交流合作平台，促进城市小学教师之间的合作和共享，进一步激发城市小学教师的创新精神和职业满足感。这些措施的施行可以推动教育创新实践的可行性发展，提高城市小学教师的教育质量和幸福感，为学生的幸福成长奠定坚实的基础。

（四）倡导平衡工作生活

在教学工作中寻找快乐并在善于和乐于教学中获取幸福，需要平衡城市小学教师的工作和生活，满足他们的精神追求。为了解决这一难题，学校可以在原有的教师教学管理制度之上，以城市小学教师的工作和生活为出发点，优化教师教学工作的内容和方式，从空间变换和时间灵活性的角度减小教师参与教学管理工作的压力，为城市小学教师的业余生活提供更多选择，提高教师的职业幸福感。

城市小学教师想要更好地平衡工作和个人生活，可以借助学校的管理部门制定适应的工作时间和休假政策。这些政策应当有利于教师在工作和生活之间找到平衡。对于某些教师工作性质特殊的情况，学校可以制定更为灵活的上下班时间，并根据需要安排休息日和假期。例如，小学体育教师的大部分教学课程集中于下午或上午的后半部分，学校可以适当放宽这些教师的上下班考勤要求，并为他们安排自由的时间来处理每周的学生管理工作，提高教学管理效率，进一步解放教师的时间。对于教师空闲时的自由时间，学校可以对其健康的生活方式和家庭社交关系做出一定要求，以积蓄能量，提高工作效率。学校可以组织健康促进活动，鼓励教师积极参与体育运动、健身活动和休闲娱乐活动等。学校还应为教师提供健身设施、健康教育和咨询服务，帮助教师养成良好的生活习惯，保持身心健康。

从家庭和社会人际关系的角度来看，学校可以提供家庭支持措施，如灵活的家庭照顾安排和家庭支持资源。学校还可以鼓励教师与同事建立积极的社交关系，如组织聚餐、团队活动和社交聚会等，促进教师之间的友谊和互助。为有效提升城市小学教师的职业幸福感，学校可以通过倡导平衡工作生活的方式来扩展以上内容。这包括制定灵活的工作安排、鼓励健康的生活方式、支持家庭和社交关系、提供心理健康支持以及建立清晰的工作目标和期望等。学校管理部门可以与教师合作，确保工作安排合理，避免工作压力过大，并提供必要的培训和支持，以帮助城市小学教师在教学工作中产生成就感和满足感。此外，学校还应鼓励教师参与专业发展和学术研究，为他们提供机会与其他教师合作开展创新教学项目，增强城市小学教师的工作满意度，扩大职业发展空间。

综上所述，以城市小学教师的工作和生活为切入点，优化教师教学工作的内容和方式，并从空间变换和时间灵活的层面减小教师参与教学管理工作的压力，可以有效地提升教师的职业幸福感。这需要学校管理部门的支持，制订适应教师需求的工作时间和休假政策，并为城市小学教师提供健康促进活动、家庭支持措施和交流沟通机会。同时，学校应鼓励教师提高个人专业素养，并为其提供必要的培训和支持。通过这些措施，城市小学教师在教学工作中可以获得更多快乐和幸福，实现工作与生活的平衡。

二、夯实专业知识，在能教中提升教师幸福感

（一）学习更新教育知识

教育理论知识和技能是教师必备的素质，对于提升教师的教学能力和专业素养具有重要作用。通过不断提高自身在教育领域的知识技能，教师在教学过程中展现出卓越的品质，并获取职业幸福感。因此，城市小学教师应该树立终身学习的先进意识，不断拓展教学和教育相关的知识量，并秉承"吾日三省吾身"原则，提升自我教育素养，努力成为幸福教育实施的助推者。

为提升城市小学教师的教育理论知识和技能，学校和教育部门通常会提供各种培训和学习机会。教师应该主动参与教育部门和学校组织的职后教学培训和教

育研究项目，通过梳理和总结教育知识，促进教育知识和技能的创新性更新。这些培训和项目可以帮助城市小学教师了解最新的教育理论、教学方法和教育政策，提高他们的教学能力。在闲暇时间，教师应定期阅读教育相关的书籍、研究论文和教育杂志，了解最新的教育理论和实践。这可以拓宽教师的视野，深入了解教育领域的前沿知识，提升专业素养。教师还可以积极参加学术会议和研讨会，与同行进行探索性交流，从而汲取教学经验，挖掘教学方法和策略。

在持续提升自身的过程中，教师应及时寻求同事和领导的反馈意见，了解自身的教学优势和现存的不足。教师应进行必要的反思，分析自己的教学过程和效果，寻找改进的机会。这种反思和改进的过程是教师职业发展中不可或缺的一部分。同时，教师应结合自身的需求，制订教育专业发展的可操作性计划，以提升自身的自律性和专业素养。这包括设定明确的目标和阶段性任务，制订学习计划和时间表，并积极寻求学习资源和学习伙伴的支持。持续学习和发展是教师职业成长的关键，也是提高教师幸福感的重要途径。通过学习更新教育知识，夯实专业知识，教师可以提升自己的教学能力和专业素养，增强对教学工作的自信心和满足感。同时，教师还可以通过教育研究和创新项目，将所学的知识应用于实践，与同行进行交流和合作，共同推动教育事业的发展。

综上所述，教师应该通过不断夯实教育理论知识和技能，拓展专业容量，提升教学能力和专业素养。他们可以通过参与职后教学培训和教育研究项目，阅读教育相关的书籍和文献，参加学术会议和研讨会等方式来不断更新自己的知识。同时，教师还应该寻求同事和领导的反馈，进行自我反思，并制订具有可操作性的教育专业发展计划，以推动个人的专业化发展。持续学习和发展是教师职业成长的关键，也是提高教师幸福感的重要途径，通过持续学习，教师可以提升自己的教学能力，增强对教学工作的自信心和满足感，为幸福教育的实施做出积极贡献。

（二）加强学科专业知识

学科专业知识和教育知识技能在教师的职业发展中起着重要作用。教育知识技能是教师必须具备的素养，它包括了教学方法、课堂管理、评估和反馈等知识和技能。这些教育知识技能是教师能够有效地组织和实施教学活动、促进学生学习和发展的基础。然而，学科专业知识则是衡量教师教学水平的重要标准。它指的是教师在所教学科领域的知识深度和广度，包括学科的核心概念、理论框架、研究方法和最新的学科发展动态等。

城市小学教师要想提高教学能力，首先需要提高所教学科的专业知识水平。教师应该积极参与学科相关的学习和研究活动，包括阅读学科相关的书籍、教材和研究论文，了解最新的学科知识和理论发展趋势。此外，城市小学教师参加学科培训和学习活动，与学科领域的专家进行交流和学习，可以拓宽视野、更新知识，并与同行进行学科问题的讨论和分享。城市小学教师持续深入学习所教学科的知识，不断提升自己的学科专业水平，这样可以加深对学科的理解和掌握，提高教学质量。同时，城市小学教师应该持续关注学科领域的最新研究成果和教育改革动态，了解最新的教学理念和教学方法。城市小学教师应参加学科相关的研讨会、学术会议和教育展览等活动，与同行交流经验、分享教学资源，并了解最新的教学创新和实践案例。此外，城市小学教师利用学校和教育机构提供的专业资源，如图书馆、实验室、在线教育平台等，进行学科研究和教学准备，探索学科教学的新思路。这可以帮助城市小学教师不断提升自己的教学水平，为学生提供更加优质的教学服务。

此外，城市小学教师还可以通过定期参加学科培训和进修课程，获得相关学科的专业认证和资格。例如参加教育局或学校组织的认证培训课程，这些课程可以提供系统化的学科知识和教学方法的培训，帮助教师不断更新学科知识。通过参加这些培训和认证活动，教师可以获得学科专业知识的权威认可，增强自己在学科领域的信心和能力。通过加强学科专业知识的学习和应用，教师可以展现出更高的教学水平和自信心。这有助于教师在学科教学中取得更好的成果，为学生的学习和发展提供优质的教学服务。教师的学科专业知识水平对于培养学生的学科素养和批判性思维至关重要。教师只有具备深厚的学科知识，才能在教学过程中准确传递学科的核心概念和原理，引导学生深入理解学科的本质和内涵。学科专业知识的提升也有助于教师更好地应对学科教学中的挑战和问题。教师通过不断学习和研究学科领域的最新知识，可以及时了解学科的前沿知识和研究动态，掌握学科教学的最新理念和方法。这样，教师可以灵活运用多种教学策略和资源，设计和实施符合学科特点和学生需求的教学方案，提高学生的学习效果和兴趣。最后，学科专业知识的提升还能够激发教师的创新思维和教学热情。当教师深入学习和研究学科领域时，会接触各种学科交叉和前沿领域的知识，这为教师带来新的教学启发和创新思路。教师可以尝试将不同学科的知识进行整合和应用，设计跨学科的教学活动，培养学生的综合能力和创新思维。

综上所述，学科专业知识是衡量城市小学教师教学能力和专业素养的重要标准。教师应该通过积极学习、研究和专业培训，不断提升自己的学科专业水平，保持对学科前沿和教学发展趋势的关注。通过加强学科专业知识的学习和应用，教师可以展现出更高的教学水平和自信心，提高教学质量，对学生的学习和发展产生积极影响，同时提升自身的幸福感和职业满意度。

（三）提高课堂教学技能

在教育领域，城市小学教师的教学技能是保证学生学习质量和教育效果的重要因素之一。为提升城市小学教师的专业化教学能力，学校有必要采取一系列措施来培养和发展城市小学教师的课堂教学技能。提升教师的课堂教学技能需要多方面的努力和措施。城市小学教师应积极参加学科专业的培训和研讨会，观摩其他教师的课堂教学，掌握多样化的教学策略，引入创新的教学工具和技术，实施个性化和差异化教学，并进行自我反思和自我评估。通过这些努力，教师能够不断提升自身的教学水平，提高学生的学习效果和教育质量，为培养具有创新思维和综合素养的学生做出更大的贡献。

第一，参加学科专业的培训和研讨会是提升城市小学教师教学技能的重要途径之一。教师可以参与针对特定学科的专业培训，系统学习该学科的最新理论和知识。这有助于教师了解学科的前沿发展和研究成果，掌握有效的教学策略和方法。同时，参加研讨会可以与其他教师进行交流和分享，汲取他们的经验和教学智慧，拓宽自己的教学视野。

第二，观摩其他教师的课堂教学是一种有益的学习方式。教师可以定期观摩其他优秀教师的课堂，了解他们的教学风格、教学方法和教学技巧。观摩可以帮助教师发现自身的不足之处，同时学习其他教师成功的教学实践。通过观摩，教师可以深入了解如何组织和引导学生的学习，如何处理课堂管理和互动等方面的问题，并将这些经验运用于自己的教学实践中。

第三，掌握多样化的教学策略对于提升教师的教学技能至关重要。不同的教学策略适用于不同的学习场景和学生需求。教师应该学习并灵活运用多样化的教学策略，如合作学习、问题解决、探究式学习、案例分析等。通过多样化的教学策略，教师可以激发学生的学习兴趣和积极性，提高学习效果。此外，教师还可以通过反思和评估自己的教学实践，不断优化和调整教学策略，以提高教学质量。

第四，引入创新教学工具和技术是提升教师教学技能的重要方向之一。数字化时代，教育技术的发展为教师提供了丰富的教学资源和工具。教师应积极探索并引入创新的教学工具和技术，如教学软件、在线资源、互动白板等。这些工具和技术可以增强教学的互动性和趣味性，提高学生的学习效果和教师的教学满意度。此外，教师还应不断关注教育技术的最新发展，了解如何有效地应用这些工具和技术，以提升自己的教学能力。

第五，个性化和差异化教学是提升教师教学技能的重要策略之一。教师应了解学生的个体差异和学习特点，根据学生的需求和能力设计个性化教学和差异化教学方案。个性化教学应注重满足每名学生的学习需求和兴趣，教师可以根据学生的不同学习程度和学习风格，提供个别指导和支持，使每名学生都能在适合自己的学习环境中取得进步。差异化教学则强调教师应根据学生的不同能力水平和学习进度，有针对性地设置教学目标和教学内容，安排不同层次和难度的学习任务，以满足学生的个体差异。通过个性化和差异化教学，教师可以更好地激发学生的学习动力和积极性，提高他们的学习成绩和学习满意度。

除了上述措施外，教师还应不断进行自我反思和自我评估。教师可以通过观察学生的学习情况和反馈，回顾自己的教学过程，思考教学中的问题和不足，并寻找改进的方法。此外，教师还可以与同事进行教学交流和合作，共同探讨教学问题，分享教学经验，互相促进和提高。

（四）推动专业交流合作

教学工作是将教育理论和学科知识转化为实践的过程，而课堂教学技能是城市小学教师提高教学质量的必要手段之一，对教师的教学能力产生重要影响。在不同学科和教育领域，课堂教学技能的培养可以采取多种方式，比如参加学科专业的培训、观摩其他教师课堂教学、掌握多样化的教学策略、引入创新教学工具和技术以及实施个性化和差异化教学等。

首先，参加学科专业的培训和研讨会对城市小学教师的教学技能提升至关重要。教师应积极参与教学技能培训和学科研讨会，以学习最新的教学方法和教学策略。通过专业培训，教师可以了解最新的教育趋势和研究成果，提升自身的教学技能和教学效果。其次，观摩其他教师的课堂教学是教师提升教学技能的有效途径之一。教师可以定期观摩其他优秀教师的课堂教学，学习他们的教学技巧和方法。观摩可以帮助教师发现自身的不足之处，同时汲取他人的经验和教训，提高自己的教学水平。再次，掌握多样化的教学策略对于教师的教学技能提升非常重要。教师应学习并灵活运用多样化的教学策略，例如，小组合作学习、问题解决、案例分析等。通过灵活运用不同的教学方法，教师可以激发学生的兴趣和参与度，提高教学的效果。此外，引入创新教学工具和技术也有助于提升教师的教学技能。教师可以积极探索并引入创新的教学工具和技术，例如，教学软件、在线资源、互动白板等。这些工具和技术可以增加教学的互动性和趣味性，提高学生的学习效果和教师的教学满意度。最后，个性化和差异化教学也是教师提升教学技能的重要方向之一。教师应了解学生的个体差异和学习特点，根据学生的需求和能力设计个性化教学和差异化教学方案。个性化和差异化教学可以更好地满足学生的学习需求，提高学习成绩和教师的成就感。通过以上措施，城市小学教师可以有效提升自身的教学技能，进一步激发工作热情和动力，推动教育工作的发展。不断提升教学技能是城市小学教师专业化发展的必然要求，也是为了更好地满足学生学习需求和推动教育进步的重要保障。

　　建立学习社区和合作网络对于城市小学教师的专业发展和教学能力提升具有重要意义。通过与同事进行专业领域内的交流和合作，教师能够快速获取所需的专业知识，并进行专业技能学习。这种合作形式可以促进教师之间的资源共享、经验分享和教学方法的交流，从而拓宽视野，学习其他教师的优点和经验，共同提升教学水平。首先，学校可以定期组织教研活动、交流会议或工作坊，促进教师之间的专业交流和合作。教师可以邀请具有丰富经验和专业知识的同事分享教学资源和成功经验，进行教学案例分析和讨论。这种集体讨论和经验分享的方式能够促进教师之间互相学习和启发，激发创新的教学思路和教学方法。其次，积极参与教育领域的专业组织和研究项目。教师可以参加学术会议、研讨会和讲座，与同行交流和分享研究成果。教师通过参与研究项目，与其他教师进行合作研究，可以推动教学和教育改革的发展，拓展自己的专业视野，增加专业知识，提高研究能力。再次,寻求专业指导和合作伙伴的支持。教师可以寻求具有丰富经验和专业知识的教师作为指导和合作伙伴,与他们共同研究教学问题,探讨教学策略,并互相提供反馈和建议。通过与优秀教师的合作,教师可以不断学习和成长,提高自己的专业素养。最后,教师可以利用技术平台和社交媒体进行在线专业交流和合作。加入教育专业的在线社群,参与讨论和分享,与全球范围内的教师建立联系。通过在线平台,教师可以获取更多的教学资源和教学灵感,同时与其他教师进行互动和合作。此外,开展合作教学项目也是一种有效的方式。教师可以与其他学校或班级合作开展教学项目,如主题研究、课题探究、学科竞赛等。通过合作教学,教师之间可以共同探索和实践创新的教学方法,互相启发和支持,进一步提高自己的教学水平和职业幸福感。

总之,建立学习社区和合作网络对于城市小学教师的专业发展和教学能力提升至关重要。教师可以通过与同事的交流合作,共享资源、分享经验,并参与各类专业活动和在线社群,拓展自己的专业视野,增加专业知识,提高研究能力。通过这些合作,教师可以实现与同行共同成长,相互学习和启发,进一步提高自己的教学水平和职业幸福感。

三、提升专业能力,在会教中提升教师幸福感

(一)持续学习专业发展

持续学习对于城市小学教师的专业发展具有重要意义。教育领域一直处于不断发展和变化之中,新的教育理念、教学方法和教育技术不断涌现。教师需要不断更新自身的知识和技能,以适应这种变化并为学生提供更好的教育服务。

首先,持续学习有助于城市小学教师拓宽专业知识领域。教育领域的知识日新月异,教师需要及时了解最新的研究成果、理论框架和教育政策。通过参与学术研讨会、学术会议和专业培训等,教师可以接触前沿的教育思想和研究成果,了解最新的教学方法和教育技术。同时,教师还可以通过阅读教育学术期刊和专业书籍,深入研究特定领域的理论和实践。这一学习过程使教师在自己的专业领域具备更深入的理解和专业素养。其次,持续学习有助于城市小学教师提高教学能力和教学质量。教师可以通过学习新的教学方法和教学策略,不断改进自己的教学实践。例如,教师可以学习游戏化教学理念和方法,以提高学生的参与度和

积极性。此外，教师还可以学习多媒体教学技能，运用现代化的教学工具和资源，增强教学吸引力和效果。通过持续学习和不断改进教学，教师可以提高学生的学习成果和满意度，培养他们的终身学习能力。

此外，持续学习可帮助城市小学教师适应不同类型的学生和多样化的学习环境。每名学生都是独立的个体，有不同的学习风格、兴趣和特点。教师需要了解学生的背景和需求，灵活调整自己的教学策略，为每名学生提供个性化的学习支持。通过学习不同的教学方法和教育理论，教师可以更好地理解学生的多样性，并根据需要实施差异化教学。此外，教师还可以学习跨文化教育理念和技能，增强自己在多元文化环境中的教育能力，为学生提供包容和平等的教育服务。最后，持续学习对于城市小学教师个人发展和职业晋升具有重要意义。教师可以通过持续学习提升自己的专业能力和知识水平，增强自己在教育领域的竞争力。持续学习还可以为教师提供更广阔的职业发展机会，如参与教育研究项目、担任教育顾问或从事教育管理等。通过不断学习和提升自己的专业素养，教师可以实现个人价值，并为教育事业的发展做出更大贡献。

总之，城市小学教师应该通过持续学习来更新自己的专业知识和教学技能。通过自学、参加专业培训、研讨会、学术会议和在线课程等方式来提升自己的专业知识；通过阅读相关的教育研究论文和书籍，与同行交流和分享经验，并通过反思实践来提高自己的教学效果和专业能力。灵活运用多媒体教学资源、游戏化教学和合作学习等方法，以激发学生的学习兴趣和提高学习效果。同时，关注教育科技的最新发展，尝试将其应用于教学实践中；充分了解学生的学习风格和需求，灵活调整教学策略，确保教学内容与学生的实际需求相匹配。此外，教师还应合理安排自己的闲暇时间，保持身心健康，并与家人和朋友保持良好的关系，建立支持系统，以缓解工作压力。通过持续学习和专业发展，教师可以提升自己的专业能力，并在教学中获得更大的幸福感，激发学生的学习热情，促进教育的发展。

（二）掌握教学技巧策略

学习教学方法和技巧是提高教学质量和效果的有效途径，对于城市小学教师的教学能力提升具有重要意义。通过掌握并灵活运用多样化的教学方法，教师在能教的基础上向会教转变，从而扎实推进教学能力的提升。

首先，教师应该掌握并灵活运用多种教学方法，如讲述、示范、讨论、合作学习、问题解决等。通过多样化的教学方法，教师能够满足不同学生的学习风格和需求，激发其学习兴趣和主动性。根据教学内容和学生群体的特点，教师应了解学生的差异和需求，尽可能地实施个性化教学，选择合适的方法来促进学生的学习。其次，教师应定期对学生进行评估，了解他们的学习进展和困难，以便及时调整教学方法和内容。通过学生评估，教师能够了解学生的学习情况，发现问题，并采取相应的教学措施。同时，教师应及时给予学生反馈，帮助他们了解自己的学习进展和需要改进的地方。学生的反馈也可以为教师提供对自己教学的评估和改进意见，建立良好的反馈机制，促进学生和教师之间的互动和合作。再次，教师还应确保教学目标明确，能够进行有效评估。学生应明确每个教学单元的目标是什么，以及如何评估自己的学习成果。教师可以使用各种评估工具和方法，如测验、作业、项目等，来评估学生的学习成果。通过明确的教学目标和有效的评估，教师能够指导学生朝预期的学习目标前进，同时为教师提供反馈和改进的依据。最后，教师应鼓励学生积极参与课堂活动，培养他们的主动学习能力和解决问题能力。采用互动式教学方法，如讨论、小组活动、角色扮演等，能够让学生在学习过程中发挥主导作用，积极参与学习。这种互动式教学不仅能提高学生的学习效果，也能增强教师的教学满意度。

总之，教师通过学习教学方法和技巧，可以提升自身的教学质量和教学效果。通过掌握多样化的教学方法，个性化教学，定期进行学生评估，给予及时反馈，确保教学目标明确并进行有效的评估，鼓励学生积极参与课堂活动，教师能够提高教学质量，促进学生的学习效果。这些措施能够帮助教师实现能教到会教的转变，不断提高教育教学质量和教学效果。值得指出的是，教师的教学方法和技巧的学习需要不断更新和适应日益变化的教育环境和学生需求，同时也需要教师不断努力和反思，以提高自身的教学能力和专业素养。通过以上措施的实施，教师能够更好地满足学生的学习需求，激发学生的学习兴趣和主动性，促进学生的全面发展和成长。城市小学教师教学质量的提高也将为教育事业的发展和学生的未来奠定坚实的基础。

（三）提高学科专业素养

提高学科专业素养是每位城市小学教师在教育教学工作中的重要任务。为实现这一目标，教师应采取多种策略，包括阅读相关学术文献和专业书籍，关注领域内的最新发展和趋势，以及持续深入学习和掌握所教学科的核心知识和最新研究进展。

首先，城市小学教师应当通过阅读相关学术文献和专业书籍不断扩充自己的知识储备。学术文献是学科领域内专家学者们对于研究成果和理论探索的智慧结晶，具有较高的可靠性和权威性。通过阅读学术文献，教师可以了解最新的研究成果、理论发展和学科前沿。专业书籍也是教师获取学科知识的重要来源，通过阅读专业书籍，教师可以系统地学习学科的基本理论和实践经验。通过持续的学习和阅读，教师可以不断拓宽自己的学科视野，增强自己对学科的理解和把握能力。同时应密切关注学科领域的最新发展和趋势。学科领域不断发展和演变，新理论、新方法和新研究成果层出不穷。教师应该主动获取最新的学科信息，了解学科的最新动态，掌握学科的前沿知识。教师可以通过参加学术研讨会、学术交流活动、专业培训等方式获取最新的学科信息。此外，教师还可以通过关注学科领域的权威学术期刊和专业网站，订阅学科相关的电子邮件列表和论坛，及时获取相关学术资源和研究成果。通过跟进学科的最新发展，教师可以不断更新自己的知识体系，保持与学科的同步。

其次，城市小学教师应及时更新教材和教学资源，确保教学内容与时俱进。教材是教师教学的基础，是学生学习的主要依据。城市小学教师应该关注教材出版社的最新版本，了解教材的更新和改进情况。如果发现教材内容已经过时或不足以满足学生的学习需求，教师可以积极寻找和使用新的教学资源，包括多媒体教具、在线教育平台、教学软件等。通过多样化的教学资源，教师可以更好地满足学生的学习需求，激发学生的学习兴趣和动力。另外，教师还应注重培养自身解决学科问题的能力。学科问题解决能力是指教师在面对学科相关的难题和挑战时，能够运用学科知识和解决问题的方法，找到解决问题的途径和策略。教师可以通过参与学科研究项目、与同行进行合作研究、参加学科竞赛等方式培养自己的问题解决能力。教师还应鼓励学生进行实际问题的探索和解决，培养学生的批判性思维和创新能力。通过引导学生进行独立思考和实践探索，教师可以培养学生学科问题解决能力，帮助他们理解和应用学科知识。同时，教师自身也应不断思考和解决学科领域难题，提升自己的问题解决能力。教师可以通过参与学术讨论、与同行交流、进行自主研究等方式，不断挑战和拓宽自己的学科视野，提高自己的学科问题解决能力。

通过提高学科专业素养，城市小学教师能够更好地理解学科知识和教学要求，提高教学质量和专业能力。教师的专业素养不仅是教学工作的基础，也是教师个人成长和发展的关键。具备高水平的学科专业素养的教师能够更好地应对教育教学改革进程中的诸多挑战，为学生提供优质的教育教学服务，城市小学教师的专业素养的提高也能够增强其幸福感和满意度，使其在教育教学工作中更具成就感和自信心。

综上所述，提高学科专业素养是城市小学教师在教育教学工作中的重要任务。教师可以通过阅读学术文献和专业书籍、关注学科的最新发展和趋势、及时更新教材和教学资源等方式来扩展自己的学科知识。同时，教师还应注重培养自身解决学科问题的能力，帮助学生理解和应用学科知识。通过提高学科专业素养，城市小学教师能够提高教学质量和专业能力，从而增强自身的幸福感和满意度。

（四）建立合作共享机制

建立合作共享机制是提高教育质量和促进幸福教育模式形成的重要举措。在此机制下，教育部门、学校以及社会教育机构和家庭之间密切合作，构建多层次的合作教学框架，并建立共建共享合作机制，以协同推进教育质量的提高。

从学校层面来看，加强城市小学教师之间的合作与学习是建立合作共享机制的基础。教师可以通过组织教研活动、教学观摩以及同课异构等形式展开合作学习。这些活动为教师提供了观摩他人教学实践、交流和反馈的机会，从而提升自己的教学组织管理能力。此外，教师还可以积极进入教育领域的专业组织和教师社群，参与讨论和活动。这些组织和社群为教师提供了一个平台，让他们可以与同行交流、分享经验，并得到专业支持和反馈。教师参加研讨会、工作坊、研究小组等活动，与其他教师建立联系和合作，共同推进教育事业的发展。

在学校或教育机构内部，建立城市小学教师团队合作机制也是重要一环。通过建立团队合作机制，加强教育机构和学校之间的联系，教师可以与之共同策划教学活动、编写教材、设计教学方案等，实现协作和互补，从而提高教学效果。团队合作使教师能够分享资源、相互支持和提供反馈，共同成长。此外，教师还应加强与其他教师的跨学科合作，开展综合性项目和课程。通过跨学科合作，教师可以促进学科之间的融合和交叉，为学生提供更加丰富的学习体验。

此外，加强学校之间的合作与交流是建立合作共享机制的重要环节。教师们通过交流访问和合作研究项目等形式，与其他学校教师建立合作关系，相互学习、借鉴经验，丰富教学方法，扩大教学视野。这种合作共享的机制有助于提升教师的专业能力和幸福感，推动教育质量的提高，并为幸福教育模式的形成提供坚实的基础。同时，学校管理部门和政府部门也应积极支持与促进学校间的合作和交流，为建立合作共享机制提供必要的支持和保障。

建立合作共享机制有助于城市小学教师之间的相互支持和合作，促进教学经验和资源的共享，提升教师的专业能力和幸福感。同时，这种合作共享机制也能够营造一个积极、合作和互相学习的教育环境。学校、教育部门以及社会教育机构和家庭之间的紧密合作，将为教育质量的提高和幸福教育模式的形成提供坚实的基础。

第三节 在美化环境中愉悦教师身心

教师的心理状况和满意程度是映射教师职业幸福感的重要指标，而工作环境对教师职业幸福感的提升产生直接影响。良好的工作环境可以使教师心情更愉悦，从而提高教师职业幸福感。因此，将美化环境作为愉悦城市小学教师身心和提高其职业幸福感的重要手段，可以从提升教师的归属感、积极精神、参与感和自尊感着手，如图 6-4 所示。

首先，鼓励教师参与到学校的决策和治理中。教师作为教育教学的一线工作者，对教育活动的流程和事项非常清晰，有助于教学方案的科学规划，同时增强教师在参与过程中的团队荣誉感；支持教师的接续发展，使其拥有继续提升自己的机会和平台，增强教师对于教学工作的归属感。以充分实施民主的方式，建设积极认可的制度环境，进一步优化教师工作中的制度环境。

其次，采用塑造积极思想和肯定自我成就的方式，促进教师焕发向上的积极精神，始终坚持正向引领，以建设积极进取的心理环境。这样，教师在积极乐观的心理环境氛围下，可以保持良好的心理状态，从而达到愉悦教师身心的目的。

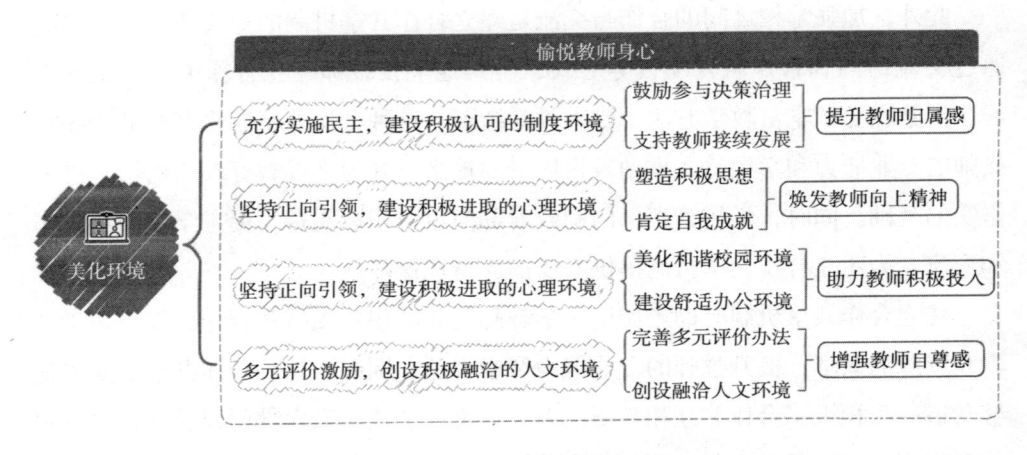

图6-4　美化环境策略图

再次，从校园环境角度切入，以舒适清爽的办公环境为出发点，助力教师积极投入。学校构建和谐的校园环境和舒适的办公环境，为教师营造宜人的校园氛围，从而增强教师对城市小学校园环境的融入感受，进而达到愉悦教师身心的目的。

最后，采用多元评价的方法为教师创设积极融洽的人文环境。学校通过完善多元化的评价方法，准确评估教师的能力水平，以科学化的评价方法肯定教师的教学质量和成就。

此外，学校还可以建立融洽的师生关系和同事关系，助力良好人际关系的产生，从而提升教师自尊感。

一、充分发挥民主决策，建设积极认可的制度环境，提升教师归属感

（一）鼓励参与决策治理

鼓励城市小学教师参与学校的决策和治理过程对于优化教师的教学管理具有重要意义。城市小学教师是学校教学的实践者和重要参与者，他们对于教学工作和学生管理具有丰富的经验和专业知识。学校鼓励教师参与决策治理，可以充分发挥教师的主体作用，提高教学管理的科学性和民主性，促进教师的发展和学校

的进步。

首先，鼓励城市小学教师参与决策治理可以有效提高教学质量。教师是教学的核心，他们对于教学方法、教材选择和课程设置等有丰富的经验和独到的见解。学校鼓励教师参与学校教学工作的决策过程，可以充分倾听教师的意见和建议，将教师的专业知识和实践经验融入决策中，这样可以确保决策的科学性和可行性，提高教学质量和学生学习效果。例如，学校可以成立教学工作研讨委员会，由教师代表组成，定期讨论和制订教学计划、教学改革方案等。同时，在制定教学评价标准和课程评估体系时，学校应该邀请教师参与，确保评价的公正性和有效性。

其次，鼓励城市小学教师参与决策治理可以增强教师的参与感和责任感。教师参与决策过程可以让他们的声音被听到和受到尊重，在学校教学管理中发挥更大的作用。这种参与感能够激发教师的积极性和创造力，促进他们更加投入教学工作中。同时，教师也能够更好地理解和接受学校的决策，因为他们对整个决策过程，有更深入的了解。这可以增强教师对学校的归属感和责任感，提高他们对学校事务的关注度和主动性。

再次，鼓励城市小学教师参与决策治理可以促进专业学习和发展。教师参与决策过程，可以与同行进行交流和合作，分享经验和教学方法，相互学习和提高。通过参与决策过程，教师可以更好地了解教育政策和教育理念的最新动态，更新自己的教育知识和教学技能。这种专业学习和发展不仅有助于提高教师的教学能力，还可以为他们的职业发展提供更广阔的舞台。例如，通过参与学校决策和治理，教师可以积累丰富的管理经验，为担任学校管理职位或教育顾问等做好准备。

最后，鼓励城市小学教师参与决策治理可以促进学校的民主和和谐发展。教师作为学校的一员，他们对于学校事务有直接参与和了解的权利。学校通过鼓励教师参与决策治理，可以建立学校内部的民主机制，营造合作氛围。教师通过代表团队、委员会或教务会等形式，参与学校的决策讨论和决策制定过程。这可以确保决策的多元性和代表性，避免由个别人或小团体的利益主导决策。同时，教师之间的交流和合作也能增进彼此之间的理解和信任，促进学校内部的和谐和团结。

综上所述，鼓励城市小学教师参与学校的决策和治理过程对于优化学校教师的教学管理产生积极影响。城市小学教师参与学校的决策和治理可以提高教学质量，增强其参与感和责任感，促进专业学习和发展，以及学校的民主和和谐发展。因此，学校应该积极采取措施，为教师提供参与决策和治理的机会，建立开放、民主和合作的教育管理模式，以实现教师的个人发展和学校的整体进步，为学生提供更优质的教育服务。

（二）支持教师接续发展

城市小学教师的专业发展对于提高教育质量和促进学校整体发展至关重要。为支持城市小学教师的专业成长，学校可采取一系列措施，如设立专项经费、制订个人专业发展计划、提供专业发展机会等，旨在表明学校对教师的重视，增强他们的归属感，并为他们提供一个鼓励创新和实践的环境。

首先，学校可以设立专项经费，用于支持教师参与专业发展活动。这包括参加学术研讨会、培训课程、研修班等。通过参与这些活动，教师可以更新自己的专业知识和教学技能，与同行进行交流和合作，拓宽自己的教育视野。此外，学校还可以与教师共同制订个人专业发展计划，根据教师的需求和目标，有针对性地提供支持和指导，帮助他们实现自己的职业发展规划。

其次，学校可以鼓励教师开展教育研究、教学项目，改进教学实践。教育研究可以促进教师对教育理论和实践的深入思考，提高他们的专业素养和研究能力。教学项目和教学研究可以激发教师的创新意识，帮助他们不断改进自己的教学方法和教学策略，提高教学效果。为了鼓励教师提出创新想法和实施创新实践，学校可以设立创新奖励机制，给予他们相应的奖励和荣誉，从而激发教师的积极性和创造性。

再次，学校还应鼓励教师与学生建立良好的互动和关系。师生之间的信任、尊重和合作是教育过程的重要因素。学校可以鼓励教师与学生进行个别辅导、小组讨论和社交活动，创造积极的教育环境。通过与教师的互动，学生能够感受到教师的关心和支持，进而增强对教师的信任。这种积极的师生关系可以促进学生的学习动力和学术成就，同时教师的专业发展提供了有益的反馈。

最后，学校可以通过建立民主、自由的制度来提高教师的工作积极性、教学质量，进而推动学校整体发展。例如，学校可以建立健全的评估体系，对教师的教学和专业发展进行全面评价，为优秀教师提供晋升和奖励机会，激励他们不断提高教育质量。此外，学校还应鼓励教师分享自己的专业知识和经验，参与学校发展的决策和改革过程，增强他们的责任感和参与度。

综上所述，支持城市小学教师的专业发展对于提高教育质量和推动学校整体发展至关重要。学校可以通过设立专项经费、制订个人专业发展计划、提供专业发展机会等方式，为教师提供支持和机会。同时，学校应营造鼓励创新和实践的环境，支持教师开展教育研究、教学项目，改进教学实践。学校应鼓励教师与学生建立良好的互动和关系，促进师生之间的信任、尊重和合作。学校应通过建立民主、自由的制度提高教师的工作积极性、教学质量，进而推动学校整体发展，增强教师的满意度和幸福感。这将有助于教师实现专业化接续发展，为学生提供优质的教育服务。

二、坚持正向引领，营造积极进取的心理环境，焕发教师的向上精神

（一）塑造积极思想

塑造城市小学教师的积极思想对于提高教育质量和促进学生发展至关重要。在新时代背景下，社会对教师的期望越来越高，教师需要塑造积极的思想，为学生树立正确的价值导向起到榜样和引领作用。

首先，学校领导和管理层应重视教师的心理健康问题，并传递积极向上的力量。教师的心理健康对于其工作效能和学生的成长至关重要。学校领导可通过组织心理健康培训、心理咨询服务和心理辅导等方式，帮助教师认识和应对心理问题，如工作压力、情绪管理、职业倦怠等。同时，学校领导和管理层应鼓励教师保持乐观、向上的心态，倡导正面思维，引导教师积极面对挑战和困难，发掘问题中的机会和潜力。

其次，城市小学教师应当正视自己的职业，并充分理解教师职业的奉献精神和神圣性。教师职业是一项崇高的事业，需要教师将其视为神圣不可亵渎和值得一生坚持和热爱的职业与事业。教师应该认识到自身的使命感和责任感，将学生的成长和发展放在首位，并在教学实践中不断追求教育的理想和远大的目标。同时，城市小学教师应当认识到自身职业的行业优势。在工资待遇方面，教师的薪酬水平逐步提高，并越来越受到重视。教育部门也倡导关心教师的福利待遇，为

其提供良好的工作条件和环境。学校应确保教师的工作任务合理，给予适当的休息和放松时间。同时，关注教师的健康和平衡发展，使他们保持工作热情和向上精神。

此外，学校管理者应制定健全的制度，为教师处理人际关系提供便利，采取人性化的管理模式。人际关系对教师的工作和心理状态产生重要影响。学校可以建立良好的师生、师师和师长之间的沟通渠道，提供合理的教师评价体系和反馈机制，帮助教师解决人际关系问题。此外，学校管理制度应体现公平、公正和透明，确保教师的权益得到尊重，从而激发教师的积极乐观态度。

综上所述，塑造城市小学教师的积极思想需要从多方面入手。学校领导和管理层应重视教师的心理健康问题，传递积极向上的力量。教师应正视职业使命和行业优势，并保持乐观积极的心态。同时，学校为教师提供合理的工资待遇和福利待遇，关注教师的健康和平衡发展，使他们保持工作热情和向上精神。学校管理者应制定健全的制度，处理好教师的人际关系，并为其提供人性化的管理模式。这可以有效塑造教师的积极思想，为学生的成长和发展发挥良好的引领和示范作用。

（二）肯定自我成就

城市小学教师的肯定和成就对于提高教学质量、激发教师的工作动力和幸福感，以及推动学校整体发展具有重要意义。本研究将从教师身份的多重性、学校管理层的支持与反馈、奖励机制和发展机会等方面展开论述，旨在提供专业的学术观点和建议。

首先，城市小学教师的身份应被看作其多重身份中的一部分，不能将所有教师的优良品质集中于一人身上，以免给教师的工作和生活带来不必要的负担。教师个体的特点和能力各异，应该根据个体的实际情况和努力程度来评价其成就和贡献。同时，教师和社会在审视教师身份时应持有客观公正的态度，避免将教师的整个人格和自我价值等同于其教师身份。

其次，学校管理层应提供及时的支持和反馈，认可教师的努力和成果。学校应当设立奖励机制，如设立优秀教师奖、教学创新奖等，肯定教师的教学成就和贡献。这些奖励可以采用多种形式，比如颁发荣誉、奖励、晋升等，以激励教师追求卓越和向上发展。此外，学校应及时反馈教师的优秀表现，如通过评估和评价系统，提供具体的肯定和建议，鼓励教师继续努力并超越自我。同时，学校应为教师提供多样化的发展机会，鼓励教师参与专业培训、学术研究、教学创新等活动。专业培训可以推动教师专业知识和教学技能的更新和提升，学术研究可以促进教师的学术成长和培养创新能力，而教学创新则可以激发教师的创造力和实践能力。通过这些发展机会，教师可以感受自我成长，从而激发积极向上的心理状态。

此外，营造积极向上的心理环境对于城市小学教师的肯定和成就至关重要。学校管理者通过鼓励和支持教师之间的交流和合作，使其建立良好的互动和沟通关系，营造和谐的团队氛围和学习氛围。同时，学校管理制度应注重公平、公正和透明，确保教师的权益得到尊重，避免不公正对待和偏见，从而激发教师积极向上的工作态度。

综上所述，城市小学教师的肯定和成就对于提高教学质量、激发教师的工作动力和幸福感，以及推动学校整体发展具有重要意义。学校管理者应提供及时的支持和反馈，通过奖励机制肯定教师的教学成就和贡献，并为其提供多样化的发展机会。同时，营造积极向上的心理环境，提高他们的工作动力和幸福感，有助于教师实现自我价值，进而推动学校的整体发展。

三、美化校园环境，建设舒适清爽的办公环境，助力教师积极投入工作

（一）美化和谐校园环境

美化和谐校园环境的重要性不言而喻。和谐美丽的校园环境对学生和教师来说是一个理想的场所，同时也对教学工作的开展起到了积极的促进作用。校园环境包括校园本身的绿化环境和依托于校园文化和校园人群所形成的文化环境。为了改善校园的景观和绿化，增加植被和花草是首要任务。这不仅可以为教师和学生提供一个愉悦的学习和工作环境，还有助于提升其情感体验。同时，为教师提供舒适的休息区域和户外活动空间，使他们能够在自然环境中得到放松和恢复，提高工作效率和满意度。保持校园环境的整洁和安全也是至关重要的，学校应定期进行维护和清洁工作，并提供良好的卫生设施和安全措施，以确保教师能够在安全、舒适的环境中工作。

除了校园的绿化环境外，校园文化环境的建设也很重要。这关系到领导与教

师之间、教师与教师之间、教师与学生之间以及学生与学生之间的关系问题。学校的管理既要体现领导对教师的约束力，又要充分尊重教师，体现教师的民主地位。领导层级的管理虽然对教师具有约束力，但也要给予教师一定的自主权和决策权，以激发教师的积极性和创造性。同时，教师应服从领导的管理，同时也要对领导进行监督，确保管理的公平性和合理性。教师与同事的关系也需要谨慎对待，同事之间应该互帮互助，遇到矛盾和冲突时，应尽量化解，避免矛盾激化，保持同事关系的融洽和和谐。

教师和学生是教育活动的实践主体，他们之间的关系也应慎重对待。教师在进行思想和文化教育的同时，应对学生保持充分的尊重和关怀，倾听他们的声音和需求，并为他们提供适当的指导和支持。学生应该服从教师的管理，同时也要及时反馈教师的不足之处，以促进教师的成长和提高教学质量。最后，学生与学生之间的关系也是创建和谐校园的重要因素。学生应该培养友善、合作和互助的精神，保持良好的人际关系，这有助于减轻教师的教学负担，营造一种和谐宜人的学习氛围。

（二）建设舒适办公环境

教师的办公环境对于他们的心理状态和工作效果产生重要影响。舒适的办公环境可以使教师心情愉悦，促进教学质量的提高，并增强教师的幸福感。教师的办公环境包括办公室和教师休息室两类。对于办公室，学校应提供舒适、宽敞、明亮的空间，确保教师在工作时能够得到良好的体验。这包括提供符合人体工程学原理的舒适座椅、宽敞的办公桌和足够的存储空间，使教师能够有序地进行教学准备和文件管理。同时，提供高质量的办公设备和工作设施，如高速互联网、打印机、复印机等，以提高教师的工作效率和便利性。对于教师休息室，学校可以提供舒适的休息区域，包括舒适的座椅、供教师放松休息的环境和设施，以及提供健康饮食和饮料。这样的休息空间有助于教师放松和恢复精力，进而提高他们的教学效果和幸福感。

学校应提供优质的教室设施和教学资源，确保教师有良好的教学条件。这包括提供充足的教学用具、教材和多媒体设备，以满足教师的教学需求。例如，学校可以配备现代化的投影仪、电子白板和音响设备等，以支持教师的多媒体教学。同时，学校还可以提供良好的教室布局和环境，确保教师和学生在教学过程中能够获得舒适和安全的体验。良好的教室设施和教学资源可以提高教师的教学效果，增强他们的专业满意度和幸福感。为了满足部分教师的个性化需求，学校还可以允许教师在个人办公空间进行个性化装饰，展示他们的个人风格和特点。这可以增强教师对工作空间的归属感和满意度，并激发他们的创造性和工作热情。个性化装饰包括挂上照片、摆放植物、展示教学成果等，以营造一个温馨、个性化的工作环境，从而使教师更愿意投入工作，提高他们的工作满意度和幸福感。

可见，办公环境对于教师的心理状态和教学效果产生重要影响。学校可以为教师提供舒适、宽敞、明亮的办公室或休息室，以及舒适的座椅、办公设备和工作台。此外，学校提供优质的教室设施和教学资源，包括充足的教学用具、教材和多媒体设备，以满足教师的教学需求。同时，学校允许教师在个人办公空间进行个性化装饰，展示他们的个人风格和特点，有利于增强教师对工作空间的归属感和满意度。教师在一个舒适的办公环境中工作，心情愉悦，更有动力去履行教育教学职责，这有助于提高教学质量和教师的专业发展。

然而，舒适办公环境的打造并非仅仅依靠提供舒适的设施和装饰，还需要关注与教师的有效沟通。学校应该积极倾听教师的意见和建议，了解他们的需求，并根据实际情况进行改进和调整。只有教师真正参与和反馈，才能打造舒适的办公环境，提升教师的工作满意度和幸福感。

综上所述，打造舒适的教师办公环境对于提高教学质量和教师的幸福感具有重要意义。学校为教师提供舒适、宽敞、明亮的办公室或休息室，配备舒适的座椅、办公设备和工作台，提供优质的教室设施和教学资源，允许个性化装饰，都是实现这一目标的重要措施。学校通过营造一种宜人的工作氛围，可以激发教师的工作热情，提高他们的工作满意度和幸福感，从而促进教育教学的发展。

四、建立多元评价激励，创设积极融洽的人文环境，增强教师自尊感

（一）完善多元评价办法

教师教学质量的评价是教育领域至关重要的议题。为了准确评估教师的能力水平，并避免主观评价对教师自尊的伤害，应该从教师教学和学生学习成果两个方面进行综合评估。科学化的评价方法对教师的教学管理工作进行评价，可以有

效地反映教师的教学能力，并通过多样化的评价方法和工具来评估教师的教学质量和专业发展。其中，借助数字化的教学管理平台是一种可行的方式。该平台可以将学校评估和教师评价的标准内容融入系统中，从而解放教师和管理人员的双手，并通过人工智能技术减小教师的工作压力。除了传统的考试和成绩评价外，学校还可以引入教学观察、同行评估、学生评价、课程设计评估等多元评价方式。

教学观察和同行评估是评价教师教学质量的重要手段。学校的教学质量评价部门可以组建由资深教师和优秀教师构成的教学评价督导小组，负责进行教学观察和同行评估。他们以客观的眼光对教师的教学质量进行评估，并采用一种"掐头去尾"的计分方法，计算教师的平均得分，作为教师评价的重要依据。

此外，学生评价在以学生为中心的教育评价改革中具有重要意义。站在学生的视角，客观评价教师的教学行为和能力，能够全面了解教师的教学能力和贡献。学生的感知对教师课堂教学的评价尤为重要，因此应高度重视学生评价的结果。通过学生评价，教师可以获得对自己教学效果的反馈，从而不断改进和提高教学水平。为确保评价体系的公开、公正和公平，学校应建立一个完善的评价机制。学校通过表彰、奖励和颁发荣誉等方式，肯定教师的努力和成就，确保教师的贡献得到公认和尊重。教师的专业发展也应该作为评价的重要指标之一，鼓励教师参加教学培训和进修课程，提供专业发展的机会和支持。

可见，评价教师的教学质量是一项复杂而重要的任务。通过科学化的评价方法和多样化的评价工具，结合教学观察、同行评估、学生评价和课程设计评估等方式，可以全面准确地评估教师的教学能力和贡献。学校建立一个公开、公正、公平的评价体系，充分肯定教师的努力和成就，这将有助于激励教师不断提高自己的教学水平，并推动教育的进步和发展。

（二）创设融洽人文环境

创设融洽的人文环境是学校管理和建设中不可或缺的一环，涵盖了学校内部所有人际关系和情感氛围，对于促进师生之间的互动和沟通至关重要。在这一人文环境中，教师与学生之间的良好关系是核心要素之一。建立积极的师生关系有助于增强学生的学习动机和参与度，提高教学效果，同时也有助于提高教师的职业满意度。

在创造积极融洽的人文环境中，尊重是基础。教师应尊重学生的个体差异和多样性，充分尊重学生的观点和意见，这可以通过倾听学生的声音、鼓励他们表达自己的想法和提供积极的反馈来实现。教师还应鼓励学生之间相互支持和合作，培养学生之间的友好关系，营造一个充满温暖和尊重的教育环境。这可以通过组织团队活动、合作项目和互助学习等方式来实现。

在处理学生之间的矛盾和冲突时，学校管理者和教师应采取适当的措施。了解事情的原委是解决矛盾的重要前提，学校和教师应当听取各方的陈述和意见，并遵循公正、公平原则。在处理矛盾时，学校和教师应坚持以问题为导向，而非以个人攻击为目的，遵循"对事不对人"原则。对于犯错的学生，适当的惩罚是必要的，但也应给予他们改正错误的机会和指导。同时，对于在教育活动或其他方面有卓越贡献的学生，学校和教师应给予适当的奖励和认可，以鼓励他们继续努力。

创设融洽的人文环境还需要关注教师的幸福感和满意度。教师是教育活动的实施主体，他们的自尊感和满意度直接影响其教学质量和工作动力。为增强教师的自尊感，学校管理者应重视教师的意见和建议，赋予他们相应的决策权和参与权。提供专业发展的机会和资源，支持教师的教学研究和创新实践，以提高他们的专业水平和满意度。同时，建立奖惩分明的管理制度，公正评价教师的工作表现，激励教师更加努力地工作。

总之，创设融洽的人文环境对于学校管理和建设至关重要。通过尊重、支持和合作，建立良好的师生关系，妥善处理学生之间的矛盾和冲突，以及关注教师的幸福感和满意度，可以促进学校内部的和谐发展。这将有助于提高教学质量、激发学生的学习动力，并为学生和教师提供一个积极向上的学习和工作环境。

第四节　在增进关系中升华情感体验

和谐的人际关系是提升城市小学教师职业幸福感的重要一环，以增进校内和校外的联络关系，可有效升华教师的情感体验，从而在教学过程中迸发出旺盛的能量，促进城市小学教育新发展。因此，将校园人际关系作为突破口，从师生关系、同事关系和家师关系三个层面入手，重视教师情感体验的变化，进而提升教师职业幸福感，如图6-5所示。

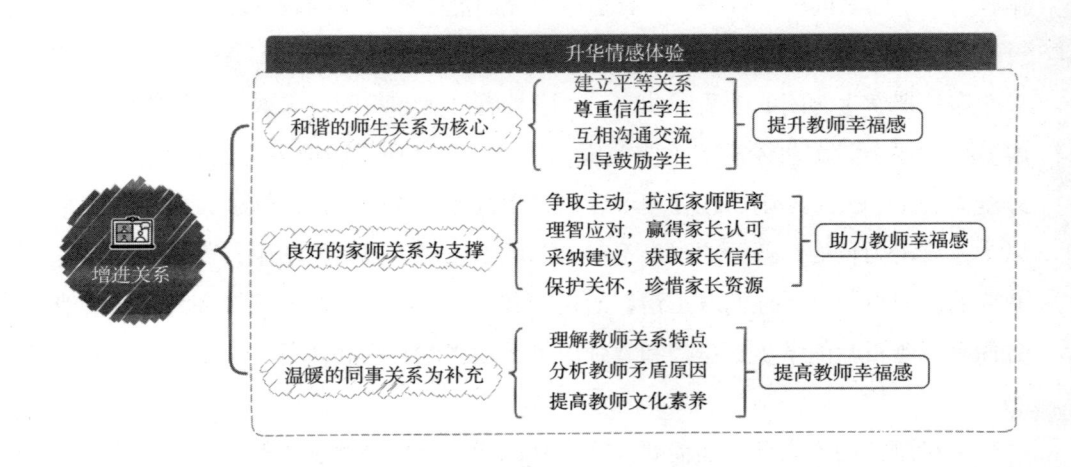

图6-5 增进关系策略图

首先，以和谐的师生关系为核心提升教师的职业幸福感。从学生的角度出发，将教师和学生看作两个主体，使其在教育活动和工作学习生活中建立平等的关系，从而营造良好的师生关系。基于平等关系的建立，教师充分尊重和信任学生，并与之相互沟通和交流，使其成为教学决策的参与者，促进教育教学高质量发展。同时教师应当引导和鼓励学生完成教学活动和任务，充分体现其主体性。

其次，以良好的家师该系为支撑助力教师职业幸福感的提升。家庭作为学校教育的第二阵地，对于校园教学和学生的发展起支撑作用。而教师与家长之间的和谐关系有助于高标准、严要求地完成教学任务，充分发挥第二阵地的作用，可有效提升教师、学生和家长的教学和学习体验。鉴于此，教师与家长之间应形成良好的合作关系，教师应当争取主动，拉近家师距离；理智应对，赢得家长认可；采纳建议，获取家长信赖；保护关怀，珍惜家长资源，从四条线索切入，助力教师幸福感的提升。

最后，以温暖的同事关系为补充提高教师幸福感。教师在日常的教学工作中无法避免与同事的相处，和谐融洽的同事关系也是教师工作的重要部分。对于改善教师的心理状态，减轻工作负担等都有积极意义，也更容易在教学工作中激发磅礴的团体力量和创造性。因此，维持和谐的同事关系应从理解教师关系的特点出发，构建具有共性价值的教师与同事之间统一的战线；分析教师矛盾案例的背后原因，将矛盾原因分解为不同维度和角度的问题，从而维系和谐的同事关系；同时重视教师文化素养的提升，着眼于教师自身的文化内涵和素养，以素质的提升降低同事关系劣变的可能性，以此升华教师的工作情感体验，从而提升教师的职业幸福感。

一、以和谐的师生关系为核心提升教师幸福感

（一）建立平等关系

建立平等关系是促进和谐师生关系的重要因素。教师和学生在教育教学活动中应处于平等的地位，以实现教学目标和提升教师职业幸福感。为了创造和谐的师生关系，教师应尊重学生的个体差异，给予他们充分的倾听和尊重。此外，教师还应了解学生的需求和兴趣，并积极倾听他们的意见和建议。教师应适度放低自己的姿态，树立平易近人的和蔼形象，为建立平等关系奠定坚实基础。

建立平等关系的前提是确保公平和公正，教师应避免偏袒任何一名学生，保证每名学生都有平等的机会参与课堂活动和获得资源。这可以通过建立公平、公正的评价标准来实现，避免任何形式的偏见和歧视。教师还应为师生之间建立积极的沟通渠道，让学生有机会表达自己的意见和观点。教师应鼓励学生提问、参与讨论，并积极回应他们的问题和需求。及时解决学生的问题和困难，建立起良好的信任关系。除了保持平等的身份地位，教师还应时刻牢记自己作为教师的职业身份，为学生提供足够的支持和关怀。教师应关注学生的个别需求和情感状态，提供必要的支持和关怀。了解学生的背景和家庭环境，积极提供帮助和指导。通过建立师生之间的信任和亲近感，学生能够感受到教师的支持和关心。

建立平等和谐的师生关系有助于促进教师与学生之间的互动和理解，创造和谐的学习环境，提高教学效果，并增强教师对教育事业的满意度和幸福感。在这种关系中，学生感受到被尊重和重视，教师能够更好地满足学生的学习需求和个体差异。同时，学生更愿意参与课堂活动，展示积极的学习态度和行为。教师应更好地理解学生，并为他们提供所需的支持和指导。这种平等关系的建立不仅对

学生的学习成就产生积极影响，也增强了教师的职业满意度。

综上所述，建立平等关系是促进和谐师生关系的重要因素。教师应尊重学生，确保公平和公正，并积极倾听学生的声音和需求。通过建立积极的沟通渠道和提供支持和关怀，教师能够创造一个和谐的学习环境，提高教学效果，并增强教师对教育事业的满意度和幸福感。这将为学生和教师的发展创造良好的条件，推动教育事业的发展。

（二）尊重信任学生

尊重和信任学生在建立和谐师生关系中起着至关重要的作用。教师应该视学生为教育过程的主体，通过与他们建立良好的沟通渠道来建立信任关系。在这个过程中，尊重学生的自主权和责任感是不可或缺的。尊重学生的意愿意味着给予他们自主决策的权利，以及为他们提供参与课堂决策和学习规划的机会。

为实现这一目标，教师可提供适合的选择和决策空间，鼓励学生积极参与学习过程，培养其自主学习能力和责任感。这种做法不仅能增强学生的自信心，还能让教师感受到学生的积极参与和合作态度。教师应积极倾听学生的意见和想法，给予他们表达自己观点的机会。同时，教师应该鼓励学生提出问题、提供反馈，并及时回应他们的关注和需求。组织合作学习和小组活动也是鼓励学生之间合作和互助的有效途径。通过培养学生之间的友善和团队合作意识，每名学生都能感受到集体的力量和支持。教师也可以成为学生之间合作的榜样，通过与学生互动和合作，建立师生之间的互信关系。

与学生建立个人联系并给予关怀也是建立和谐师生关系的重要方面。教师应该关注学生的个别需求和情感状态，给予他们关心和理解。了解学生的兴趣和爱好，鼓励他们追求个人目标。通过个人关怀和支持，教师可以与学生建立真实的联系和信任，从而增强教师职业幸福感。通过尊重和信任学生，教师能够促进学生的学习和发展，同时教师能感受到自己在教育事业中的重要性和价值，增强教师对教育事业的满意度和幸福感。研究表明，建立和谐的师生关系对学生的学业成绩、学习动机和心理健康产生积极影响。当学生感受到教师的尊重和信任时，他们更有动力去实现学习目标并展示自己的能力。同时，师生之间的信任关系也有助于教师更好地了解学生的需求和特点，从而为其提供更个性化的教育服务。

然而，实现尊重和信任学生的目标也存在一些挑战。教师需要平衡对学生自主性的支持和对学习的指导，以确保学生在自主决策中获得正确的引导。此外，教师还需要在与学生建立个人联系和关怀时保持适当的界限，以免过度干预或过度疏离。教师还需要考虑到学生的个体差异和背景，以便给予每个学生适当的支持和关注。

综上所述，尊重和信任学生是建立和谐师生关系的核心要素之一。通过给予学生自主权和责任感，鼓励他们参与决策和规划学习，教师可以增强学生的自信心和自主学习能力。同时，教师应该倾听学生的声音，给予他们表达自己的机会，并及时回应他们的关注和需求。教师可以组织合作学习和小组活动，鼓励学生之间的合作和互助，可以培养其友善和团队合作意识。此外，与学生建立个人联系，给予关怀，了解他们的需求和兴趣，可以增强师生之间的信任关系。通过尊重和信任学生，教师可以促进学生的学习和发展，同时提升自身的幸福感和满意度。

（三）互相沟通交流

与学生建立良好的沟通渠道是建立信任关系的关键，将尊重信任学生列为创建和谐师生关系的核心抓手之一。尊重学生意味着给予他们自主权和责任感，教师可以提供适当的选择和决策空间，让学生参与课堂决策和学习规划，鼓励学生主动参与学习过程，培养他们的自主学习能力和责任感，增强学生的自信心，同时让教师感受到学生的积极参与和合作。

教师应积极倾听学生的意见和想法，给予他们表达自己的机会。教师应设立一个开放的沟通渠道，鼓励学生提出问题、提供反馈，并及时回应他们的关注和需求。教师可以定期举办班会或问卷调查，收集学生对教学内容、学习环境和教师教学方法的意见和建议，从而更好地了解学生的需求和期望。教师可以组织合作学习和小组活动也是尊重信任学生的重要方式，可以促进学生之间的合作和互助，培养他们的社交能力和团队合作意识。教师还可以成为学生之间合作的榜样，通过与学生互动和合作，建立起师生之间的互信关系。教师应以身作则，展示积极的合作态度和行为，引导学生学会与他人合作和相互支持。教师可以鼓励学生分享知识和经验，促进彼此的学习和成长。同时，教师还可以作为学生的导师和指导者，给予他们支持和鼓励，帮助学生学习过程中充分发挥潜力。

尊重信任学生的教育理念符合现代教育的发展趋势，有助于创造积极的教育环境和促进学生的全面发展。在这个过程中，教师需要持续地进行自我反思和改进自己的教学方法和态度，以确保学生真正感受到他们的尊重和信任。

然而，要实现尊重信任学生的目标，并建立良好的师生关系，需要教师在实践中面临一些挑战。首先，教师需要将传统教学模式下的权威性角色转变为与学生平等对话的伙伴。这需要教师具备开放的思维和愿意接受学生参与和合作的态度。其次，教师需要耐心倾听学生的声音和关注他们的需求。教师可能会面临时间不足的挑战，但为了尊重学生，他们必须给予学生充足的时间和机会来表达自己。另外，教师还需要关注学生的个别差异和文化背景。每个学生都是独立的个体，他们有不同的学习风格、兴趣爱好和文化背景。教师应该尊重并适应这些差异，为学生提供个性化的学习支持和指导。最后，建立尊重信任学生的师生关系需要双方的共同努力。学生也需要学会尊重教师和他人，并展示合作和积极的学习态度。教师和学生之间的互动是一个相互影响的过程，需要双方的积极参与和合作。

总之，尊重信任学生是建立和谐师生关系的关键。通过给予学生自主权和责任感，积极倾听他们的声音并关注他们的个别需求，教师可以建立起与学生之间的互信和联系。这种关系有助于促进学生的学习和发展，同时提高教师的幸福感和满意度。然而，实现尊重信任学生的目标需要教师克服一些挑战，并需要学生的积极参与和合作。

（四）引导鼓励学生

引导和鼓励学生在教育环境中扮演着重要角色，教师作为教育活动的主持者和学生学习的引导者，应该将学生视为教学管理工作的核心，培养学生的主动性和积极性，激发他们的学习动力和好奇心，并帮助他们设定明确的学习目标，追求个人成长和进步。在建设以和谐师生关系为核心的校园时，教师可以从营造积极的学习氛围切入。为实现这一目标，多样化的教学方法和资源得到广泛运用，以激发学生对知识和学习的兴趣和热情。通过创造和谐的学习环境，教师可以引导学生积极参与课堂活动和学习任务，使其成为学习的主体。

教师可与学生一起制定明确的学习目标，并提供必要的指导和支持。教师的角色是指导者和支持者，通过帮助学生实现目标，教师能够体验到自己的影响力和成就感。激励是最好的导师，教师应该积极鼓励学生的努力和成就，让他们感受到自己的价值和重要性。教师可以与学生分享成功故事，正面评价他们的努力和进步。通过赞赏学生的努力，教师能够建立和谐的师生关系，并增强自己的幸福感。除了鼓励学生的努力和成就外，教师还应该鼓励学生主动参与学习过程，培养他们的自主学习能力，并养成自主学习的习惯。教师可以提供学习资源和工具，引导学生自主探索和解决问题。教师赋予学生自主权，让他们感受到自己的学习主体性和成就感。这种引导和鼓励的方式有助于建立和谐的师生关系，并增强教师的幸福感。

在教育研究领域，引导和鼓励学生的方法被广泛关注。研究表明，积极的学习氛围和鼓励能够提高学生的学习动力和成绩。当学生感受到教师对他们的关注和认可时，他们更有动力去实现学习的目标并展示自己的能力。此外，学生的自主学习能力对于他们未来的学习和发展至关重要。通过引导学生主动参与学习过程，教师能够培养学生的自主学习能力，为他们的终身学习奠定基础。

然而，教师在引导和鼓励学生时也面临一些挑战。每个学生都有不同的学习需求和个性特点，教师需要灵活运用不同的引导和鼓励策略。此外，教师还需要平衡引导和鼓励的力度，以确保学生的学习动力和自主性。过度引导会导致学生依赖性增强，而过度鼓励又会导致学生产生恶性竞争心态。因此，教师需要根据学生的个体差异和特点进行个性化引导和鼓励，以取得最佳效果。

综上所述，作为教育活动的实施者和学生学习的引导者，教师应将学生视为教学管理工作的重点，通过多样化的教学方法和资源，培养学生的主动性和积极性，鼓励学生对知识和学习保持兴趣和热情。教师应帮助学生设定积极的学习目标，并提供必要的指导和支持。通过赞赏学生的努力和成就，教师能够建立积极的师生关系，并增强自己的幸福感。此外，教师还应鼓励学生主动参与学习过程，培养他们的自主学习能力，养成自主学习的习惯。通过引导和鼓励学生，教师能够建立和谐的师生关系，为学生的学习和发展提供支持，同时提升自身的教育教学能力和幸福感。

二、以良好的家师关系为支撑助力教师幸福感

（一）争取主动，拉近家师距离

争取主动，拉近家师距离，对于教育领域的家校合作具有重要意义。家长和

教师作为学生的两位导师，在学生的全面发展中发挥着不可替代的作用。尽管社会常将家长定义为学生的生活导师，教师则被定义为学生的学习导师，但实际上，教师和家长共同承担着学生教育的责任和使命。因此，教师应积极发挥自身优势，促进家长与教师之间的合作与交流，实现校内校外的全面教育模式，以提高学生的学习能力和水平。

首先，教师应与家长保持定期沟通，及时交流学生的学习进展、困难和需求。通过家长会议、家长信函、电话、电子邮件等多种沟通方式，教师可以与家长进行密切互动，让家长了解学生在学校的表现，并提供必要的反馈和建议。定期家访也是促进教师与家长交流的重要方式之一。这样的沟通和交流有助于教师与家长之间建立信任和合作关系，共同关注学生的成长和发展。同时，教师应鼓励家长积极参与学校活动，如社区活动、学校展示日等，以便家长更好地了解学校的教育环境和教学内容，增加与教师的接触机会，促进双方的交流和互动。教师可以邀请家长参与课堂观摩、学校庆典等活动，让家长亲身体验学校的教育氛围，加强与教师的合作和理解。

其次，教师应尊重家长的意见和建议，认真倾听他们的想法和心声。家长作为学生的第一任教师，对于孩子的教育有深入的了解和关注。教师应该积极倾听家长的意见和建议，并在教育实践中加以考虑和应用。教师可以定期组织家长座谈会或开展问卷调查，征求家长对学校教育工作的反馈和建议。这种做法不仅能够增进教师与家长之间的合作关系，还能够提高教育质量。此外，教师应关注学生的家庭背景和个体差异。了解学生的家庭环境和需求，有助于教师更好地提供个性化的教育支持和指导。教师可以通过家访、问卷调查等方式了解学生的家庭情况，与家长共同探讨如何更好地帮助学生成长。这样的关注和支持能够增进教师与家庭之间的共情和理解，建立良好的家庭与教师关系。

最后，教师应该赞赏家长对学生教育的支持和合作。及时向家长反馈学生的进步和努力，让家长了解他们的付出得到回报。教师可以通过赞扬学生在家庭中的努力和成就，向家长传递正面信息。同时，教师也应该积极表达对家长的感谢和赞赏，让家长感受到他们的支持和合作是被认可和重视的。通过赞赏家长的支持，教师可以增强与家长的合作意愿和亲和力，进一步拉近家师距离。

通过争取主动，拉近家师距离，教师可以感受到家长的支持和理解，建立良好的家庭与教师关系，为教师的职业幸福感提供支撑。家长和教师作为学生的两位导师，共同肩负着培养学生全面发展的责任。二者只有通过密切合作和交流，才能够实现家校合作的目标，共同促进学生的全面发展。因此，教师应主动与家长建立联系，关注学生的家庭背景和个体差异，鼓励家长的支持和合作，共同促进学生的成长和发展。这种家校合作模式将为学生提供更加丰富和有效的教育资源，为他们的未来奠定坚实的基础。

（二）理智应对，赢得家长认可

在教育活动中，教师和家长之间难免会出现意见分歧，如果处理不当，则会导致教师和家长之间的矛盾，进而影响家庭与学校之间的和谐协作关系。因此，教师在与家长交流和互动时，应当以冷静和理性的态度为准则。当面临家长的质疑或不满时，教师应尽量不被情绪左右，而是以客观、理性的态度予以回应。理智的应对有助于缓解紧张氛围，促进问题的解决。为了实现这一目标，本研究将对理智应对的重要性进行探讨，并提供一些专业的学术建议。

首先，教师应当学会在家长质疑或不满时保持冷静。当家长对学校教学活动中的某个事件表示不满时，教师的首要任务是安抚家长的过激情绪。只有在家长情绪平静下来之后，教师才能够对事件进行客观评判。教师需要充分了解事件的经过和背景，以便给出合理且正确的解释。通过理性的态度回应家长的质疑，教师能够维护良好的家庭与学校关系，并为问题的解决提供基础。其次，教师在与家长进行交流时应重视倾听和理解。教师需要从家长的陈述中了解他们的诉求，以便调整自己的工作方式。给予家长足够的时间和空间表达观点和意见，并积极倾听家长的关切和需求。通过倾听和理解，教师可以表达对家长的尊重和关注，从而建立相互之间的信任关系。最后，当家长对教学、评估或其他问题提出疑问时，教师应当提供明确的解释和相关信息。通过清晰地解释教学策略、学生评估标准或学校政策，教师能够帮助家长了解教育决策的合理性和教学的科学性。教师提供充足的信息可以帮助消除误解，增强家长对教师的信任。

除此之外，教师还应积极解决问题并不断改进自己的教育实践，以回应家长的关切。教师应展示出对问题的重视和解决的决心，并通过实际行动来解决问题。积极解决问题和改进教学实践可以增强教师的专业能力和自信心，从而获得家长的认可。理智应对学校内外发生的各种应急事件对于教师赢得家长的认可至关重要。应急事件会对学生和家长造成不安和困扰,因此,教师在处理这些事件时应保持冷静和理性的态度,同时采取相应的行动来保护学生和回应家长的关切。通过理智应对,教师能够赢得家长的认可,并建立良好的家庭与教师关系。

综上所述,教师在与家长交流和互动时,应保持冷静和理性的态度。理智的应对有助于缓解紧张氛围,促进问题的解决。教师应当在家长提出质疑和不满时安抚其情绪,并在充分了解事件的基础上给出合理且正确的解释。教师应重视倾听和理解,表达对家长的尊重和关注,建立相互信任的关系。当家长提出疑问时,教师应提供明确的解释和相关信息,帮助家长了解教育决策的合理性和教学的科学性。此外,教师还应积极解决问题并改进教育实践,展示出对问题的重视和解决的决心,以增强教师的专业能力和自信心,获得家长的认可。通过理智应对各种校内外应急事件,教师可以获得家长的认可,并建立良好的家庭与教师关系,也为教师的幸福感提供了支撑和助力。

(三)采纳建议,获取家长信任

家长在未成年学生的教育中扮演着至关重要的角色,他们是学生的第一监护人和家庭教育的第一任导师。为了确保学生教育的高质量发展并减小教师的工作压力,教师需要获得家长的信任。

一是建立共同目标。共同目标的建立是教师与家长间建立信任关系的重要一环。教师应与家长共同明确学生的学习目标和发展需求,并强调双方的共同目标。通过展示与家长合作的意愿和决心,教师能够表达对学生学业发展和综合素养的关注。强调共同目标有助于增强家长与教师的合作意愿和互信,为建立良好的家庭与教师关系提供支持。

二是采纳家长建议。积极采纳家长建议是获取家长信任的重要策略之一。教师应积极鼓励家长提供建议和意见,并表示欢迎和重视他们的参与。家长针对学生提供的宝贵洞察和建议,对教师的工作和课堂管理大有帮助。因此,教师应及时回应家长提出的建议并给予反馈,表达对家长建议的感谢和认可,并解释采纳建议的原因和实施计划。教师应认真对待家长提出的建议,并考虑其可行性和有效性。家长是学生的第一监护人,他们的建议具有很强的参考性。如果建议合理且有助于学生的学习和发展,教师应该积极采纳并尝试实施。

三是建立合作机制。教师和家长的相互合作是建立信赖关系的关键。当家长提出的建议涉及问题或挑战时，教师应积极与家长合作解决。建立合作的态度和机制，共同寻找解决方案，增强师生家庭之间的互动和互信。教师可以与家长定期开展面对面的会议或线上讨论，分享学生的学习情况和发展进展，并邀请家长提供意见和建议。此外，教师还应该建立信息共享平台，及时向家长传达学校的教育政策和教学计划，增加家长对学校工作的了解。

综上所述，获取家长的信任是教师在学生教育中的重要任务。通过共同目标的建立，教师能够与家长明确学生的学习目标和发展需求，并强调双方的共同目标。采纳家长的建议能够展示教师对家长的重视和尊重，并表达对家长贡献的感谢和认可。建立合作机制，与家长共同解决问题和挑战，增强师生家庭之间的互动和互信。通过这些策略的实施，教师与家长之间能够建立良好的关系，获取家长的信任，从而为学生的全面发展提供坚实的基础。

（四）保护关怀，珍惜家长资源

在教育领域，家长资源是一种宝贵的资本，然而，由于运用不当，其辅助和促进作用未能得到充分发挥，对学生学习和教师教学造成了不利影响。因此，我们需要从家长的角度出发，认真思考如何帮助教师教学、支持学生学习，并最大化地利用家长资源，促进良好的家校协同关系。

首先，教师应充分认识到家长在孩子教育中的重要作用，并尊重家长的决策权和权威。在与家长合作时，教师应尊重他们的意见和决策，充分考虑家庭背景和个体差异。这样做可以赢得家长对教师的认可和尊重，建立互信的关系。同时，教师还应尊重家长的隐私权和个人信息，确保家长的权益受到保护。在与家长沟通和交流时，教师应谨慎处理和使用他们提供的信息，保持机密性和保密性。通过维护家长的权益，教师可以建立可信赖的家校关系。

其次，教师应与家长建立紧密的合作关系，共同关心和支持学生的成长。教师需要定期与家长沟通学生的学习情况、进步和需求，并与家长共同制订学生的发展目标和计划。通过与家长的合作，教师可以形成师生家庭共同育人的力量，为学生的成长提供全方位支持。此外，教师还应与家长分享教育资源和信息，建立资源共享和合作机制。通过与家长共同参与教育决策和活动，承担家庭与教育的责任，增强教师与家长之间的紧密联系。

同时，教师应积极利用家长资源，为教学和学生发展提供支持和帮助。教师需要家长具备导师的能力，以便了解学生的学习需求和困难，帮助他们制订学习计划和解决问题的策略。通过个别会谈、辅导和导师制度等方式，教师可以为学生创造德、智、体、美、劳全面发展的环境。通过保护关怀和珍惜家长资源，教师可以建立良好的家校关系，为教师的幸福感提供支撑和助力。当教师充分利用家长的资源和参与时，他们可以获得更多支持和帮助，从而提高教学质量和学生学习成效。此外，与家长合作也可以增强教师的满意度和幸福感，因为教师可以感受到家长对他们工作的支持和认可。

总之，充分利用家长资源对于促进良好的家校关系、提高教学质量以及支持学生学习至关重要。教师应从家长的身份出发，尊重家长的决策权和权威，与家长建立紧密的合作关系，共同关心和支持学生的成长。教师还应积极利用家长资源，使其具有导师的能力，通过个别会谈、辅导和导师制度等方式为学生提供全方位支持。通过保护关怀和珍惜家长资源，教师可以建立良好的家校关系，为教师的幸福感提供支撑和助力。这样的合作关系将促进教师教学的效果，推动学生全面发展，最终实现家长资源的最大化利用。

三、以温暖的同事关系为补充提高教师幸福感

（一）理解教师关系特点

教师之间的融洽关系对于提高教学质量、提高教师职业幸福感以及营造良好的工作氛围至关重要。构建融洽的教师关系不仅有助于改善教师的心理状态和职业幸福感，还能提高教学质量。融洽的工作环境和氛围可以激发教师的工作积极性和创造性，增强教师的工作满意度和投入感。同时，教师之间的合作与团队精神可以促进教学资源的共享和优势互补，提高教学效果和学生学习成果。此外，融洽的教师关系还有助于建立良好的学校文化和形象，吸引更多优秀教师加入教育团队。

首先，构建和谐关系是促进教师之间合作的基础。教师可以通过以下策略来建立和谐关系：鼓励相互支持和分享资源，以及解决问题和应对挑战的合作。集体活动、团队会议或专业交流等有助于增进同事之间的交流和互动。例如，学校可以组织教研组成员定期开展集体运动或茶话会，既锻炼身体，又促进教学管理心得的交流。同时，关心同事的工作和生活，为教师群体提供必要的支持和鼓励。对同事的成就和努力给予肯定和赞赏，共同庆祝和分享成功。当同事面临困

难或挑战时，给予理解和帮助，共同寻找解决方案。

其次，促进交流与互动。有效的交流与互动是建立教师之间关系的关键。为此，教师应建立双向的沟通渠道，鼓励积极的反馈和建议，并倾听和尊重他人的意见。例如，同专业或学科领域的教师可以定期进行沟通，为对方提供建议和支持，共同提高教育质量。有效的沟通，能够促进理解和信任的建立，增强同事之间的联系和互动。此外，教师还可以建立专业交流的机制和平台，如教研组、专业发展活动等，提供相互学习和成长的机会。通过共享教学经验、教材资源和教学方法等，互相启发和借鉴，教师之间可实现专业学习和知识分享。

最后，培养团队合作精神。团队合作精神是教师之间协同工作的重要要素。教师可以通过合作项目或任务来实现资源共享和合作，增强团队的凝聚力和效能。教师与同事之间应建立互信和支持关系，共同实现教育目标。例如，通过共同承担某项教学任务或参与学校发展计划，教师之间可以发挥各自的优势和专长，实现协同工作。此外，团队合作还需要明确的角色分工和有效的沟通协调机制，以确保合作的顺利进行。

综上所述，构建融洽的教师关系是促进合作与团队精神的重要策略。通过构建和谐关系，教师可以鼓励相互支持和分享资源，共同解决问题和面对挑战。通过交流与互动，教师可以建立双向的沟通渠道，倾听和尊重他人的意见，并提供积极的反馈和建议。同时，专业交流机制和平台，能促进教师之间的学习和知识分享。团队合作需要教师之间共同参与合作项目或任务，明确角色分工和有效的沟通协调机制。通过这些策略，可以建立融洽的教师关系，促进合作与团队精神的形成。

（二）分析教师矛盾原因

教师之间的矛盾和冲突是教育领域普遍存在的问题。这些矛盾可能源于不同的观点、个人利益的冲突、沟通不畅或是工作压力等因素。为化解教师之间的矛盾，维护团队的和谐氛围，本研究从教师个人素养的培养、倾听和理解、沟通能力的培养、团队合作和解决问题的能力等方面进行剖析。

第一，教师个人素养的培养是解决教师矛盾的基础。教师应该具备良好的情绪管理和自我认知能力，能够客观地认识自己的情绪和行为，并对其进行调整。此外，教师还应具备自我反思和自我提升的能力，不断审视自己的行为和态度，增强自我意识和自我修养。良好的个人素养可以使教师在面对矛盾和冲突时更加冷静和理性，以积极的态度去解决问题。

第二，倾听和理解是化解教师矛盾的核心要求。教师应该倾听和尊重他人的观点和需求，以及同事的意见和反馈。通过倾听，教师可以更好地理解对方的立场和情感，共同寻求解决方案。此外，教师还应保持开放的心态，乐于接受不同的观点和意见，避免主观判断和偏见。通过倾听和理解，教师之间的矛盾可以得到有效缓解，营造相互尊重和包容的氛围。

第三，沟通能力的培养对于解决教师矛盾至关重要。教师应重视沟通的重要性，并努力提升自己的沟通能力。有效的沟通需要教师具备清晰明确的表达能力和良好的倾听技巧。教师应该学会正确地表达自己的观点和需求，同时善于倾听和理解他人的意见。此外，教师还应注重非语言沟通的技巧，如肢体语言、面部表情和声音语调等，这些都可以帮助教师更准确地传达信息和理解他人的意图。通过有效的沟通，教师可以减少误解和偏见，促进相互理解和共情。

第四，团队合作是化解教师矛盾的重要手段。教师应该意识到团队合作的重要性，并主动与同事进行合作和协作。团队合作可以通过分工合作、资源共享和相互支持来实现。教师之间应该相互帮助，分享彼此的经验和资源，共同解决问题和应对挑战。此外，教师还可以通过团队活动和讨论来增强团队凝聚力和合作精神。通过团队合作，教师之间的竞争和冲突会减少，整个团队的效能和幸福感会得到提升。

第五，解决问题的能力是帮助教师化解矛盾的关键。教师应该培养解决问题的能力，包括冲突解决、协商和妥协等技巧。教师应通过培训和支持来学习有效的沟通和解决矛盾的技巧。培训可以提供专业知识和技能，帮助教师更好地理解和应对矛盾的本质和根源。同时，培训还可以提供实践案例和角色扮演等学习机会，让教师在模拟情境中练习解决问题的技巧。教师解决问题的能力有所提升，可以更好地应对矛盾和冲突，建立和谐的人际关系。

综上所述，解决教师之间的矛盾和冲突需要从多方面入手，比如教师个人素养的培养、倾听和理解、沟通能力的培养、团队合作和解决问题的能力等。教师具备这些能力，可以更好地处理矛盾和冲突，建立和谐的人际关系，提高整个教育团队的凝聚力和创造力。

（三）提高教师文化素养

提高教师文化素养是提升教育质量和构建良好师生关系的关键。韩愈在《师说》中指出，教师的责任是传授知识、解惑释疑。教师的高素质表现在卓越的师识和师艺，而扎实的教育理论知识储备不仅是教学实践的指引，更是构建和谐师生关系的必要因素。因此，教师需要深入理解党和国家教育方针，全面贯彻幸福教育理念，并通过学习最前沿的教育理论知识，树立科学的价值观，营造积极向上的文化氛围。

首先，教师应关注教育的终极目标，摒弃以知识为中心的教育模式，倡导以学生的全面发展为核心。教师应建立正面的、支持和鼓励的工作氛围，树立相互尊重、平等待人的价值观。这有助于提升教师的幸福感和归属感，并塑造具有文化、道德、追求和责任感的新型教师形象。其次，教师应培养共情和同理心，能够理解和关心他人的感受和需求。通过与同事之间的交流和互动，教师可以体验到彼此的困惑、挑战和成就，建立相互支持和理解的关系，增强教师之间的凝聚力和幸福感。同时，教师的专业素质培养应以扎实的专业知识为导向，构建多元化的教学知识结构。为此，需建立有效的反馈和评价机制，以确保教师能够获得客观、准确的反馈和认可。此外，鼓励同事之间相互赞扬和肯定，共同分享成就和进步，并提供建设性的反馈和指导，帮助教师不断提高自己的教学水平和专业能力。

教师文化素养的提升既涉及个人专业能力的提高，也需要团队共同努力，营造积极、支持和关爱的工作环境。教师发挥桥梁和纽带的作用，具备思想文化传播的重要功能。在新时代背景下，教师应树立终身学习的理念，加强文化意识渗透，以适应时代发展的需要。通过提升文化知识、专业技能和教学理念，教师能够不断强化自身实力，增进同事关系，进一步提升教师职业幸福感和满意度。

综上所述，提高教师的文化素养对于教育质量的提升和良好师生关系的构建至关重要。教师应全面贯彻落实教育方针，树立科学的价值观，营造积极向上的文化氛围。同时，教师应关注教育的终极目标，培养共情和同理心，促进学生全面发展。教师的专业素质培养应以扎实的专业知识为导向，建立有效的反馈和评价机制。此外，教师应树立终身学习的理念，加强文化意识渗透，不断强化自身实力，营造积极、支持和关爱的工作环境。通过提高文化素养，教师可以有效提升职业幸福感和满意度，为教育事业的发展做出更大贡献。

第七章　城市小学教师职业幸福感的行动研究具体案例

第一节　职业幸福感——语文教师篇

一、语文教师职业幸福感的获得本源

1. 源于语文教师的职业认同感，提升积极情绪

语文教师的认同感来自于对语言、文学和人文精神的热爱和追求。当语文教师深刻理解语文学科的重要性，并能够将其传授给学生，激发他们对语言表达和文化的热情时，他们会感到自己的教学事业具有重要的意义和目标，这种认同感会提升语文教师的积极情绪，激发他们在教学中的热情和动力。主要通过以下方面获得职业认同感：自我肯定和自我成长。积极心理学认为，自我肯定和自我成长对个体的心理健康和幸福感至关重要。教师可以通过不断提升自己的专业知识和教学技能，参加专业培训、研讨会和教学交流，持续学习和成长，这种积极的自我发展能够增强教师的自信心和自我认同，进而提升积极情绪和职业幸福感。正向情绪调节。积极心理学强调正向情绪的重要性，如喜悦、乐观和希望。语文教师可以借助正向情绪调节的方法来培养自己的积极情绪和认同感。例如，关注和感激学生的进步和成就，注重积极的沟通和表达，鼓励学生充分发挥自己的潜力，这种积极情绪的传递和培养可以增强教师的认同感，提升职业幸福感。培养教师与学生的积极关系。语文教师可以通过建立积极的师生关系来增强自己的认同感，积极心理学认为，积极的人际关系对个体的幸福感具有重要影响。语文教师可以尊重和理解学生的个体差异，关注他们的需求和兴趣，并提供支持和鼓

励，建立积极的互动和信任的师生关系，可以让教师感受到自己的工作对学生的积极影响。

2. 源于语文教师的职业归属感，提升积极关系

语文教师的归属感可以来自与其他教师、学生和学校社区的紧密联系。在语文教学中，教师可以积极促进学生之间的合作和互动，创建积极的学习氛围，同时，与其他语文教师进行专业交流和合作，分享教学经验和资源，有助于增强归属感。此外，建立良好的师生关系和教育团队的合作可以提供支持和鼓励，能够进一步促进语文教师的积极关系。主要通过以下方面获得职业归属感：社交支持与共享，积极心理学认为，社交支持和共享是人们建立归属感和积极关系的重要因素。作为语文教师，与其他教师、学生家长以及教育工作者形成积极的社交网络和合作伙伴关系非常重要，这样的社交支持可以为教师提供情感支持、资源分享和专业发展的机会。通过与同事交流教学经验、分享教材和教学策略，语文教师可以感受到自己的归属感，增强积极关系，提升职业幸福感。参与学校文化与价值观，语文教师可以通过融入学校的文化与价值观来增强自己的归属感。积极心理学强调个体与组织之间的契合度对幸福感的重要性，语文教师可以参与学校的教育活动、校本研修和教研组，积极参与学校决策和文化建设，这种参与能够让教师感受到自己的职业身份与学校的共同价值观和目标的契合，加强归属感，建立积极关系，并提升职业幸福感。学生和家长的认同与合作，语文教师可以通过与学生和家长建立良好的关系来增强自己的归属感和积极关系。当教师能够与学生建立亲近、信任和尊重的关系时，能够获得学生的认同和合作，促进学生的学习和发展，同时，与家长建立积极的沟通和合作关系，能够得到他们的支持和理解，这种认同与合作关系可以加强教师的归属感，建立积极关系，提升职业幸福感。个人与教学目标的契合度，积极心理学认为，个体的目标与价值观与所从事的工作的契合度对幸福感至关重要。作为语文教师，了解并明确自己的教学目标和教学主张，并将其与教学实践相结合，能够增强个体对自身职业的认同感和归属感。当教师能够看到自己所教授的知识和技能对学生的价值和意义，并通过教学实践感受到自己对学生成长的积极影响时，会产生满足感和职业幸福感。

3. 源于语文教师的职业价值感，提升积极意义

语文教师的价值感体现在他们能够培养学生的语言表达能力、阅读理解能力

和批判性思维。语文教师可以通过鼓励学生思考、创作和探索，激发他们的个人潜能和创造力，当语文教师看到学生在语文学习中取得进步、表达自己的想法和理解文学作品时，会感到自己的工作具有重要的意义和价值，进一步提升职业幸福感。主要通过以下方面获得职业价值感：通过培养意义感和目标导向，积极心理学认为，人们对自己所从事的工作感到有意义和有价值时，会获得更大的满足感和幸福感。作为语文教师，教育是一项具有深远意义的工作，语文教师能够培养学生的语言能力、阅读理解能力和文学素养，帮助他们理解和欣赏语言和文学的美。通过传授知识、培养学生的思维能力和创造力，语文教师能够为学生的个人发展和未来的成功做出重要贡献，当语文教师意识到自己的工作对学生的成长和社会的进步具有积极意义时，会感受到职业的价值感，从而提升自己的幸福感。学生成长和自我实现，语文教师在教育过程中能够见证学生的成长和进步，当教师看到学生通过自己的教育得到启发、提高和成就时，会感到满足和幸福。语文教师能够激发学生的创造力和表达能力，培养他们的思维和批判性思维能力，帮助他们发现自己的潜力并实现自我价值，这种目睹学生成长的经历，让语文教师体验到自己工作的积极意义，增强职业幸福感。情感联系和人际关系，语文教师通过教育活动与学生建立情感联系，并与他们建立积极的人际关系，积极心理学强调人际关系对幸福感的重要性。当语文教师能够与学生建立良好的亲师关系、信任和尊重的情感联系时，能够更好地促进学生的学习和发展，这种情感联系和积极人际关系不仅满足学生的需求，也满足教师自身对人际关系的渴望，从而提升教师的职业幸福感。文化传承和社会影响，语文教师是文化传承的重要角色，他们通过教学传递语言、文学和文化的精髓，通过教育活动，语文教师能够培养学生对文学作品的理解和欣赏能力，传承和弘扬优秀的文化传统。语文教师的工作不仅影响学生个体，还对社会产生深远影响。当语文教师认识到自己在文化传承和社会影响方面的重要作用时，会感受到职业的价值感，进而提升自己的幸福感。

4.源于语文教师的职业创造力，提升积极投入

语文教师可以通过创造性的教学方法和活动激发学生的语言表达和思维能力，他们可以设计有趣、富有想象力的课堂活动，引发学生的好奇心和创造力。同时，语文教师可以不断探索和运用新的教学资源和技术，提升教学效果和创新

性，这种创造性的教学方法和投入会激发学生的积极参与和学习动机，同时也为语文教师带来满足感和成就感。主要通过以下方面获得职业创造力：自我实现和个人成长，积极心理学认为，个体的自我实现和个人成长对于幸福感的提升至关重要。语文教师通过发挥自己的创造力，能够设计创新的教学方法和活动，激发学生的兴趣和学习动力，他们可以选择多样的教学资源和材料，设计有趣的课堂活动，以满足学生的不同学习需求和兴趣。当语文教师能够在教学中发挥创造力，实现自我教育理念和教学目标时，会感受到个人成长和自我实现的满足感，从而提升职业幸福感。学生参与和创新能力的培养，语文教师通过创造性的教学方法和活动，鼓励学生参与和表达，培养他们的创新能力，积极心理学研究表明，当学生能够在教学中发挥创造力，表达自己的想法和观点，感受到自己的贡献和成就时，会获得更大的满足感和幸福感。语文教师可以通过鼓励学生写作、创作和演讲等活动，培养他们的创新思维和表达能力，当看到学生通过自己的努力和创造力取得进步时，语文教师会感受到职业的成就感和幸福感。教学环境的创造和发展，语文教师可以通过创造有益于学生学习和成长的教学环境来发挥自己的创造力，他们可以设计丰富多样的教学活动，提供启发性的学习材料和资源，营造积极的学习氛围。创造性的教学环境能够激发学生的好奇心和探索欲望，培养他们的学习兴趣和动机，当语文教师能够创造出积极的教学环境，并看到学生在这样的环境中获得成长和发展时，会感受到自己的职业投入和幸福感。

5. 源于语文教师职业的教学主张，提升积极成就

语文教师的教学主张包括培养学生的语言能力、文学素养和批判性思维，他们可以关注学生的个性化学习需求，提供个性化的教学指导和反馈。语文教师可以通过鼓励学生的独立思考和创新，引导他们解读文本、分析问题，并培养他们的批判性思维，当语文教师能够看到学生在语文学习中的进步和成功，体验到自己的教学使命和影响力时，会产生积极的成就感，进一步提升职业幸福感。主要通过以下方面获得职业教学主张：目标设定和成就感，积极心理学强调个体对于目标的设定和追求对于幸福感的提升具有重要作用。语文教师的教学主张是他们对于教育目标、教学方法和教学价值观的理解和承诺，当语文教师能够明确并积极追求自己的教学主张时，他们会感受到目标的明确性和对教育事业的投入，进而提升自己的幸福感。同时，当他们看到学生在语文学习中取得进步，表现出对

语言和文学的理解和欣赏时，也会获得成就感和满足感。学生学习成果的评估和反馈，语文教师的教学主张包括对学生学习成果的评估和反馈方式，积极心理学认为，给予积极的评价和反馈对于个体的成长和幸福感至关重要。语文教师可以通过鼓励和肯定学生的努力和进步，提供建设性的反馈和指导，帮助他们发展语文能力和积极态度，当语文教师能够看到学生在自己的指导下取得进步，并通过评估和反馈看到学生的成果时，会感受到教学的成就感和满足感，从而提升职业幸福感。教学方法的创新和适应性，语文教师的教学主张还包括对教学方法的选择和运用，积极心理学强调个体适应性和灵活性对于幸福感的重要性。语文教师可以通过不断创新教学方法，根据学生的特点和需求灵活调整教学策略，他们可以引入多种教学资源和技术，开展多样化的教学活动，激发学生的学习兴趣和主动性，当语文教师能够灵活运用不同的教学方法，并看到学生在这样的教学环境中取得进步时，会感受到教学的成就和满足感，从而提升职业幸福感。

二、语文教师职业幸福感获得的实践缘起

邓老师是一位拥有多年小学语文教学经验的资深教育工作者。她一直在追求、寻找、探索如何让学生在语文学习中获得职业幸福感的道路上前行。对于邓老师而言，教育的终极目标是能够让学生在学习中感受到幸福，成为"幸福教育"的亲历者。

邓老师深知教育的对象是学生，所以她一直关注着学生的发展，坚持以人为本的教育理念。在理解了幸福是一种能力的理念后，她笃信"幸福教育"就是培养学生的幸福感和幸福能力的教育，也就是培养能够感受幸福、创造幸福、享受幸福的学生。在邓老师的课堂上，学生们总是在轻松、愉快的氛围中学习语文。她将语文学科看作学生快乐生活的一部分，不仅注重知识的传授，更关注学生的情感和心理健康。在教学过程中，邓老师发现班里有一位学生——小明，表现得比较沉默，与同学的互动较少。通过与小明的交流，邓老师了解到小明在家庭环境中遇到了一些问题，这导致了他在学校表现得较为封闭。邓老师并没有放弃，她采取了针对性的教育措施，通过引导小明参与有趣的语文活动，让他逐渐敞开心扉，表达自己的想法。首先，邓老师与小明建立信任关系。邓老师采取温和的方式，与小明建立起相互信任的师生关系。她花时间倾听小明的心声，了解

他的兴趣和想法，逐渐打破了他的防线。通过与小明的个别交流，邓老师了解到小明对语文学科有浓厚的兴趣，但因为家庭问题而使得他情绪受到影响。其次，邓老师采取个性化的教育措施。了解到小明对语文感兴趣后，邓老师创设了一系列有趣、富有挑战性的语文活动，激发了小明的学习兴趣。她在课堂上引导小明参与各种创作，鼓励他表达自己的观点，逐渐让他感受到学习的乐趣。另外，邓老师关注小明的情感和心理健康。知道小明在家庭方面面临问题后，邓老师并没有回避，而是主动与小明的家庭成员进行沟通。她与小明的家长和其他亲近的人合作，共同制订了一些帮助小明适应学校生活的计划。同时，邓老师还安排了一些心理辅导课程，帮助小明更好地面对和处理自己的情感。最后，邓老师注重团队合作和集体意识。在班级中，邓老师鼓励学生们积极参与团队合作，组织各种小组活动。通过这些活动，小明逐渐融入了班级集体，感受到了集体的温暖和支持。经过一段时间的努力，小明逐渐变得开朗自信。他在课堂上变得更加活跃，能够积极与同学交流。在一次班级活动中，小明表现出色，展现了他在语文方面的才华。这不仅让邓老师感到自豪，也让小明开始更加自信地面对学校生活。

在小学生涯即将结束的那一天，小明写了一封感谢信给邓老师，表达了对她的感激之情。这封信充分展示了小明从一个沉默而封闭的学生，到一个开朗自信、充满活力的个体的转变。这个过程中，邓老师不仅在语文教学上起到了引导作用，更在心理辅导和情感关怀方面给予了小明极大的支持，为他创造了一个充满幸福感的学习环境。整个故事强调了邓老师在语文教育中注重学生个体发展的理念，并通过多方面的教育手段，引导学生树立积极的人生观，提升自己的幸福感。这也体现了邓老师在教育工作中的职业幸福感，因为她看到了学生的成长与改变，感受到了自己对学生产生积极影响的价值。

第二节 职业幸福感——体育教师篇

一、体育教师职业幸福感的获得本源

1. 源于体育教师的职业认同感,提升积极情绪

体育教师肩负着培养学生成长的崇高使命。他们的工作不仅仅是传授运动技能,更是引导学生走向全面发展的征程。从积极心理学的透视,体育教师认同感具体可从以下几方面获得。使命感与目标导向:体育教师的职业幸福感深植于对教育使命的认同。明确的目标和使命感赋予教师工作以更深远的意义,他们不仅仅是传授知识,更是引领学生走向身体素质和运动技能的全面发展。这种深层次的认同感使得教育工作变得更加有意义,为体育教师注入了持久的幸福动力。主要通过以下几个方面乐观主义与流感经验:在积极心理学的视角下,体育教师可以通过培养乐观主义来提升职业幸福感。将挑战视为机会,对学生充满信心,是塑造积极情绪的关键。同时,体育活动常常带来全神贯注、忘我投入的"流感"经验,让教师在学生进步和成功中感受到无比的快乐,从而提高职业满意度。人际关系与成长追求:体育教师的职业幸福感还源于与他人建立良好关系的能力。通过与同事、学生和家长的紧密合作与支持,教师能够创造积极的教育环境,进而提高自身的满意度。此外,持续学习和专业发展是体育教师自我反思和成长的关键,助力他们在教育事业中不断迈向新的高度。

2. 源于体育教师的职业归属感,提升积极关系

体育教师具有独特的特质,这些特点不仅是他们职业幸福感的来源,也是塑造积极关系和强化归属感的关键体育教师常常散发着对体育事业的激情。他们对运动和健康的热爱不仅激励学生,也为整个团队注入了活力。这种激情不仅是工作的动力,也是职业幸福感的源泉,使得体育教师在培养学生的同时,也自身得到充实和满足。体育教师归属感具体可从以下几方面获得团队合作与协同:在体育教育领域,职业的归属感不仅仅是一种感觉,更是共同追求使命的集体认同。

体育教师往往具备团队协作和领导能力。在推动学生参与体育活动的同时，也需要与其他教师、学校管理层以及社区合作。这种团队协作的精神不仅加强了教师之间的合作关系，也为学校的整体氛围营造出一种积极向上的文化。体育教师融入学校的团队合作，与同事、工作人员以及学生共同努力，形成了一种紧密的关系。通过团队的协同努力，体育教师能够在教育使命中找到共鸣，建立深厚的职业认同感。教育使命感、团队协作和来自学校管理层的认可与奖励共同构筑了体育教师对职业的强烈归属感。和谐的师生与同事关系：在体育教学中，积极心理学认为师生关系的建立是培养幸福感的重要一环。与其他教育领域相比，体育教师更加注重学生的身体发展、团队协作以及心理素质的培养。体育教师通过与学生建立亲近关系，关心他们的身心健康，不仅促进了学生的幸福感，也为教师自身带来了满足感。与此同时，与同事的合作与支持也是提高体育教师幸福感的关键因素。共享经验、资源和支持，共同面对工作挑战，有助于缓解压力，提高整体工作效能。

3. 源于体育教师的职业价值感，提升积极意义

体育教师在教育中扮演着无可替代的引领者和塑造者角色。他们不仅仅传授运动技能，更是学生成长过程中的关键推手。从积极心理学的视角来审视体育教师的职业幸福感，其关键的获得本源来自对职业的深刻价值感。在培养学生身体素养、促进社会健康、塑造未来领导者和团队合作者的过程中，体育教师在教育事业中发挥着积极而深远的影响。体育教师价值感具体可从以下几方面获得塑造个性与生活方式：体育教师在学生身上留下的印记可能是一生受益的。通过教授运动技能、培养合作精神和团队协作，体育教师直接参与并塑造了学生的个性和价值观。这种对学生成长的积极影响能够为体育教师带来深厚的职业满足感。通过体育课程，体育教师有机会教育学生关于健康和运动的重要性。看到学生通过运动改善身体健康，养成积极的生活习惯，体育教师能够感受到自己在促进社会健康方面的积极作用，这对于职业幸福感具有显著的影响。参与与培养综合素质：体育教师有机会培养学生的领导才能和团队协作技能。看到学生在体育活动中展现出的领导力和团队精神，体育教师会感到自己在塑造未来社会领导者和团队合作者方面的重要性，从而增加职业满足感。体育教师不仅仅关注学生的身体健康，还关注他们的综合素质。通过关注学生的情感、智力和道德发展，体育教

师参与培养全面发展的个体。这种参与感和对学生全面成长的贡献会为体育教师带来深层次的职业满足感。建立积极的教学环境：体育教师通过创造积极的学习氛围和教学环境，能够感受到自己对学生学业成就和心理健康的积极影响。建立一种鼓励、支持和尊重的文化，使学生在体育课堂中能够展现潜力，这将为体育教师带来更多的职业满足感。

4. 源于体育教师的职业创造力，提升积极投入

在当今社会，教育被视为塑造未来的关键力量，而体育教育作为其中一支重要而独特的力量，不仅为学生提供了身体锻炼的机会，更承载了培养品格、领导力和团队协作的使命。在这个充满挑战和机遇的教育领域中，体育教师的角色越加重要，他们不仅是运动的传授者，更是学生成长道路上的引导者和榜样。积极心理学是对于幸福、满足感和成就的探寻，而体育教师的职业幸福感也正是这一理念的生动体现。体育教师创造力具体可从以下几方面获得技术整合与互动性：体育教师可以通过创新教学方法，设计新颖而富有趣味性的课程，从而激发学生对体育活动的兴趣。采用创造性的教学手段，不仅能够提高学生的参与度，同时也能够使体育教师感受到自己对学生成长的积极影响，从而增强职业满足感。个性化教练：体育教师可以根据学生的个体差异，制定个性化的训练计划。通过关注每个学生的需求、兴趣和潜能，体育教师能够培养学生的个性特长，同时也能够在培养学生的过程中找到自己的创造性发挥空间，提高工作的满足度。活动策划与组织：体育教师在学校或社区可以承担各类体育活动的策划与组织工作。通过积极参与体育赛事、运动庆典等活动的策划与组织，体育教师能够展现自己的领导才能和创造力，为学生创造更多的体育锻炼机会，同时也为自己带来了职业成就感。

5. 源于体育教师职业的教学主张，提升积极成就

在体育教师的职业生涯中，教学主张成为培养积极成就感的关键元素。通过关怀学生、设定目标、创造愉悦的教学体验、促进团队协作以及追求专业发展，体育教师将深刻体验到自己在学生成就中的重要角色，从而不断提升职业幸福感。这一过程不仅使体育教师成为学生成长道路上的引导者，更让他们在职业中收获了积极心理学所追求的深刻满足感。体育教师的教学主张具体可从以下几方面获得个体化关怀与发展导向：积极心理学注重个体的优势和成长潜力，体育教师通过关注每个学生的个体差异，制定个性化的教学计划。这种关怀不仅有助于

学生发现和发展自己的潜力,也为体育教师创造了与学生更为紧密联系的机会。看到学生在体育方面取得进步,体育教师能够从中获得深深的满足感,感受到自己在学生发展中的积极成就。目标设定与自我激励:积极心理学认为,明确的目标和自我激励是个体成就感的重要组成部分。体育教师通过设定清晰的学习目标,激发学生的学习兴趣和内在动力。在教学过程中,教师也会不断反思、调整目标,从而保持对教学的热情和动力。体育教师通过实现自己设定的目标,不断提升学生的综合素质,获得的成就感将成为职业幸福感的强大动力。心流体验与教学愉悦:心流是积极心理学中一个重要的概念,指个体在投入某项活动时,全神贯注、感到愉悦和满足的心理状态。体育教师通过设计富有挑战性、符合学生水平的教学活动,引导学生体验到运动的心流状态。在学生在教学中获得愉悦的同时,体育教师也会因为成功促使学生进入这种心流状态而感到自己的教学是成功的,从而增加职业满足感。

二、体育教师职业幸福感获得的实践缘起

陈老师以充满憧憬的心情踏入了教育的道路。一开始,她对学校理论知识的应用感到迷茫,但通过平时的摸索和同事的指导,逐渐找到了教学的节奏。在这个过程中,她深刻体会到了学过的理论知识如何与实践相结合,这种探索和成长的过程使她感到职业的丰富与满足。陈老师通过细心聆听学生的分享,建立了与学生之间深厚的感情。她在学生们的眼中,成为"生活分享者",感受到了来自孩子们的爱。孩子们表达对她的情感时,如"老师,我好想让你去我们家和我玩",让陈老师深刻地理解到爱是教育的核心。她的微笑、关注和信任,都在学生心中化为"爱",为她带来了职业上的满足感。

在即将举行的运动会前,陈老师关注到班级里的小花同学,对跳绳感到非常困扰,甚至对跳绳一窍不通,陈老师决定亲自协助小花,以确保她能够在运动会上成功展示跳绳技能。陈老师采用了循序渐进的教学方法,从基础动作开始,一步步引导小花理解和掌握。起初,小花连续甩绳都十分困难,经常因为绳子卡住或自己失去节奏而感到沮丧。在这时,陈老师用轻松的语气鼓励她:"没关系的,每个人都有学习的过程,重要的是不要放弃,我们一起来慢慢练习。"陈老师还会亲自示范,让小花看到正确的动作。她细致入微地指导小花如何掌握绳子的甩

动节奏，如何调整身体的平衡，以及如何在跳跃中保持稳定。陈老师的耐心和关爱激发了小花的学习兴趣，她在每一次的练习中都展现出积极的学习态度。经过一段时间的练习，小花逐渐克服了最初的困难，她学会了正确的甩绳动作，掌握了跳绳的节奏，甚至能够进行一些基本的跳绳技巧。在一次练习中，小花兴奋地向陈老师宣布："老师，我会跳啦，我会跳啦！"陈老师对小花的努力和进步感到由衷高兴，这不仅是小花个人的胜利，也是陈老师教学工作中的一份成就。在整个教学过程中，陈老师不仅注重技术层面的指导，还特别强调正面的激励和积极的心态。她鼓励小花坚持不懈，告诉她每一次的练习都是向成功迈进的一步。陈老师的积极反馈和支持让小花在困难面前保持了乐观和积极的态度。小花在陈老师的悉心指导下，逐渐掌握了跳绳的技能。最终在运动会中，小花同学展示出了惊人的跳绳技巧。她不仅能够轻松完成基本的跳绳动作，还展示了一些高难度的技巧，令在场的师生们都为之惊叹。这一切成就的背后，是陈老师对小花毫不保留地关爱和教导。这个过程不仅在技能层面上为小花带来了显著的提升，更重要的是，她在陈老师的关怀和激励下，培养了坚持不懈、积极应对困难的品质。小花通过克服跳绳的难题，不仅建立了对自己能力的信心，也体验到了努力付出后的欢乐和成就感。

陈老师通过对学生的关心、见证学生进步以及获得学生的信任和爱，构建了她在教育岗位上的职业幸福感。这份幸福感源于对教育事业的热爱、对学生成长的引领，以及在教学过程中不断积累的自豪和成就。看到学生由迷茫到自信，陈老师的辛勤付出成为教育事业中真挚的回报。

第三节 职业幸福感——英语教师篇

一、英语教师职业幸福感的获得本源

1. 源于英语教师的职业认同感，提升积极情绪

在教育的舞台上，城市小学英语教师的职业认同感是其教学热情和积极情绪

的重要源泉。这种认同感深植于他们对于教育职业的热爱、对英语作为全球语言的价值的深刻理解，以及对培养年轻学生跨文化交流能力的承诺之中。当英语教师在城市小学的多元化环境中认识到自己作为教育者的重要性时，他们不仅更加投身于教学工作，还会体验到更加丰富的职业满足感和积极情绪。这种职业认同感激励着他们不断创新教学方法，积极应对教学中的挑战，同时也在潜移默化中影响着学生的学习态度和成绩。

英语教师职业的认同感具体可从以下几方面获得。创造有趣的学习环境：英语教师可以通过创造有趣、互动和具有挑战性的学习环境，激发学生对英语学习的兴趣和热情。使用多媒体、游戏、角色扮演和实践活动等教学方法，帮助学生积极参与，增强他们的语言技能和自信心，从而提升教师的满足感和职业认同感。个性化教学和关怀：英语教师可以尝试个性化教学方法，根据学生的不同学习风格、能力和兴趣，提供个别指导和支持。了解学生的背景、文化和兴趣，设计适合他们的教学内容和活动，让每个学生感受到教师的关怀和重视。这种个性化的教学方法有助于提高学生的学习成绩和教师的职业满意度。鼓励创新和教学研究：英语教师可以积极参与教学研究和创新实践，探索新的教学方法、教材和评估方式。与同行进行合作和交流，分享经验和资源，不断改进自己的教学实践。这种积极的专业发展和教学探索可以增强教师的职业认同感，提升他们在英语学科教育中的满意度和幸福感。建立支持性的专业社交网络：英语教师可以加入教师社群、参加学科研讨会和教育活动，与同行进行交流和合作。这样的专业社交网络可以提供支持、鼓励和理解，让教师感到被认可和支持。与其他教师分享经验、解决问题和合作研究，有助于提升教师的职业认同感和幸福感。

2.源于英语教师的职业归属感，提升积极关系

在当代教育体系中，城市小学英语教师的归属感起着至关重要的作用，不仅影响着教师个人的职业满足感，还促进着师生之间的积极关系。这种归属感来源于教师对于自己角色的认同，以及他们在教育共同体中的参与感。英语教师在城市小学这一多元化和充满活力的环境中，通过与学生、家长、同事以及更广泛社区的互动，建立起强烈的归属感。这不仅增强了他们的职业承诺，还深化了与学生之间的联系，为提供更有意义和富有成效的教学经验奠定了基础。可见，城市小学英语教师的归属感与其构建和维护积极的教育关系之间存在着密切且重要的

联系。

英语教师职业的归属感具体可从以下几方面获得。跨文化教学和活动的参与：城市小学的英语教师可以通过组织和参与跨文化教学活动来增强归属感。例如，举办国际文化节、英语戏剧表演或英语辩论比赛，可以让教师感受到自己在推广英语学习和文化交流方面的重要作用。这不仅增强了教师与学生的联系，还促进了他们与更广泛社区的互动。专业发展和同行交流：积极参与专业发展活动，如英语教学研讨会、教师培训和国际交流项目，可以帮助教师不断提升自己的教学技能和语言能力。与其他英语教师交流经验和策略，共享教学资源和材料，可以增强教师之间的合作和归属感。学生参与和家长合作：通过激励学生参与课堂活动和项目，城市小学英语教师可以增强与学生的联系。例如，引入互动式学习、小组讨论和项目式学习，可以让学生更积极地参与英语学习。此外，与家长合作，分享学生的学习进展和成就，可以增强家长对教师工作的认可和支持。

3.源于英语教师的职业价值感，提升积极意义

城市小学英语教师所拥有的职业价值感是推动他们不断前进的重要动力。这种价值感源于他们在教授一门全球通用语言的同时，对于培养学生的全球视野、跨文化理解和沟通技巧的深刻认识。英语教师们意识到，他们的工作不仅仅是传授语法规则和词汇，更是在塑造下一代能够在多元文化环境中自如交流和思考的全球公民。在这样的认知下，每一位英语教师都致力于将自己的教学活动转化为一种有深远意义的实践，旨在通过教育提升学生的生活质量和未来机会，同时也实现自我价值的最大化。

英语教师职业的价值感具体可从以下几方面获得。培养全球公民意识：作为英语教师，培养学生成为具有全球视野的公民具有重要意义。通过教授英语，教师不仅传递语言知识，还帮助学生理解不同文化，培养他们的国际意识和跨文化交流能力。这种教学不仅丰富了学生的学习经历，也提升了教师自身的职业价值感。创新教学方法：英语教师可以通过采用创新的教学方法来提升自己的教育影响力。例如，利用技术工具进行互动式学习、开展以英语为中心的项目式学习等。这些方法不仅增强学生的英语应用能力，也让教师感受到自己在教学创新和学生能力培养方面的重要性。促进学生语言实践：鼓励学生在真实或模拟的环境

中实践英语,如参与英语角、戏剧表演或辩论赛。通过这些活动,学生可以将课堂所学应用于实际情境,增强他们的语言实际应用能力。对于教师而言,见证学生在实践中的进步和成功,不仅提升了教学的有效性,也增强了他们的职业成就感和价值感。跨学科学习的融合:英语教师可以将英语学科与其他学科知识相结合,如历史、地理或科学,以增强学习的相关性和实用性。这种跨学科教学不仅丰富了学生的学习体验,还增强了教师在教育领域的创新和多元化能力,提升了教师的职业价值感。

4. 源于英语教师的职业创造力,提升积极投入

在当代教育领域,特别是在城市小学的英语教学中,教师的创造力成为激发学生学习热情和提升教育质量的关键因素。城市小学英语教师,面对着日益多元化的教学环境和学生需求,发挥着创新思维和教学方法的重要作用。他们通过巧妙地结合传统教学与现代技术,设计富有创意和互动性的课程,不仅丰富了学生的学习体验,还极大地提高了教学的效果和趣味性。这种创造性的教学方法使得英语学习不再局限于课本和课堂,而是变成了一种激发学生探索欲望和创造力的旅程。因此,英语教师在发挥个人创造力的同时,也在不断提升对教育事业的积极投入和热情。

英语教师职业的归属感具体可从以下几方面获得。互动式和游戏化教学:英语教师可以通过设计互动式和游戏化的教学活动来提升学生的参与度和学习兴趣。例如,通过角色扮演、故事讲述、或互动式语言游戏,教师不仅能提高课堂的趣味性,还能激发学生的语言实践能力和创造性思维。融入科技和多媒体工具:利用科技工具和多媒体资源,如在线互动软件、教育应用程序或视频资源,可以使英语教学更生动和吸引人。这种方法不仅能够增强学生的学习体验,还能激发教师在教学方法上的创新和创造力。跨文化项目和交流:城市小学的英语教师可以通过开展跨文化交流项目,如与其他国家的学校进行笔友交流或视频会议,来增强学生的全球意识和跨文化交流能力。这样的项目不仅提升学生的语言实际应用能力,也为教师提供了展示创造力的平台,促进了教育的国际化。主题式和项目式学习:通过设计与现实生活相关的主题或项目,英语教师可以激发学生对学习内容的兴趣。例如,围绕当前的国际事件或文化节庆设计课程,让学生通过英语探索和学习这些主题。这种方法不仅使学习过程更加生动和实际,也鼓

励教师创新教学内容和方法。

5. 源于英语教师职业的教学主张，提升积极成就

城市小学英语教师的教学主张不仅塑造了他们教学的风格和方法，而且深刻影响着学生的学习体验和成就。这些教师持有的不仅是传授语言知识的任务，而是一种全面培养学生在全球化世界中有效沟通和互动能力的使命。其教学主张，围绕着如何通过创新的教学策略和方法，激发学生的兴趣，培养其批判性思维和跨文化理解能力，进而提升学生的综合语言运用能力。在这样的教育框架下，英语教师的每一个教学决策和实践都成为实现教育目标和提升学生积极成就的重要步骤，不仅能够提升学生的语言能力和文化素养，还能够培养学生的实际应用能力和自主学习能力，也能够增强教师的职业满足感和幸福感。

英语教师职业的归属感具体可从以下几方面获得。激发学生的语言学习兴趣：英语教师可以通过创设多样化的教学环境和活动，激发学生对英语学习的兴趣。例如，利用多媒体资源、音乐和游戏等，让学生在轻松愉快的氛围中接触和学习英语。教师还可以引导学生参与英语角、演讲比赛和戏剧表演等英语实践活动，增加他们的参与度和动力。注重实际应用能力的培养：城市小学的英语教师可以注重培养学生的实际应用能力，使他们能够运用英语进行交流和表达。教师可以组织情境化的教学活动，如模拟购物、旅行、面试等，让学生运用英语解决实际问题。同时，鼓励学生参与英语写作、口语演讲和辩论等活动，提高他们的语言表达和沟通能力。引导学生跨文化交流：在城市小学中，学生来自不同文化背景，英语教师可以利用这一特点，引导学生进行跨文化交流。通过引入多样化的教材和故事，让学生了解不同文化的语言和习俗；组织学生间的合作学习和交流活动，促进他们跨文化的沟通和理解。这样的教学方法可以培养学生的跨文化意识和敏感性，提升他们的国际视野和全球竞争力。创造个性化学习机会：城市小学的英语教师可以关注学生的个性化学习需求，创造个性化的学习机会。教师可以根据学生的兴趣和能力差异，提供不同难度和类型的学习任务，鼓励学生自主学习和探究。同时，提供个性化的反馈和指导，帮助学生发现自身的优势和发展方向，激发他们的学习动力和自信心。

二、英语教师职业幸福感获得的实践缘起

英语教师张老师在班级中遇到一个学生（小林），他在学习英语时遇到了一些困难，表现为学习兴趣下降，经常缺乏自信心，甚至出现了回避学习的情况。张老师采用了多层次的辅导方式，主要包括情感层面的理解、学习层面的引导以及自信心的建设，成功激发了小林学习英语的兴趣，使他逐渐恢复了学习动力，并在英语学习中取得了显著的进步。

首先，情感层面的理解。张老师观察到小林在学习英语时呈现出不愿意参与、兴趣下降的状态。在面对这种情况时，她主动与小林进行沟通，了解到他在英语学习中感到压力较大，担心自己无法达到班上同学的水平。通过深入了解，张老师发现小林的学习问题背后可能存在自我价值感的挑战，因此决定从情感层面入手，帮助小林建立积极的学习情感。其次，学习层面的引导。通过对小林学习英语的情况进行详细了解，张老师发现他在某些语法和单词拼写上存在一些困难。在认知层面的引导中，张老师为小林提供了个性化的学习计划，包括针对性的练习和辅导。她采用多媒体教学、趣味游戏等方式，调动小林学习的积极性，使他在学习英语的过程中感受到成就感，逐渐建立了对英语学科的信心。最后，自信心的建设。张老师发现小林的自信心较低，缺乏对自己学习能力的信心。在课堂上，她通过对小林的积极表现进行及时的肯定和赞美，鼓励他在犯错误时不要过于自责，而是将其视为学习的一部分。通过逐步培养小林对自己学习的信心，他逐渐摆脱了对英语学习的恐惧感，变得更加积极主动。

通过这一系列的辅导过程，小林逐渐克服了学习英语时的困难，提高了学习兴趣和自信心。他在英语学科中的表现有了明显的提升，也更加愿意积极参与课堂活动。张老师在成功帮助小林克服学习障碍的过程中，体验到了作为一名英语教师的成就感和职业幸福感。这种幸福感源于对学生学业成就的见证，以及通过个性化辅导帮助学生解决问题的满足感。张老师在这个过程中体会到了对学生的关爱和引导，为自己的教育事业注入了更多的热情。

参考文献

[1] 周洪.幸福管理：中学教师职业幸福感路径选择[J].湖北经济学院学报（人文社会科学版），2022，19（11）:136-140.

[2] 裴淼，李肖艳.国外教师幸福感研究进展[J].教师教育研究，2015，27（6）:93-98，106.

[3] 李刚，吕立杰.PISA2021教师职业幸福感测评：框架与特点[J].中国考试，2020（11）:48-60.

[4] 闫黎杰.积极心理学对教育实践的启示[J].教育探索，2008（7）:124-125.

[5] 刘孝群.积极心理学：高校心理健康教育与咨询的舵手[J].萍乡高等专科学校学报，2010，27（5）:85-88.

[6] 王丽芳.积极心理学在中学历史教学中的运用[D].舟山：浙江海洋大学，2021.

[7] 魏静，林乃磊，秦爱君.社会主义核心价值观与积极心理学的理念辨析[J].工业技术与职业教育，2019，17（1）:78-80.

[8] 作灵芝，潘月英.国内近十五年特殊教育教师职业心理研究现状与展望[J].现代特殊教育，2015（4）:14-16，31.

[9] 教育部等五部门关于印发《教师教育振兴行动计划（2018—2022年）》的通知[J].中华人民共和国教育部公报，2018（4）:141-145.

[10] 张旭.教育学著作Flipping the College Classroom（Chapter 2-3）英汉翻译实践报告[D].哈尔滨：黑龙江大学，2019.

[11] 刘娜.运用化学史发展中学生创新思维的行动研究[D].兰州：西北师范大学，2021.

[12] 严标宾，郑雪，邱林.主观幸福感研究综述[J].自然辩证法通讯，

2004（2）:96-100，109-112.

[13] 朱美燕.积极心理学视野下高校教师职业幸福感提升路径[J].浙江万里学院学报，2019，32（1）:80-85.

[14] Diener E. Subjective Well-Being[J].*Psychol Bull*，1982，9（53）:542-575.

[15] 郑雪，等.幸福心理学[M].广州：暨南大学出版社，2004:22-42.

[16] 陈浩彬，苗元江.主观幸福感、心理幸福感与社会幸福感的关系研究[J].心理研究，2012，5（4）:46-52.

[17] 苗元江.心理学视野中的幸福[D].南京：南京师范大学，2003.

[18] 陈红，肖子伦，李书慧，等.幸福感的神经机制：来自中枢神经系统的证据[J].西南大学学报（社会科学版），2017，43（2）:106-113，199.

[19] 于晓宇，孟晓彤，蔡莉，等.创业与幸福感：研究综述与未来展望[J].外国经济与管理，2018，40（8）:30-44.

[20] 霍姆斯.教师的幸福感——关注教师身心健康及职业发展[M].闫惠敏，译.北京：中国轻工出版社，2006.

[21] Joan E, Toon W, Taris W B, et al.The Structure of Occupational Well-being: A Study among Dutch Teachers [J].*J Occup Organ Psych*，2003，6（77）:365-375.

[22] Diener E. Subjective well-being[J].*Psychol Bull*，1982，95（3）:542-575.

[23] 诸建红.上饶市民办幼儿教师职业幸福感调查研究[D].南昌：江西师范大学，2012.

[24] 李赛赛.不同出生年代幼儿教师职业幸福感发展轨迹类型和特征研究[D].沈阳：沈阳师范大学，2019.

[25] 束从敏.幼儿教师职业幸福感研究[D].南京：南京师范大学，2003.

[26] Horn J E, Taris T W, Sehaufeli W B. The structure of occupational well-being: A study among Dutch teachers[J]. *Journal of Occupational and Organizational Psychology*，2004（77）:365-375.

[27] 王海涛.教师职业认同、职业倦怠与职业幸福感的关系研究[D].海口：海南师范大学，2019.

[28] 吴伟炯，刘毅，路红，等.本土心理资本与职业幸福感的关系[J].心

理学报，2012，44（10）:1349-1370.

［29］葛喜平.职业幸福感的属性、价值与提升［J］.学术交流，2010（2）:30-34.

［30］中国社会科学院语言研究所词典编辑室.现代汉语词典［M］.北京:商务印书馆，2005:176.

［31］王谋，刘君言.生态文明背景下可持续城市概念和要素探讨［J］.中国特色社会主义研究，2021（6）:63-73.

［32］中华人民共和国教育部.教育部关于印发义务教育课程方案和课程标准（2022年版）的通知［EB/OL］.（2022-04-08）［2022-06-20］.http://www.moe.gov.cn/srcsite/A2b/s8001/202204/t20220420_619921.html.

［33］费琳，刘巍，张鹏程.工作投入对教师职业幸福感的影响:价值感和获得感的作用［J］.四川轻化工大学学报（社会科学版），2022，37（2）:69-86.

［34］崔胜杰.教师职业幸福感研究综述［J］.辽宁行政学院学报，2012，14（7）:117-118，120.

［35］张艳.教育改革背景下初中教师职业幸福感研究［D］.苏州:苏州大学，2010.

［36］徐璟怡.农村初中教师职业幸福感现状调查研究［D］.南昌:江西师范大学，2019.

［37］郭颖蕾.高校教师职业幸福感的实证研究［D］.青岛:青岛大学，2016.

［38］柳海民，郑星媛.教师职业幸福感:基本构成、现实困境和提升策略［J］.现代教育管理，2021（9）:74-80.

［39］俞水.高中教师职业幸福感亟待提升［N］.中国教育报，2008-10-23（2）.

［40］马朝宏，吕建斌.破解教师职业幸福的密码［N］.中国教师报，2011-06-08（14）.

［41］周波.分梯队"论道"全面提升教师素质［N］.成都日报，2009-02-07（A09）.

［42］王姣艳，郝晓川，李扬.组织支持与特殊教育教师职业幸福感的关系:

链式中介效应分析[J].中国临床心理学杂志,2020,28(6):1281-1284.

[43] 郁松华,陈洁,王姣艳.教师幸福感指数与职业认同、社会支持的关系研究[J].科教文汇(下旬刊),2009,117(33):8.

[44] 王姣艳,万谊,王颖.特殊教育教师职业认同对职业幸福感的影响:一个有调节的中介作用机制[J].中国特殊教育,2020,237(3):35-41.

[45] 尹海涛.教师,格式化的生存状态[N].河南日报,2007-09-04(13).

[46] 尹海涛.三位普通教师的幸福体验[N].河南日报,2007-09-06(13).

[47] 党峥峥,李学农,刘文,等.《乡村教师支持计划》对乡村教师职业幸福感的影响[J].兰州职业技术学院学报,2021,37(4):121-123,126.

[48] 党峥峥,李学农,马君诚,等.《乡村教师支持计划》支持下乡村教师职业幸福感建构[J].西北成人教育学院学报,2021,154(4):92-95.

[49] 党峥峥,李学农,刘文,等.乡村小学教师职业幸福感的心理重构[J].兰州职业技术学院学报,2021,37(3):117-119.

[50] 党峥峥,李学农,刘文,等.新时代背景下乡村小学教师职业幸福感的探讨[J].教师教育论坛,2021,34(5):40-45.

[51] 赵玉芳.职业价值与自我效能:教师幸福感的双重促进路径[J].教师教育学报,2022,9(4):27-36.

[52] 李广,盖阔.中小学教师职业幸福感调查[J].教育研究,2022,43(2):13-28.

[53] 王永保,王业坤.高职教师主观幸福感与职业压力关系的实证研究[J].浙江交通职业技术学院学报,2020,21(4):81-85.

[54] 邓坚阳,程雯.教师主观幸福感的影响因素及其增进策略[J].教育科学研究,2009,169(4):70-72.

[55] 李娟,张小永.心理弹性理论下幼儿教师职业幸福感的提升路径[J].教育参考,2020,283(1):106-112.

[56] 兰小云,叶长发.初中教师职业幸福感调查研究[J].中小学心理健康教育,2023,529(2):73-77.

[57] 陈有.高校青年教师职业幸福感的现状分析及应对策略[J].延安职业

技术学院学报，2022，36（6）:9-11，17.

[58] 管玮.高职院校青年教师职业幸福感提升探析[J].江苏工程职业技术学院学报，2022，22（4）:67-70.

[59] 戴洁萍.小学教师职业幸福感的影响因素及提升策略[J].教书育人，2021，755（25）:46-47.

[60] 卫晓婧，勾唯颖.小学教师职业幸福感的影响因素及提升策略[J].大众标准化，2021，349（14）:75-77.

[61] 刘婷婷.中小学教师职业幸福感影响因素及提升策略研究[J].西北成人教育学院学报，2017，127（1）:58-62.

[62] 邓涛，李燕.专业发展空间对教师职业幸福感的影响：基于有调节的中介模型[J].现代教育管理，2021，378（9）:81-89.

[63] 祖明月.高校教师职业幸福感的影响因素研究[J].就业与保障，2021，287（21）:158-160.

[64] 胡莹莹，王文静.中小学教师职业幸福感现状、影响因素及对策研究[J].中国成人教育，2022，536（7）:25-30.

[65] 宋雅静.乡村振兴战略背景下农村教师职业幸福感提升策略[J].吉林医药学院学报，2022，43（5）:397-398.

[66] 孙立梅.高校教师职业幸福感探究[J].白城师范学院学报，2021，35（4）:107-111.

[67] 龚诗情，林武.独立学院教师职业幸福感的影响因素及提高对策[J].江西中医药大学学报，2022，34（1）:104-106.

[68] 李爱娟.高职教师职业幸福感现状和提升策略[J].人才资源开发，2022，469（10）:60-61.

[69] 卢照华.幼儿教师职业幸福感现状研究——以洛阳市涧西区为例[J].教育观察，2022，11（3）:32-35.

[70] 张金.小学教师职业幸福感的影响因素及其提升策略[J].当代教育科学，2019（7）:52-54，60.

[71] 崔玉琴.构建专业成长空间，提升教师职业幸福感[J].东方娃娃·保育与教育，2021，730（6）:49-50.

[72] 韦雪艳,周琰,杨洁.工作重塑对小学教师职业幸福感的影响[J].当代教育科学,2018(5):67-71.

[73] 曹新美.提升教师职业幸福感的要素分析与行动策略[J].中小学管理,2018,330(5):47-50.

[74] OECD. Teacher' well-being: A framework for data collection and analysis[EB/OL].(2010-01-30)[2020-02-01].

[75] 苗元江.心理学视野中的幸福——幸福感理论与测评研究[M].天津:天津人民出版社,2009:112-118.

[76] 刑占军,测量幸福感——主观幸福感测量研究[M].北京:人民出版社,2005:39.

[77] Hills P, Argyle M. The Oxford Happiness Questionnaire: a compact scale for the measurement of psychological well-being[J]. *Personality and individual differences*, 2002, 33(7): 1073-1082.

[78] 汪文娟.中小学教师职业幸福感：结构及影响因素[D].金华:浙江师范大学,2019.

[79] 刘颖丽.高中教师职业幸福感问卷的编制及职业幸福感与资源的交叉滞后分析[D].金华:浙江师范大学,2009.

[80] Carol D, Ryff. Psychological Well-being in Adult Life[J]. Current Directions in Psychological Science, 1995, 8(4): 99-104.

[81] Warr, Peter. A conceptual framework for the study of work and mental health[J]. *Work & Stress*.1994: 84-97.

[82] 康君.幸福涵义与度量要素[J].中国统计,2006(9).

[83] Dzuka J, Dalbert C. Student violence against teachers: teachers' well-being and the belief in a just world[J]. *European Psychologist*, 2007, 12(4).

[84] Joan Evn Horn, Toon W. Taris, Wilmar B.Schaufeli and Paul J.G.Schreurs. The structure of occupational well-being:A study among Dutch teachers[J]. *Journal of Occupational and organizational Psychology*, 2004(4):365-375.

[85] Renshaw T L, Long A C J, Cook C R. Assessing teachers' positive psychological functioning at work: Development and validation of the Teacher Subjective Well-being Questionnaire[J]. *School Psychology Quarterly*, 2015, 30（2）：289.

[86] OECD. Teachers' well-being: A framework for data collection and analysis[EB/OL].（2010-01-30）[2020-02-01].

[87] 姜艳. 小学教师职业幸福感研究［D］. 苏州：苏州大学，2006.

[88] Eisenberger R, Huntington R, Hutchison S, et al. Perceived organizational support[J]. *Journal of Applied Psychology*, 1986（71）：500-507.

[89] 姜薇薇. 员工组织支持感、心理所有权与建言行为关系研究［D］. 长春：吉林大学，2014.

[90] Farh J L, Hackett R D, Liang J. Individual-level cultural values as moderators of perceived organizational support-employee outcome relationships in China: Comparing the effects of power distance and traditionality[J]. *Academy of Management Journal*, 2007, 50（3）：715-729.

[91] Haim H.Gaziel.abatical leave, job burnout and turnover intentions among teachers[J]. *International Journal of Life Long Education*, 1995, 14（4）：331-338.

[92] 魏淑华，宋广文，张大均. 我国中小学教师职业认同的结构与量表［J］. 教师教育研究，2013，25（1）：55-60，75.

[93] Seligman, Martin E P.Flourish:A Vision-ary New Understanding of Happiness and Well-being [J]. *Policy*, 2011, 27（3）：60-61.

[94] 梁雅珠，学会享受职业的幸福与快乐［J］. 学前教育，2000（5）.

[95] 苏霍姆林斯基. 给教师的一百条建议［M］. 天津：天津人民出版社，1981.

[96] 张玉柱，金盛华. 高校教师职业幸福感调查与影响因素分析［J］. 教育科学，2013，29（5）：51-57.

[97] 邓睿. 我国中学教师职业成就感问题研究［D］. 上海：华东师范大学，

2011.

［98］蒋晓虹．教师职业认同程度和教师职业发展［J］．东北师范大学学报（哲学社会科学版），2012（1）:231-233.

［99］Jex S M，Gudanowski D M.Eficacy beliefs and work stress:An exploratory study［J］．*Journal of Organizational Behavior*，1992.13（5）:509-510.

［100］周洪宇，程光旭，宋乃庆．学习贯彻全国教育大会精神 加快推进教育现代化［J］．陕西师范大学学报（哲学社会科学版），2018，47（6）:5-28.

附　录

附录1　幸福感测量问卷

一、基本信息
1. 性别：A. 男　B. 女
2. 年龄：A.20～30岁　B.30～40岁　C.40～50岁　D.50～60岁
3. 学历：A. 专科　B. 本科　C. 硕士研究生　D. 博士研究生
4. 行政级别：A. 无职称　B. 二级教师　C. 一级教师　D. 高级及正高级教师
5. 政治面貌：A. 群众　B. 团员　C. 预备党员　D. 党员
6. 婚姻状况：A. 未婚　C. 已婚　C. 离婚
7. 工作年限：A.1～5年　B.6～15年　C.16～30年　D.30年以上
8. 职位类别：A. 初级岗　B. 中级岗　C. 高级岗

二、总体幸福感［单选题］
1. 从总体上看，近几天你的感觉如何：A. 非常幸福　B. 幸福　C. 不幸福
2. 总的来说，你的幸福感程度如何：A. 非常幸福　B. 幸福　C. 不幸福
3. 你对教师职业的满意度如何？哪一数值接近你的感受？［量表题］

非常不满意　　　满意或不满意相当　　　非常满意
1　　2　　3　　4　　5　　6　　7

4. 总体幸福感指数［量表题］

有趣的	1 2 3 4 5 6 7
快乐的	1 2 3 4 5 6 7
有价值的	1 2 3 4 5 6 7
朋友很多	1 2 3 4 5 6 7
充实的	1 2 3 4 5 6 7
充满希望的	1 2 3 4 5 6 7
有奖励的	1 2 3 4 5 6 7
生活对我太好了	1 2 3 4 5 6 7

5. 组织支持感量表【引自：[40] Farh JL, Hackett R D, Liang J. Individual-level cultural values as moderators of perceived organizational support-employee outcome relationships in China: Comparing the effects of power distance and traditionality[J]. Academy of Management Journal, 2007, 50（3）:715-729.】

续表

题项	1	2	3	4	5	6	7
学校会考虑我的意见							
学校确实顾及我的福利							
学校会考虑我个人的目标和价值观							
当我有困难时，学校会帮助我							
如果我因好心而做错事，学校会原谅我							
学校对我十分关怀							
如果我有特别的需要，学校会给予帮助							

6. 认同量表【引自《教师职业认同研究》（魏淑华，2008）】[1] 魏淑华. 教师职业认同研究[D]. 重庆：西南大学，2008.

题项	1	2	3	4	5	6	7
我为自己是一名教师而自豪							
从事教师职业能够实现我的人生价值							
在做自我介绍的时候，我乐意提到我是一名教师							
我适合做教师工作							
作为一名教师，我时常觉得受人尊重							
当看到或听到颂扬教师职业的话语时，我会有一种欣慰感							
我能够按时完成工作任务							
我能够认真完成教学工作							
我能认真对待职责范围内的工作							
为了维护学校的正常教学秩序，我会遵守那些非正式的制度							
我积极主动地创造和谐的同事关系							
我认为教师职业对促进人类个体发展十分重要							
我认为教师职业是社会分工中最重要的职业之一							
我关心别人如何看待教师职业							
当有人无端指责教师群体时，我感到自己受到了侮辱							
我在乎别人如何看待教师群体							

三、按维度测评教师职业幸福感（填写说明：请根据以下陈述，在每个问题的旁边选择适合您的程度，从1（完全不符合）到7（非常符合）。请根据您的实际经验和感受，在每个题项旁边选择适合您的程度。感谢您参与本次调查！）

1. 人际关系［量表题］

①我与同事之间有良好的合作和支持关系

②我与学生之间建立了亲近和信任的关系

③我与校长建立了和谐的关系

续表

④我与学校教师和领导之间建立了良好的信任感

⑤我的工作能够得到领导的支持和鼓励

⑥学生对我很尊重

⑦家长对我的工作很支持和配合

2. 积极情绪［量表题］

①在工作中，我经常感到充满能量和激情

②我对教学工作感到乐观和满足

③我的工作让我感到充实和愉快

④我每天的生活充满了让我感兴趣的事情

⑤我对我的工作感到很满意

⑥身为一名教师，我感到很自豪

⑦我感觉我时刻被爱包围着

⑧生活是美好的

⑨我对教学感到兴奋

3. 工作投入［量表题］

①我愿意为学生付出额外的努力

②我对提高学生学习成绩和发展潜力有强烈的责任感

③我在备课和教学中投入了大量的时间和精力

④我经常主动参与学校的专业发展活动

⑤工作中，我总是能够集中精力

⑥我认为自己在处理工作事务时能够做到思维清晰，从容不迫

⑦我每天都很期待工作时光

⑧我明白自己哪些方面的知识需要加强，并且为之努力

4. 自我价值［量表题］

①我认为我可以明确对学生行为的期望

②我认为我可以让学生遵守课堂守则

③我认为我可以较好地为学生设计问题

④我认为我可以较好地使用多元评估策略

⑤我认为我能较好地为感到困惑的学生提供解释

⑥我认为我可以使用多元教学策略

⑦我认为我可以增强学生的自信心

⑧我认为我可以帮助学生重视学习

⑨我认为我可以激发学生的学习兴趣

⑩我认为我可以引导学生批判性思考

5. 成就获取［量表题］

①我认为通过我的教学取得了一定的成效

②我认为在我的带领下学生成绩进步很快

续表

③我的专业发展和个人成长得到了认可和奖励
④我的教学方法和策略得到了学生的积极反馈
⑤我经常获得学生、家长和同事的赞扬和认可
⑥学生喜欢上我的课
⑦我是一名成功的教师
6. 身体健康 [量表题]
①我睡醒之后感到头脑清晰和精力充沛
②我过去一个月没有因为疾病、身体的不适、疼痛或对患病的恐惧而烦恼
③保持身体健康
④拥有健康与活力
⑤保持良好的健康水平
⑥保持健康的生活方式

附录2　专家访谈记录

专家一：

1. 问：从您的专业角度来看，您认为小学教师职业幸福感的主要维度是什么？

答：从我的专业角度来看，我认为小学教师职业幸福感的主要维度可以包括以下方面：

首先是与同事、学生和家长之间的积极互动和支持关系对职业幸福感至关重要。良好的人际关系可以提供情感支持、合作机会和社会认同感。其次教师的积极情绪包括喜悦、满足和乐观等，对于职业幸福感起着重要作用。积极情绪可以增强教师的工作动力、改善工作体验和增加工作满意度。此外，教师的工作投入是指他们对教育工作的全身心投入和热情。工作投入包括对教学任务的执着、对学生的关注和支持以及对教育事业的认同，对职业幸福感具有重要影响。教师的自我价值感、工作成就感以及身心健康等方面都很重要。具体而言，教师的自我价值感指的是他们对自己在教育领域的能力和贡献的认知和评价。自我价值感的增强可以提升教师的职业满意度和幸福感。教师从教育工作中获得的成就感包括

学生的进步和成就、教育目标的实现以及对教育质量的认可，这些因素可以增强教师的满足感和幸福感。良好的身体健康状况可以增强教师的精力、抵抗压力和享受工作的能力，从而提升职业幸福感。

2. 问：在您的经验中，有哪些方面对于小学教师的职业幸福感至关重要？

答：根据我的经验，以下方面对于小学教师的职业幸福感至关重要：

（1）人际关系：良好的人际关系是小学教师职业幸福感的重要因素之一。与同事、学生、家长之间建立积极和谐的关系可以提升教师的满意度和幸福感。

（2）自我效能感：小学教师的自我效能感即对自己能够有效地完成教育工作的信心和信念。教师对自己的能力和贡献有自信和认可，能够提高其职业幸福感。

（3）工作认可与奖励：小学教师希望得到工作的认可和奖励，包括薪酬、荣誉和职位晋升。这些肯定可以增强教师的自尊心和幸福感。

（4）职业发展机会：小学教师希望有机会提升自己的专业能力和职业发展。提供培训、进修和晋升机会可以增强教师的满意度和幸福感。

（5）工作平衡：平衡工作与个人生活对于小学教师的职业幸福感至关重要。提供灵活的工作安排和支持家庭生活的政策可以减小教师压力，提高其工作满意度和幸福感。

（6）社会支持：社会对小学教师的支持和认可也对其职业幸福感起着重要作用。社会的尊重和关注可以增强教师的自豪感和幸福感。

3. 问：在与小学教师交流或观察中，您注意到哪些因素对于他们的工作满意度和幸福感产生了重要影响？

回答：在与小学教师交流和观察中，我注意到几个因素对于他们的工作满意度和幸福感产生了重要影响。首先，与学生之间的积极互动和建立良好的关系对于教师的满意度和幸福感至关重要。当教师能够建立起支持性和富有互动的学生关系时，他们更容易感受到工作的乐趣，产生成就感。其次，小学教师在教学过程中的自主性和创造性发挥也对工作满意度和幸福感产生重要影响。当教师有机会发挥自己的教学创意和方法，能够灵活地应对教学挑战时，他们更有可能感到满足和幸福。此外，工作支持和合作也是影响小学教师工作满意度和幸福感的重要因素。教师们希望得到学校管理层和同事的支持与合作，这种支持可以促进工作环境的积极性和合作性，进而提升教师的满意度和幸福感。最后，小学教师的专业发展和成长机会对于他们的工作满意度和幸福感也具有重要意义。当教师得到培训、进修和专业发展的机会时，他们能够不断提升自己的教学能力和专业水平，从而增强满足感和幸福感。

专家二：

1. 问：您认为小学教师的认知幸福感有哪些重要要素？这些要素可能包括思维方式、信念系统和心理态度等。

回答：从专业角度来看，小学教师的认知幸福感受到多个重要要素的影响。首先，思维方式对教师的认知幸福感起着重要作用。积极的思维方式可以帮助教师更好地应对挑战和困难，以及积极看待工作中的变化和挑战。具有灵活、乐观和解决问题的思维方式可以提升教师的满意度和幸福感。其次，信念系统对小学教师的认知幸福感也很重要。教师的信念系统包括对教育工作的价值观、目标和意义的认知。当教师内在地相信自己对学生的影响力以及教育的重要性时，他们更容易产生满足感和幸福感。此外，心理态度对小学教师的认知幸福感产生重要影响。积极的心理态度，如自我肯定、自信和接纳自己的不完美，可以增强教师的幸福感。同时，具备适应性、韧性和应对压力的心理态度也对教师的认知幸福感具有积极影响。在评估和促进小学教师的认知幸福感时，应关注这些要素，并通过相应的措施和支持培养教师积极的思维方式、强化正面的信念系统和促进健康的心理态度。

2. 问：在小学教师的工作环境中，哪些因素可能对他们的职业幸福感产生积极或消极的影响？

回答：在小学教师的工作环境中，存在多个因素可能对他们的职业幸福感产生积极或消极的影响。首先，一个支持性和合作性的工作环境可以积极地影响教师的职业幸福感。当学校管理层和同事之间存在积极的互动和支持时，教师们更有可能感受到工作的满足和幸福。其次，工作压力和工作负荷也对小学教师的职业幸福感产生重要影响。过大的工作压力和负荷可能导致教师的不满和情绪压力，从而影响他们的职业幸福感。因此，适当的工作负荷管理和提供支持与资源的措施是促进教师职业幸福感的关键。此外，教师的专业发展和成长机会也对职业幸福感产生积极影响。当教师得到培训、进修和专业发展的机会时，他们能够提升自己的教学能力和专业水平，从而增强满足感和幸福感。最后，认可和回报机制对教师的职业幸福感具有重要意义。当教师的努力和成就得到认可和回报时，他们更有动力继续努力并感受到满足和幸福。

3. 问：在您的专业意见中，小学教师的健康幸福感可能受到哪些因素的影响？这些因素包括身体健康、心理健康和工作与生活的平衡等方面。

回答：根据我的专业观点，小学教师的健康幸福感可能受到多个因素的影响。首先，身体健康对教师的幸福感至关重要。一个健康的身体状态可以为教师提供充沛的精力和耐力，从而更好地应对工作中的挑战。因此，合理的饮食习惯、充足的睡眠和定期的运动是维护教师身体健康的重要因素。其次，心理健康对小学教师的幸福感也起着重要作用。教师面临着压力和挑战，因此，他们的心理健康状况对幸福感产生深远影响。培养积极的心理态度、学会应对压力和拥有良好的情绪管理技能是维护心理健康的关键。同时，建立支持系统、寻求心理支持和进行心理疏导也有助于缓解压力和维护心理健康。

此外，工作与生活的平衡也对小学教师的健康幸福感具有重要影响。教师往往面临着繁忙的工作日程和任务，因此合理安排工作与生活之间的平衡非常重要。保持足够的休息时间、培养兴趣爱好、与家人和朋友保持良好的互动以及合理规划假期和休假等都有助于维持工作与生活的平衡，从而提升教师的幸福感。

专家三：

1. 问：小学教师的社会幸福感可能受到哪些因素的影响？这些因素包括社交支持、社会认可和教育政策等方面。

回答：根据我的专业观点，小学教师的社会幸福感可能受到多个因素的影响。首先，社交支持是促进教师社会幸福感的重要因素之一。教师在工作中与同事、学生和家长建立良好的关系，获得他们的支持和理解，可以增强教师的社交联系感和归属感，从而提升其社会幸福感。其次，社会认可对小学教师的社会幸福感具有重要影响。教师的工作是受到社会广泛关注和评价的，因此获得社会的认可和尊重对教师来说是非常重要的。这包括来自学生、家长、同事以及社会大众的赞赏和认可，以及教育界和社会各界对教师职业的尊重和重视。这种社会认可能够增强教师的自尊心和自豪感，从而提升其社会幸福感。此外，教育政策也会对小学教师的社会幸福感产生影响。教育政策的支持和改革举措对教师的工作环境和职业发展具有重要影响。良好的教育政策和支持措施可以为教师提供更好的工作条件、职业发展机会和福利待遇，增强他们的满意度和幸福感。

2. 问：您是否认为小学教师的自我效能感对其职业幸福感具有重要影响？如果是，请说明相关的因素和体现自我效能感的表现。

回答：作为专家，我坚信小学教师的自我效能感对其职业幸福感具有重要影响。自我效能感是指个体对自己能够成功完成特定任务的信心和信念。对小学教师而言，自我效能感体现了他们对自己教学能力和专业能力的评价和信心，它直接关系到教师在工作中的表现、成就感和满意度，从而对职业幸福感产生深远影响。自我效能感受到多个因素的影响。首先，教师的教育背景和专业培训对其自我效能感的形成和发展至关重要。通过系统的教育和专业培训，教师可以获得必要的知识和技能，提高自身的教学能力和专业水平，从而增强其对教学任务的信心和能力感。其次，教师的工作经验和实践对自我效能感的塑造和巩固也具有重要作用。通过实际教学中的积极经验和成功案例，教师可以逐渐建立对自己能力的肯定和信任，形成稳定的自我效能感。同时，教师可以通过反思和改进教学实践，不断提升自己的教学效果和学生学习成就，进一步加强自我效能感。此外，教师在获得学生和家长的认可和支持时，也能够提升自我效能感。当教师看到自己的教学成果得到学生和家长的肯定和赞赏时，他们的自我效能感会得到进一步加强，从而增强职业幸福感。

3. 问：从您的经验来看，有哪些量表或评估工具可以用于衡量小学教师的职业幸福感？您是否有任何建议或推荐？

回答：在衡量小学教师的职业幸福感方面，存在一些广泛应用的量表和评估工具，可以为研究者提供有效的测量手段和数据支持。以下是我根据自己的经验为您提供的一些建议和推荐。

首先，可以考虑使用"Subjective Well-Being Scale"（SWB）量表，该量表包括对生活满意度、正面情绪和负面情绪的评估，可以提供对小学教师整体幸福感的综合测量。其次，"Job Satisfaction Survey"（JSS）是衡量职业满意度的常用工具之一，可以用于评估小学教师对工作的满意度和职业幸福感。最后，"Teacher Self-Efficacy Scale"（TSES）是衡量教师自我效能感的常用量表，可以用于评估小学教师对自身教学能力和专业能力的信心，进而间接反映其职业幸福感的一部分。

附录3 教师访谈记录

1. 问题：总体而言，你觉得做教师幸福吗？如果您觉得幸福，幸福的来源有哪些？如果您觉得不幸福，原因是什么？（以上可以举例说明）

回答：作为一名小学教师，我总体而言觉得做教师是幸福的。幸福的来源有很多方面。首先，我觉得与学生们的互动是让我感到幸福的重要因素之一。每天与孩子们在一起，看着他们的成长和进步，是一种无比喜悦的体验。当看到学生们掌握新知识、展示出创造力和才华时，我感到自豪和满足。其次，教师职业给予了我实现自我价值的机会。我能够通过传授知识、启发思维、塑造学生成长成才，对学生的未来产生积极影响。这种影响力和对社会做出贡献的意义，让我深感幸福和满足。另外，教师职业也带给我持续的学习和成长的机会。每天与学生们一起学习、探索新的教学方法和策略，不断提升自己的专业能力，这种成长的过程本身就是一种幸福的体验。然而，作为教师也面临一些挑战和困难，有时会感到不幸福。例如，课堂上的学生管理问题、学业压力和与家长沟通等方面的困扰，可能会让我感到焦虑和不满足。此外，教育系统的一些问题，如资源匮乏、制度限制等，也可能对我的幸福感产生一定影响。总的来说，尽管教师职业中存在一些挑战和困难，但通过与学生互动、实现自我价值和不断学习成长，我依然觉得做教师是一份幸福的职业。每当看到学生们的进步和成就，我能感受到内心深处的喜悦和满足，这让我坚定地选择并热爱教师这个职业。

2. 问题：做教师期间，您遇到了哪些让您觉得很开心，印象深刻的事件？（以上可以举例说明）

答：一次，我在班级里组织一次课外活动，是一次户外考察。我们带着学生去了一个自然公园，学生们能够亲自接触到大自然的美丽和奥秘。看到他们兴奋地探索、观察、提问，我感到非常开心。他们对植物、昆虫和动物的好奇心让我深感鼓舞。在那个瞬间，我觉得自己不仅是他们的教师，更是他们的引路人和知识的传递者。

还有一次，我带领班级参加了一场文艺演出。学生们经过了一段时间的准备和排练，他们在舞台上展示了自己的才艺和努力。当他们在台上自信地表演时，我感到无比骄傲。看到他们在观众面前展示自己的成果，获得了热烈的掌声和赞扬，我感到非常满足和幸福。这次演出不仅锻炼了学生们的表现能力，也增强了他们的自信心和团队合作意识。

另外，每当我看到我的学生在课堂上取得进步时，我都会感到无比开心和满足。有一名学生数学基础很差，但经过我和他一起努力，他终于掌握了数学的基本概念，并能够独立解决问题。那一刻，我看到了他眼中的自豪和喜悦，我也为自己的付出感到由衷的快乐。

总的来说，作为一名小学教师，我在教学生涯中遇到了许多让我开心和印象深刻的事件。这些事件不仅展示了学生们的成长和进步，也反映了我在教育事业中的付出得到了回报。这些喜悦和满足感成为我坚持教育工作的动力，让我感到幸福和充实。

3. 问题：做教师期间，您面临着哪些压力？这些压力对您的幸福感产生了怎样的影响？（以上可以举例说明）

答：确实，在教育工作中，我也面临着一些压力。其中之一是教学压力。作为教师，我始终希望能够为学生提供最好的教育和帮助他们取得成功。然而，每个学生都有自己独特的学习需求和能力水平，有时候很难找到适合每个学生的个性化教学方法。这给我带来了一定的压力，担心自己是否能够满足每个学生的需求，确保他们的学习进步。

另一个压力源是学校和家长的期望压力。学校要求我们完成各种教学任务和课程要求，同时还需要参与各种会议和活动。家长希望我们能够关注并照顾好他们的孩子，提供高质量的教育和关怀。这些期望带来了一定的责任感和压力，时常使我感到时间紧迫和任务繁重。

这些压力对我的幸福感产生了一定的影响。在压力的影响下，我可能会感到身心疲惫和焦虑不安。有时候，压力会让我怀疑自己的能力和价值，担心自己是否能够胜任教育工作。这会导致我在一段时间内对于教育工作的幸福感降低。

然而，我也学会了应对这些压力。通过与同事的合作和支持，我能够分享经验和倾诉困惑，这减小了我的压力。此外，我也通过寻找平衡，注重自己的身心健康，如定期锻炼和培养兴趣爱好，来调节自己的状态。这些积极的应对策略帮助我保持乐观的心态，提升我的幸福感。

4. 问题：您在当教师期间，取得了哪些成就，这些成就带给你什么样的感受，是否对你的幸福感产生了影响？（以上可以举例说明）

答：在我的教学生涯中，我有幸目睹了许多学生在学业上取得的成就，这给我带来了很大的满足感和幸福感。例如，有一位学生在我的辅导下突破了自己的阅读障碍，能够流利地阅读和理解课文。这样的成就让我感到非常欣慰和骄傲，知道我对学生的帮助起到了积极的作用。

另一个例子是我参与组织的一次班级活动取得了巨大的成功。我与同事们合作，策划了一个主题活动，让学生们积极参与其中。活动中，学生们展示了自己的才艺和创造力，取得了令人赞叹的成绩。这种成功让我感到无比开心和满足，因为我看到了学生们的成长和进步，同时也体会到了团队合作的力量。

这些成就给了我巨大的正能量和满足感，对我的幸福感产生了积极的影响。当我看到学生们在我的指导下取得进步和成功时，我感到自己的付出是有价值的。这激励着我继续努力，为每个学生提供最好的教育和关怀。同时，这些成就也加强了我的自信心和自我价值感。我开始更加相信自己的教育能力和影响力，相信我能够对学生产生积极的影响。这种自信心和自我价值感进一步提升了我的幸福感，让我更加热爱我的教育事业。

总而言之，取得的成就给予我满足感和自信心，对我的幸福感产生了积极的影响。我深深感到，作为一名小学教师，能够对学生的成长和发展做出贡献是一种巨大的幸福和荣耀。这些成就成为我继续追求教育事业的动力和支持。

5. 问题：作为一名小学教师，您有哪些追求，这些追求的实现程度如何以及是否能够提升你的幸福感？（以上可以举例说明）

答：作为一名小学教师，我有多重追求和目标。我追求为每个学生提供优质的教育和关怀。我希望能够帮助每个学生发挥他们的潜力，并在他们的成长过程中扮演积极的角色。通过与学生的互动和指导，我努力营造一个积极、支持和充满学习乐趣的教室环境。在实现这些追求的过程中，我产生一种成就感和满足感。当我看到学生们在我的教导下进步、取得成就时，我感到非常开心和骄傲。这种成就感和满足感提升了我的幸福感，让我对自己的教育事业充满热爱和动力。当然，追求是一个持续的过程，有时也会遇到挑战和困难。但正是这种追求和不断努力，让我快速成长和进步。我相信，只要我坚持我的追求并不断努力，我将在教育事业中实现更多目标，进一步提升我的幸福感。

6. 问题：作为一名教师，您是否关注自己的职业幸福感？如果是的话，您认为应该采取哪些措施来提升自己的职业幸福感？

答：作为一名教师，我非常关注自己的职业幸福感。我认为提升职业幸福感是非常重要的，因为只有在愉快和满意的工作环境中，我才能够更好地发挥我的教育能力，同时对学生们产生积极的影响。

为了提升我的职业幸福感，我采取了一些措施。首先，我注重与同事之间的良好合作和沟通。我积极参与教师团队的讨论和合作，分享经验和资源，相互支持和帮助。这种合作能够让我感到被认可和尊重，同时也为我提供了一个良好的工作氛围。

其次，我努力寻找专业发展的机会。我参加各种教育培训、研讨会和学术会议，不断提升我的教育能力和知识水平。通过不断学习和成长，我更有成就感，并能够在教学中尝试新的方法和策略，这进一步增强了我的职业满足感。

再次，我也重视平衡工作与个人生活。我努力确保有足够的时间和精力来照顾自己的身体和心理健康，以及与家人和朋友的互动。这样的平衡让我感到更加满足和幸福，也使我能够更好地面对工作中的压力和挑战。

最后，我定期反思和审视自己的教学实践。我会思考我在教学中的成就和进步，以及可以改进的地方。通过不断地自我反省和学习，我能够提升自己的教育质量，并从中获得满足感和幸福感。